JN103460

建築知識
kenchikuchishiki

世界で一番くわしい

建築図面 改訂版

13

X-Knowledge

組版　　　　　　　　　天龍社
カバー・表紙デザイン　　細山田デザイン事務所

はじめに

　建築物というのは、意匠・構造・設備の 3 つがそろって、はじめて建物として成立する。設計に携わっていると、どうしても意匠的な部分にとらわれてしまいがちだが、構造・設備についても同時に検討するのが設計者としての本来の立場だ。大きな設計事務所ではそれぞれの部署が独立して稼働するため、それぞれが専門的に検討すればよい。しかし、個人事務所のように所帯が小さければ小さいほど、設計者が検討すべき点は多いものだ。

　本書では、意匠・構造・設備を章ごとに分け、それぞれにポイントとなる点を図面と一緒に解説している。巻末にはディテールの定番寸法も記しており、日頃悩みがちな納まりについても解消できるように構成されている。また、執筆者の経験による作図の工夫も随所に掲載した。

　人の住む住空間を考えるとき、機能性やデザイン性など目的が先行しがちな設計という業務のなかで、意匠・構造・設備を同時に検討するのは大変難しい。だからこそ、設計者としての腕が問われることでもあるのだ。

　東日本大震災以降、とかく構造については問題視されるようになった時代のなかで、同時に意匠・設備もおろそかにせず、設計という業務に携わっていただきたい。

　ぜひとも本書を、これからの住宅設計において活用いただきたい。

2022 年 6 月吉日

CHAPTER 1
意匠図

CHAPTER 2
構造図

CHAPTER 3
設備図と作図資料

CHAPTER **1**

意匠図

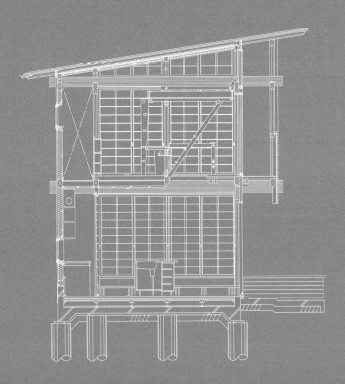

実施設計図の種類とそれぞれの役割

実施図面は建物をつくるための図面。複数の図面で構成されるため、それぞれの図面の目的と表現ポイントを押さえることが大切といえる

実施設計図ごとの役割を把握する

建築主の要望を反映し、どのような建物をつくることになるかをまとめ、それがわかるように表記したものを基本設計図という。基本設計図は建築主とコミュニケーションをとるためのものと考える。

それに対して実施設計図は、建物をどのようにつくるのかを示す図面のことである。施工者は実施設計図によって工費を見積り、金額や施工の詳細を確認したうえで施工することになる（図）。そのため、実施設計図は、設計意図を正しく伝えるものでなくてはならない。

実施設計図は、意匠図・構造図・設備図・外構図といった複数の図面から構成されている。各図面は目的により、描き方や表示内容が異なる。各図面がもつ目的と役割を正しく認識し、必要な情報を過不足なくまとめることが大切なことだといえる。ただし、図面の表記方法は設計者によってばらつきがあるので、物件ごとに注意するようにしたい。

本書では、見積りがしやすく、施工をスムーズにする図面という観点で主要な実施設計図の作成ポイントや盛り込むべき内容をまとめているので参考にしてほしい。（編集部）

● 意匠図
施主の要望を、エスキスやデザインも含めて具体的に表現した図面のこと

● 構造図
伏図や軸組図などから構成され、柱や梁の位置、あるいはその接合部とその形式などが記されている図面

● 設備図
電気や給排水、あるいはガスなど設備に関する配線や引き込みについて記された図面のこと

● 外構図
建物がある敷地が、どのような植栽や門扉、塀でできているのかが記された図面

実施設計図の目的と位置付け（図）

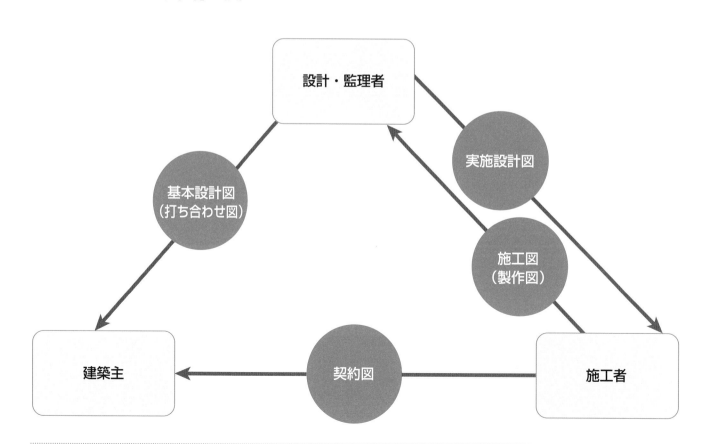

木造住宅の主な実施図面の種類

	種類	必要な記述	縮尺
意匠図	建築概要書	建築物の場所、地図、建築主の住所、氏名などの情報、規模・構造、階数などを表す	—
	仕様書	工法や使用材料の種類、等級を説明したもの。図面に描ききれない一般的な仕様を説明した共通仕様書と、現場ごとの仕様を説明した特記仕様書がある	—
	仕上表	建物の内外部の仕上げの種類、品番、色、デザインなどの仕様を一覧表にまとめたもの。下地材料なども記載されている	—
	配置図	敷地内における建物の位置、高さ関係、方位、道路との関係などを表す図面。外部埋設配管経路なども記載されている	1/100
	求積図	敷地の面積、建物の建築面積、延べ床面積を階ごとに正確に表す。建物の建蔽率、容積率も記載する	1/100
	敷地案内図	建物の敷地の場所を示す案内図	—
	平面図	建物の間取り、建具の種類・位置、開き勝手、家具の位置、耐力壁の種類・位置、床高、空調位置、点検口の大きさ・位置などを階ごとに示した図面	1/100
	立面図	建物の外観を東西南北の方向より見た図面。屋根の形状、開口の位置・種類、樋の位置、庇などの形状を表す	1/100
	断面図	建物を指定の位置で切った図面。最高の高さ、各階高、天井などの高さ関係が記載されている	1/100
	矩計図 (かなばかり)	建物を指定の位置で切り、構造躯体、高さ関係、仕様を詳細に表現した図面	1/50、 1/30
	平面詳細図	平面的な納まり、構造躯体、仕様、寸法関係を詳細に表現した図面	1/50
	展開図	各部屋の内観を東西南北の方向より見た図面。建具、家具の形状、デザインも記載されている	1/50
	建具表	使用する各建具の仕様、形状、デザイン、寸法、建具金物などをまとめた表(図面)。ガラス、建具金物の仕様なども記載されている	1/50
	天井伏図	天井を見上げた形状、デザイン、仕様、照明位置などを表す	1/100
構造図	基礎伏図	基礎の寸法、仕様、形状、換気口、人通口位置、アンカーボルト位置などを表す	1/50
	床伏図	梁、柱などの構造材の寸法、位置、仕様などを表す	1/50
	屋根伏図	建物を上から見下ろした、屋根の形状や仕上げなどを表す	1/50
	小屋伏図	小屋梁、母屋、垂木、束の寸法、位置、形状や仕様などを示す	1/50
	軸組図	柱、間柱、筋かいなどの壁面の構成や開口部の位置、形状を示す	1/50
設備図	電気設備図	各階の電気の配線・配管の経路、仕様、スイッチ・コンセント・照明などの機器の位置、仕様、数量などを表す	1/50
	給排水衛生設備図	各階の給排水の配管の経路・仕様、機器の位置・仕様・数量などを表す	1/50
	空調換気設備図	各階の空調の配管の経路・仕様、機器の位置・仕様・数量などを表す	1/50
外構図	外構図	建物に付帯する門、塀、アプローチ、庭園、植栽の仕様や位置、数量、デザインを平面図に表す	1/50

実際につくれる図面作成をする

施工図まかせでは設計・施工の意義を達成できないので、設計者は納まりまで熟考する必要がある

低下する図面のレベルが施工を困難にする

　図面を描く理由と目的はただ1つ、建物を正確に「つくる」ためである。したがって作成者(設計者)は、「つくれる図面」の発行を義務付けられていることを忘れてはならない。

　図面作成は、調査企画書から始まり、基本設計図(基本計画含む)から実施設計図へと進み、建築確認申請図書づくりを経て工事監理へと移行する。さらに工事監理中には、設計変更などに伴う実施設計図の修正作業があり、加筆が要求される場合には補足図作成という作業も発生する。

　一方、施工管理者側には、設計側との最終確認のための図面、いわゆる施工図作成とい

う作業がある。この施工図作成の段階において、設計図段階で不備があると、さまざまな問題が発生してしまうことが多い。

　建築用途が住宅であれ特殊建築物であれ、この作図のメニューとフローは基本的に変わらない。また木造か非木造かといった工種に左右されることもない。さらに作図法にも一定の基準があり、記号を含めてJIS規格化されている。

　このメニューとフロー、ルールを順守しない場合、この図面では建物がつくれないといった現場管理者からのクレームになることがある。その原因の多くは、設計図の段階で「納まってない図面」「情報不足の図面」「作図表現過多で見づらい図面」というような例が多いことだ(図)。なかには、施工図対応で何

● 調査企画書
敷地条件の調査や、計画建物の与条件を分析したもので設計のもとになる

● 基本設計
配置計画、平面計画、仕上げなど、基本的な設計方針や平面的なレイアウト、外観を決めていく設計段階のこと。通常1/100程度の図面を作成し、各部屋の大きさや動線などを検討。また、立面図や断面図を作成し、階高や軒高の検討を同時に検討する。必要に応じて模型をつくり、プロポーションや開口部なども考慮する

● 実施設計
工事の実施と部材の積算が可能で、見積りの内訳明細を作成できる具体的な図面のこと。基本設計にもとづき、構造設計図、構造計算書、設備設計書、意匠設計図、各工事仕様書、工事費概算書、建物関係緒手続き書類などを作成する

● 工事監理
設計者の責任において、建築工事の進捗具合を設計図書と照合し、それが設計図書のとおりに実施されているかを確認し、間違っていれば指摘して是正させることをいう

● 施工管理
着工から竣工まで、その建築物の施工計画を検討し、建物が施主の注文通りにつくられているか、また品質面で基準をクリアしているかを管理すること

「つくるための図面」の例(開口部詳細図、原図S＝1：6をS＝1：10に縮小)

平面図

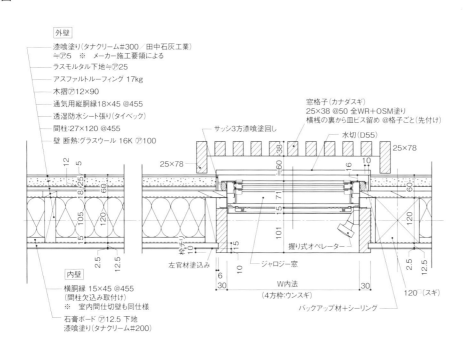

とか納めてほしいという要望もあると聞く。オープンハウスのように、実施設計図を閲覧できる場所では、そうした例をよく見かけることがある。たとえばディテールシートに至っては、3面図の基本すらできていなかったり、読み込むことが不可能だったりするケース。図面と実物を照合すると、製作過程における現場の負担が想像するに容易い。

設計図書、とりわけ実施設計図にあっては、改めて「つくるためのつくれる図面」を心がけたい。そこで、現場のいう「つくれない図面」の実態をいま少し掘り下げ、「つくるための図面」にするための、われわれ設計者の心構えと態度をおさらいしたい。

● 3面図
平面・立面・断面3方向からの図面を作成し、建物の立体の形状を描き表すことを指す

意匠図

縦断面図

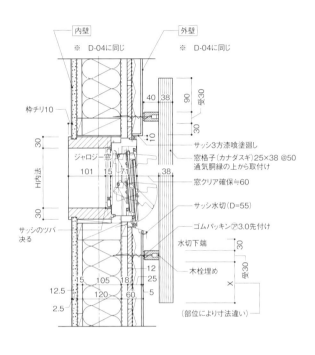

格子詳細図

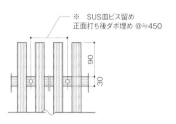

（図）見積もりすることができない、施工できない図面例

階段詳細図
（S＝1：40）

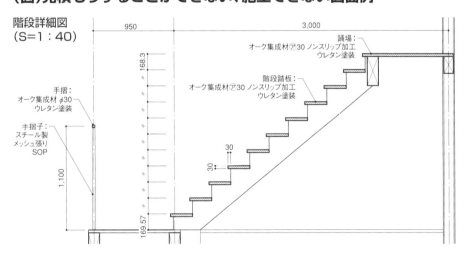

階段の断面詳細図（S＝1：30）

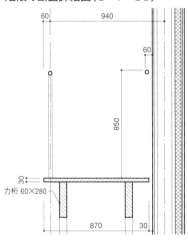

納まりが描かれていない例

ここにある階段詳細図は、実際の設計図書より抜粋したものだ。詳細図といいながら、この図面からは積算することができない。なぜなら、段裏の納まりや仕上げ、側板の納まりや手摺のデザインなど、不明点が多すぎるからである。この一連の図面から、描いた本人が、そのディテールを理解していないことがわかる。

このような不明瞭な図面の場合、積算する側は拾い落としをしたり、またそれを防ぐために保険的な意味で数字を大きくしたりすることがある。場合によっては、着手したものの納まらないといったケースも発生し、やり直し工事となることもしばしば。この場合、その費用負担をする必要が出てくることもあるので、設計者は注意をしなければならない

納まっていない図面

　たとえ住宅規模であっても、作図作業のすべてを設計者みずからが手がけることは少ないだろう。特に実施図面では、作業をスタッフと手分けすることは必須である。さらに構造設計や設備設計者などを含めると、多くの分担者の判断基準が統一されていないと「納まる設計図書」にはならないことが分かる。スタッフをまとめる設計側の統括力が欠如すると、納まらない図面を生み出す原因となるのだ。各図の整合性を図るためのチェック態勢の不備といっても

よい。個々の仕事が完全でも、ほかとの整合性がとれなければ建築は完全にはならない。結果、施工者側を悩ますことになる。

　もう１つはディテール表現の未熟さ。平、立（姿）、断という基本的な３面図に関しても施工側の不満の声を聞く。３方枠すら通らない部分詳細を丁寧に１断面のみ描かれても、納まり上何を優先的に判断したらよいのか、施工する側はかえって苦慮する。「施工図対応」という、設計側の技術の未熟さを棚上げした無責任な姿勢に、欠陥建築を生み出す原因があることも再認識しておきたい。

見積もりできる、施工できる開口部・断面詳細の図面例(ロフト詳細S＝１：30)

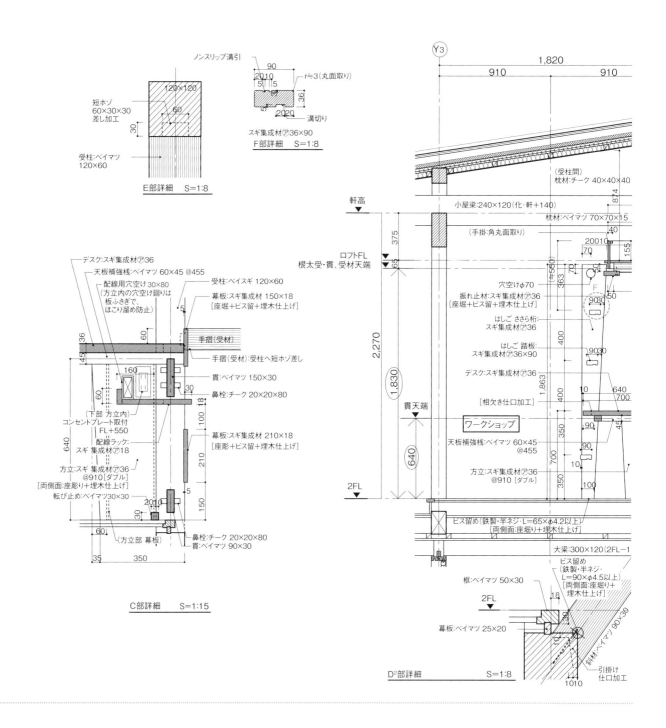

情報不足によるツクレナイ図面

　つくるための情報をくまなく表現することで、設計図面は現場で生かされる。必要な線の太さや本数、文字を含めた記号情報は、縮尺に合わせて表現を変えるべきだ。建築規模の大小にかかわらず、1/100スケールの線的表現では躯体仕上げ別の情報は盛り込めない。平面でも断面でも、全体の空間構成やモジュールを認識させるためのキープランとし

て扱われれば十分だろう。つくるための図面としては、その程度にしか活用されない。むしろ、それらキープランが示唆する詳細図こそが情報源として最重要視される。

　ところがその各詳細図が1/100キープランの単なる拡大版程度だとしたら、情報不足以前の問題といえる。平面詳細図を読み込むだけでも、施工者は仕様概要書から断面詳細図、展開図や設備図を交互にめくり返して、その手がかりを探るはめになる。

● キープラン
部分詳細図がどこを表しているのか、あるいは建具がどこについているのか記号化して、簡易な平面図上に描いてある図面

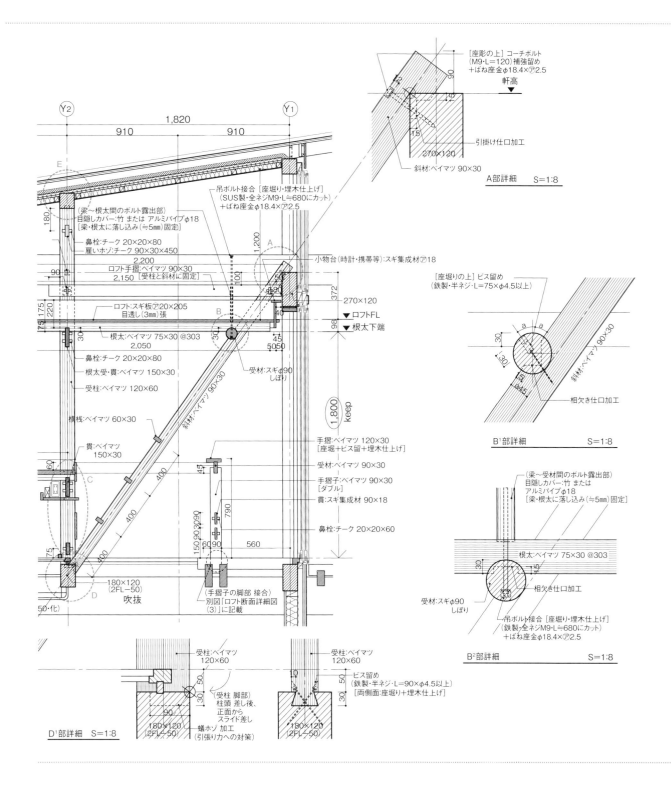

作図表現に問題がある図面

　図面に余計な情報が盛り込まれていることで、ほしい情報が読み取りにくくなることもある。たとえば建築主へのプレゼン用と見まがうばかりの演出が施されている図面だ。人の動線計画よろしく不必要に大きなドットが並び矢印が描いてある一方、仕上材の仕様名称を文字表現すべきところにそれはなく、オリジナリティあふれるテクスチュア紋様が大

事な線を見づらくしている。この類の図面は、情報過多による情報不足といえる「ありがた迷惑図面」ともいえるだろう。

効果的な作図表現

　逆に、そのテクスチュア表現が効果的な場合もある。

　たとえば、詳細いかんにかかわらず、立面図の窓ガラス面のみの墨入れなど、陰になる部分とそうではない部分に濃淡の差を付けるだけ

● プレゼン
本来は発表するといった語意だが、建築の場合では、施主に対して、どのような建物になるのか、図面や資料、模型を使って伝えることをいう

見積もりできる、施工できる外観の図面例
（南側立面図S＝1：60）

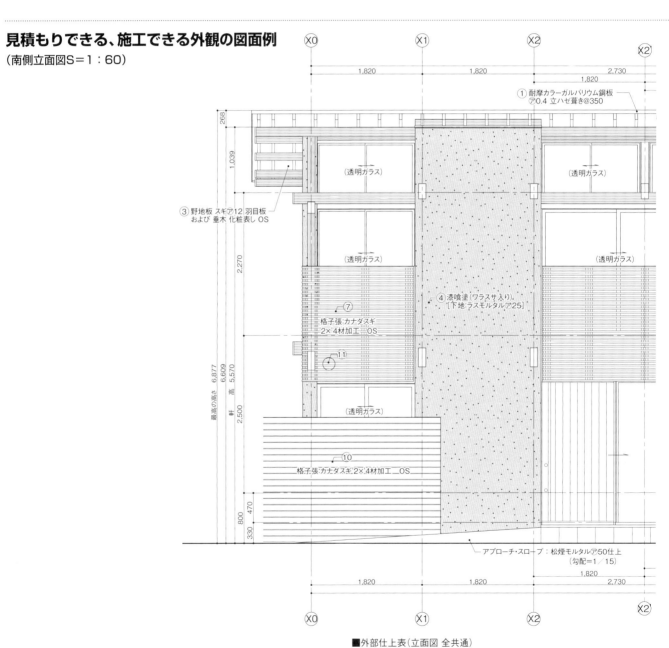

■外部仕上表（立面図 全共通）

①	屋根	耐摩カラーガルバリウム鋼板 ア0.4（MSパイアーチ／月星商事）立ハゼ葺き @350
②	笠木・水切	耐摩カラーガルバリウム鋼板 ア0.4 折曲加工
③	軒裏	野地板 スギア12 羽目板 および 垂木 化粧露し OS
④	外壁1	漆喰塗（ワラスサ入り）［下地：ラスモルタルア25］
⑤	外壁2	サイディング ア12 横張り（UBボード・フラット・無塗装／宇部ボード）UP
⑥	基礎	コンクリート打放し撥水材塗布
⑦	手摺	格子張り：カナダスギ 2×'4材加工　OS

で、平面に奥行きを感じさせることができる。

　そのほか各種記号や文字表現の適切なサイズや挿入場所の判断、つまり編集レイアウト的なセンスも磨きたい。また、別図参照やディテールシートの有無を示す指示記号なども、見やすく表示レイアウトする配慮を忘れたくないものだ。

「施工図対応」の実態

　施工者にとって、一番厄介なのは、設計者をフォローするための施工図作成を要求されること。施工図は、納まっているはずの設計図書をもとに、工種別による振分け判断や、製作サイドの最終判断に要する確認図でなくてはならない。

　もちろん、RC造や鉄骨造における躯体図的な施工図は必要なものである。しかし、木造小住宅レベルで施工者に同じ作業をさせることは、本来あってはならない。

　作図の本来の役割を再認識して再考したい。

● 躯体図
一般的に、RC造におけるコンクリートの寸法が明記された現場作成の施工図面。設計図書が見下げ図なのに対して、躯体図は見上げ図

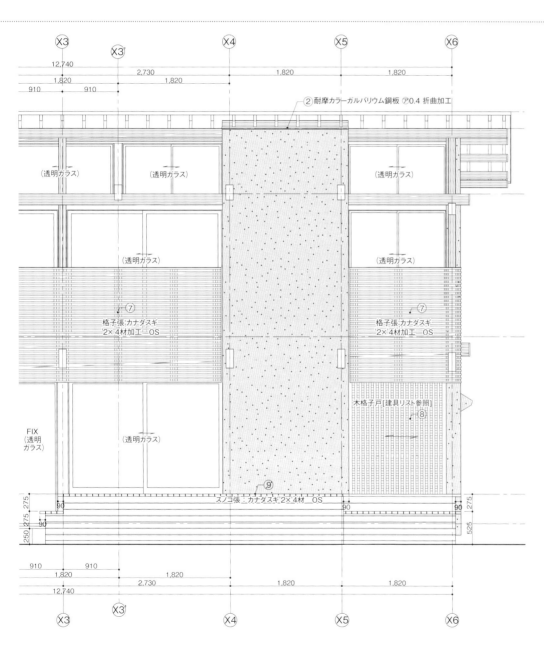

⑧	雨戸	木格子戸[建具リスト参照]
⑨	デッキ	スノコ張:カナダスギ2×'4材　OS
⑩	スノコ塀	格子張:カナダスギ'2×'4材加工　OS
⑪	排気口	ベントキャップ(メッシュ入・防風キャップ/ユニックス)
⑫	給気口	ベントキャップ(メッシュ入・防風キャップ/ユニックス)
⑬	軒樋	硬質塩ビ製・半丸タイプ(セキスイ同等品)
⑭	縦樋	亜鉛メッキ銅管φ60 UP

■ 記号凡例

・OS：オイルステイン(キシラデコール)
・UP：ウレタンペイント
・SOP：合成樹脂調合ペイント

平面詳細図の目的と作成のポイント

平面詳細図には、あらゆる図面の案内となり得る情報を盛り込む。戸建住宅規模なら配置図も兼ねることでわかりやすくなる

平面詳細図の位置付け

実施設計図の要である平面詳細図は、あらゆるセクション図面とかかわり合って情報発信源的な役割を担う。作図中もチェック時も、あるいは施工の際も、すべてのアプローチは平面詳細図から始まり、平面詳細図にフィードバックされる。住宅規模の場合、原則として1/50スケールで平面詳細図を仕上げることが望ましい。

基本設計時の平面図との違い

基本設計作業ではエスキスの段階でも、敷地の平面的情報をガイドに、ボリューム構想まで包含しながら平面的プランニングが繰り返される。平面詳細図は、間取りや配置、規模から仕上げまで、法的条件もクリアしながら、清書段階で1/100の平・立・断面図などとともに1/50スケールで仕上げられ、主に建築主とのコミュニケーションツールの役割を担う。したがって実施設計開始後は、基本設計図で決裁された情報も含め、平面詳細図化、「つくる」ための作図作業に引き継がれることで基本図書はお役目御免としている。

平面詳細図作成時の注意点

作図作業で大切なのは、施工プロセスと同じフローで進めることだ。設計者がこのプロセスを理解せずに作図をすると、本来表現しなければいけない詳細が描かれないことになりかねない。また、作成時に何度も修正を加えることにもなるため、工務の流れは設計以前に理解しておきたい注意点といえる。

また、それを理解することで、無理のない納まりを考えたり、その構造がわかりやすい図面を描けたりすることにもつながってくる。

ただし、施工性のみを優先することは、設計が持つデザイン性などの魅力や醍醐味を損なうことにもなりかねない。自身が設計したものをどのようにつくるのか、設計者は総合的に理解することが大切なのである。

● 平面詳細図
実施設計に入った段階で、平面図をスケールアップして詳細に描き表した図面のこと。建物の間取りだけではなく、断面の状況、床のレベル、フローリングの方向、納まりや仕上げなどを詳細に描く必要がある。施工現場で最も重視される図面といえる

● エスキス
エスキスとは仏語でスケッチのことをいうが、建築では計画段階の下描きやプランニングのスケッチを表すことが一般的

平面詳細図の作成手順 1

	描き込み情報	備 考	筆者事務所 （設計アトリエ）の場合
STEP 1	●図面のレイアウト ●通り心・通り符号・寸法線の描き込み 　真北（上側になるように） 　道路、敷地境界線（境界塀など） 　通り心、通り符号、寸法線	・必要な凡例、キープランなど 　展開方向 ・持ち家具リスト	・スケールは1/50 ・後で建具や設備キープランにするので、CADレイヤーをあらかじめ割り振っておき、不要な情報を非表示できるようにしておく
STEP 2	●柱断面線の描き込み ●間仕切壁の心出し 　柱	・間仕切壁の心などは基準となる通り心から追い出せるようにする	・真壁などで化粧柱になる個所はハッチングを変える必要があるので、全体的な内装イメージを検討しておく

	描き込み情報	備 考	筆者事務所 （設計アトリエ）の場合
STEP 3	●間柱の記入 ●壁下地（躯体）の線の描き込み ●耐力壁・通気胴縁の描き込み 間柱、壁下地、耐力壁	・開口部も通しで捨て線として描き込む ・面材の耐力壁については張る面によっては仕上厚に影響が出るので、明記する	・面材の継手になる間柱の部材は違ってくるので構造材として明確にする
STEP 4	●仕上線の描き込み ●家具・階段・バルコニーなどの概略線の描き込み ●サッシ・建具枠の描き込み 仕上線 家具、階段、建具、サッシ枠	・各壁の納まりを検討する。枠のチリと幅木との取合いなど、断面的な納まりの検討が必要	・枠廻りは意匠的にも重要な要素となるので、各所でちぐはぐなものにならないように標準納まりを決めておく
STEP 5	●建具・サッシの描き込み 建具、サッシ	・サッシはメーカーでデータを提供している場合もあるが、縮尺によっては見づらくなる場合もあるので、注意が必要である	・CADの拡大操作により編集は1/50だが1/10程度の枠図にも応用できることが望ましい（サッシと枠廻りの納まりを理解していないと描けない）
STEP 6	●設備機器の描き込み ●室外機などの描き込み 設備機器 エアコン室外機位置など 床暖房マット位置など	・データについては上記に準ずる。配管経路を検討し、PSの位置などを決める	・意匠的にも配慮し、エアコン室外機位置などを決めておく
STEP 7	●タイルなど仕上材の描き込み タイル目地 フローリング ベランダすのこ目地 ●断熱材の描き込み ●持込み家具などの描き込み	・断熱材については特記で省略しても構わない ・持込み家具は点線で表示しておく ・文字の描き込みが多く、過密な図面になるような場合は、フローリングの目地は方向の表示のみでも構わない	・ハッチング機能でも対応可能であるが、この時点でタイルの割付けを行い、壁のふかしなど細部を調整しておくことが理想
STEP 8	●文字の書き込み ●寸法の書き込み 室名 仕上げ、設備型番など 壁の振分け寸法、床レベル差の表現など	・文字はさまざまな線に重ならないように見やすい位置に置くよう心がける ・寸法は心からの押さえを基本に、有効寸法など要所で必要に応じて描き込む	・寸法は必要に応じて作図中にある程度描き込んでおいたほうが作図しやすい ・最終的に見やすい位置へ移動する ・表現がまちまちにならないように統一する

意匠図

構造図

平面詳細図の作成手順

　16・17頁で示したように、平面詳細図の作成プロセスは、現場作業のそれと同じ流れである。まず寸法表示のための引出し線をアウトラインとしながら、レイアウトのアタリをとり、縦横軸の通り心を一点鎖線（細線）で描き始める。1階（GL階）平面詳細図の場合、配置図を兼ねて描くことを原則としているため、道路、敷地ラインの線引きも同時に行う。さらにオリエンテーションも、北を画面上向きにレイアウトすることで統一する。

　ここまでは建物の平面的モジュールを押さえるための作業。この作業は、遣り方から根

● オリエンテーション
建築の製図では方位のこと。方位を表示することを意味する場合もある。一般的には北を示す

平面詳細図の作成手順 2

STEP 1　通り心と通り符合、寸法線の描き込み

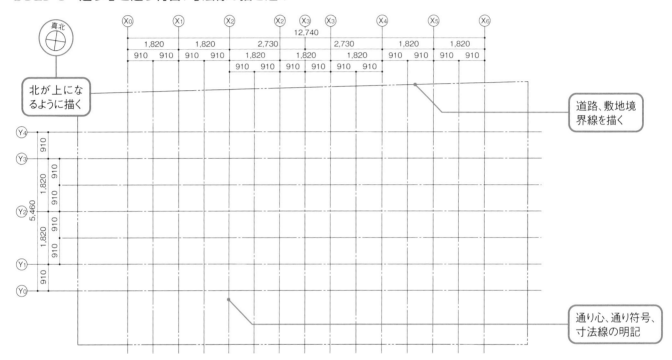

STEP 2　柱断面線の描き込みと間仕切壁の心出し

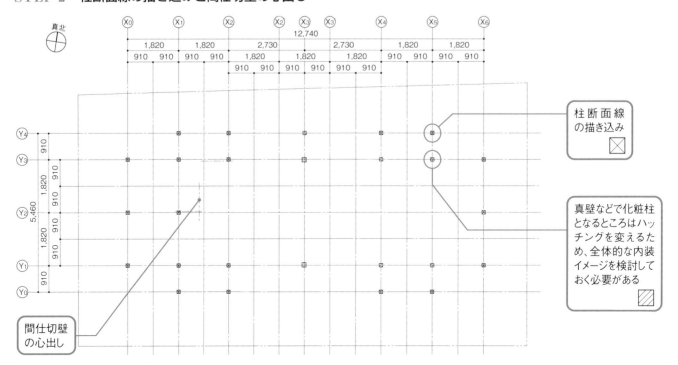

切、捨てコンにより平場を設け、心墨出しの作業に該当する。次に通り心を押さえ、躯体をしっかり落とし込む。開口部を切り、壁仕上げを受け止めるための枠をすべて納めれば、あとは壁仕上げラインをコーナーや枠まで一気に落とし込める。何はともあれ見やすい図面を仕上げるためにはこれらの表現における線の太さに注意を払う。躯体や下地、仕上げと、実線も太中細と使い分ける必要がある。

最後に記号や文字情報を書き込み完成に至るわけだが、この文字記入には特に注意したい。正確な情報をせっかく記入しても、文字サイズやその配置に無神経な図面では、やはり見る気を失わせてしまうからだ。手描き図面の場合、いくら線がシャープできれいでも、文字が下手だと質の低下を招く危険を伴う。CADでは文字の上手・下手はないが、サイズやレイアウト、さらには引出し線の入れ方1つが、

STEP 3　間柱、壁下地、耐力壁・通気胴縁の描き込み

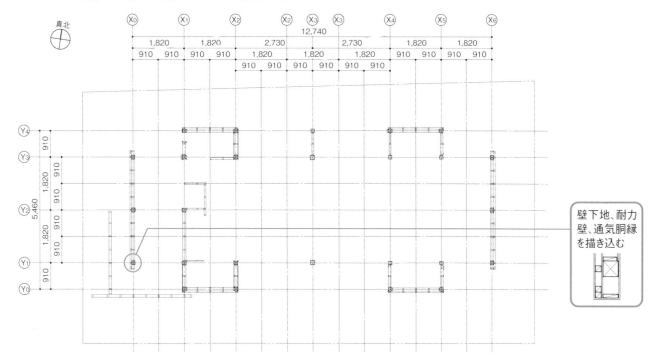

壁下地、耐力壁、通気胴縁を描き込む

STEP 4　仕上線、家具・階段・バルコニー、サッシ・建具枠の描き込み

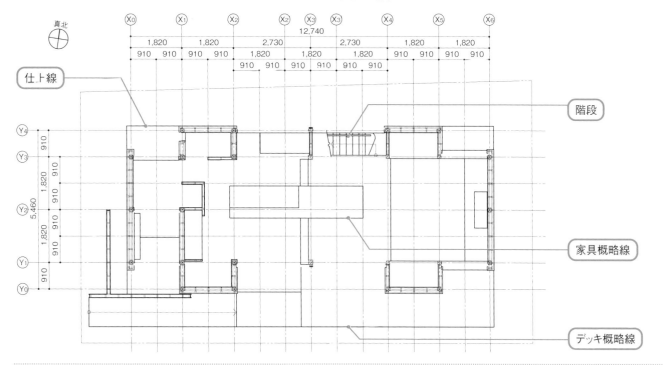

仕上線

階段

家具概略線

デッキ概略線

見やすい・見にくいを左右する。

表現上のポイント

　住宅規模の場合、発行図サイズがほとんどA2サイズのため、配置図を兼ねたとしても1/50スケールがバランスよい。CAD操作では1/50スケールでも、十分にディテール表現が可能なのでメリットは大きい。

　平面詳細図における枠廻りのほとんどは開口部だが、壁ラインがぶつかるところで形状とサイズを正確に表示することを怠ってはいけない。他材との取合いを含め、ディテールは1/20もしくは1/10レベルの表現が必要だが、CADでは拡大操作が可能なため、編

● 配置図
その図面において、敷地内に建物や塀、門扉、植栽がどのような位置づけで置かれているかを表現した図面

STEP 5　建具・サッシの描き込み

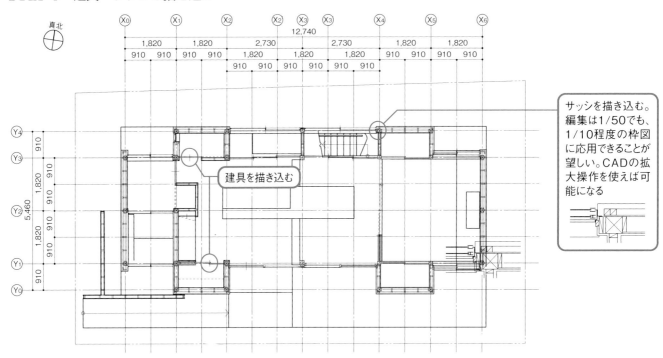

サッシを描き込む。編集は1/50でも、1/10程度の枠図に応用できることが望ましい。CADの拡大操作を使えば可能になる

建具を描き込む

STEP 6　設備機器、室外機などの描き込み

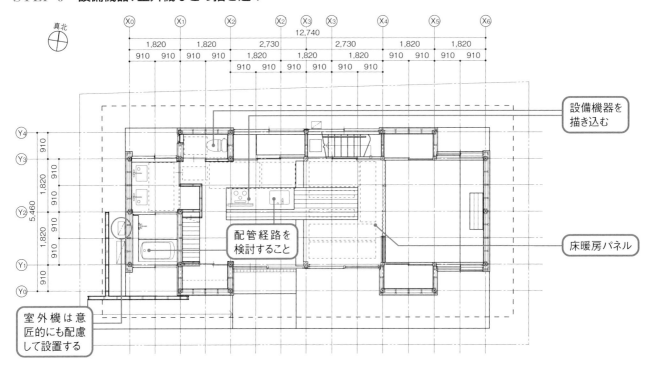

設備機器を描き込む

床暖房パネル

配管経路を検討すること

室外機は意匠的にも配慮して設置する

集は1/50でもグレード的には1/20、1/10並みの表現を行える。

　配置図を兼ねる一番の理由は、敷地境界からの離れのなかにある情報を表現するためだ。1/100の配置図で可能なのは数字の確認ぐらいだが、1/50であれば塀や垣根を含む外構図としての平面情報が盛り込める。これは、各部位の有効サイズを決定する際などにたいへん役立つ。外構

表現においては、特に設備配管などが地中埋設されることで、ほかの工作物との取合いを検討し、そのデータ的表現により不具合を未然に防ぐことができる。

　また、寸法表現においても施工側の仕事を認識しておく必要がある。平面的情報を頼りに、現場でもまったく同じ作業が墨出しという工程によって原寸で描かれる。すべての心墨が打たれ、左右に逃げながら仕上げラインが刻み込

STEP 7　仕上材、断熱材、持込み家具などの描き込み

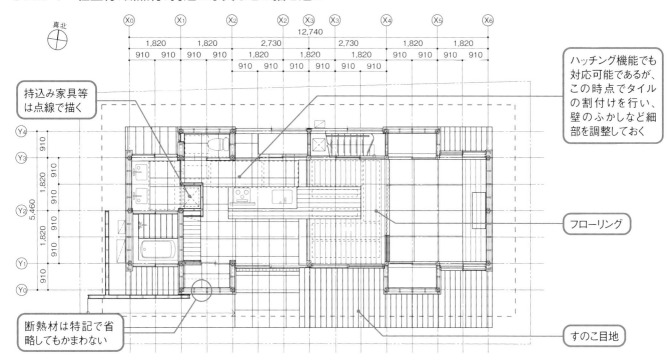

持込み家具等は点線で描く

ハッチング機能でも対応可能であるが、この時点でタイルの割付けを行い、壁のふかしなど細部を調整しておく

フローリング

断熱材は特記で省略してもかまわない

すのこ目地

STEP 8　文字・寸法を書き込み図面を仕上げる

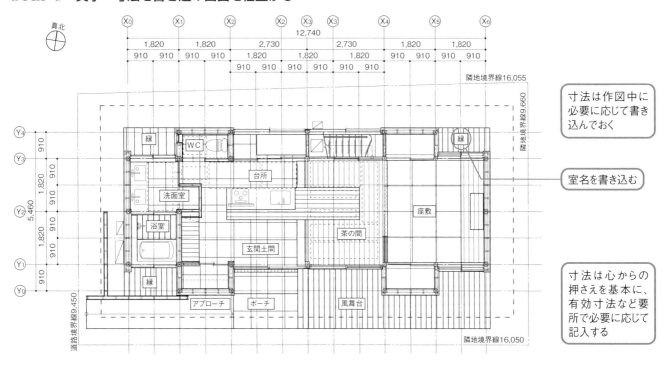

寸法は作図中に必要に応じて書き込んでおく

室名を書き込む

寸法は心からの押さえを基本に、有効寸法など要所で必要に応じて記入する

まれるわけだから、この作業順序に添わせる適切な表示を心掛けたい。まず各通り心間の数字と合計表示は基本。次に有効開口と躯体開口など、心からの逃げ寸法、壁厚に関する数字とディテール部の寸法表示と、大きい部位から小さい部位の順に表示する習慣をつける。躯体部には必ず通

り心があるので、躯体厚の心を振り、左右の寸法記入後、その上下いずれかに躯体総厚を記入。さらに仕上面までの寸法記入を1つのパターンとする。

平面図は壁の断面詳細以外は「床伏的仕上表」ととらえることもできる。見やすく、かつ「つくれる」図面に仕上がる

1階平面詳細図の完成例（原図S＝1：50をS＝1：60に縮小）

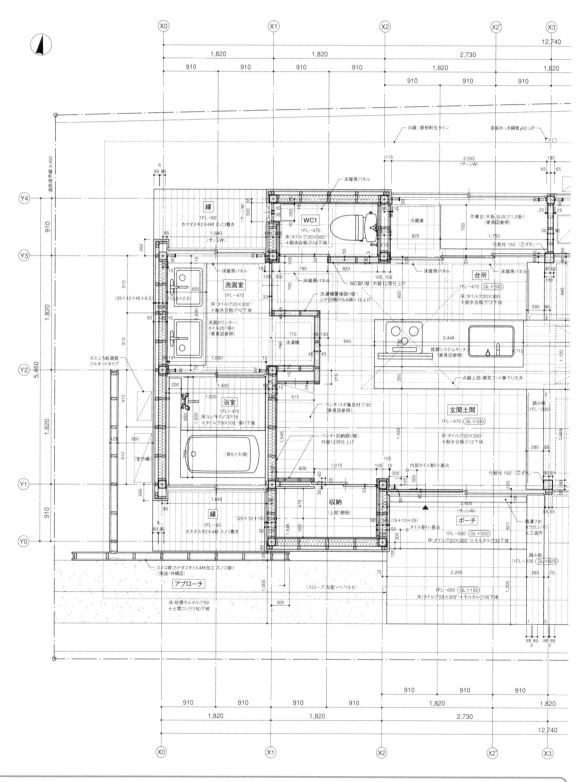

壁の断面詳細、床の仕上げ状況など、非常によくまとめられた一例。不足な情報はなく、かといって無駄なことが描き込まれていないため、スムーズに建物の概要がつかめる図面といえる

か否かは、余白スペースのビジュアル表現いかんにもかかっている。各種設備の平面的情報を記載後、文字情報のレイアウト、伏図のテクスチュア表現へと進むが、過剰表現は避けたい。石や木目肌などを詳細描写しても、つくる図面情報の妨げになりかねないからだ。

他図との整合性を図る

これまでの注意事項をクリアしながら、平面詳細図は作成される。しかし一番の留意ポイントは、他図との整合性を図るうえで、ものとものとの納まりを示唆する表現と

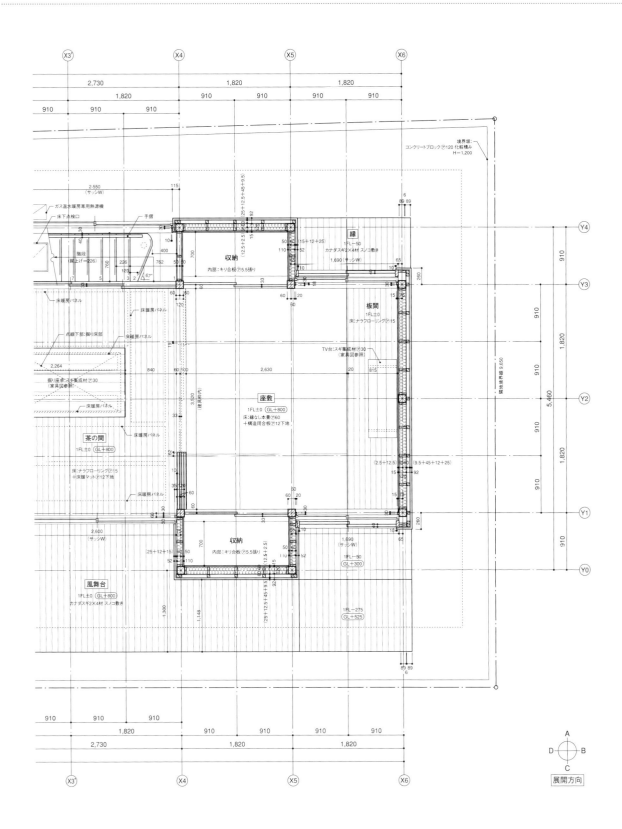

なっているかどうかである。もちろん同図を第2原図化した、設備機器などの**キープラン**は別図で整備する。

　いうまでもないが、キープランとの整合性が図られていなければ設計図としては成立し

ない。意匠図、構造図から設備図まで1人で作図担当したとしても、必ずといってよいほど矛盾は生じる。部位的にいくら見事なディテールを開発したところで、その背後にあるはずの設備が納まらなかったら時間の無駄使

● **キープラン**
建物のある部位が、その全体のなかでどこに位置しているのかを示す簡略化された平面図。展開図などといっしょに使用される

2階平面詳細図の完成例（原図S＝1：50をS＝1：60に縮小）

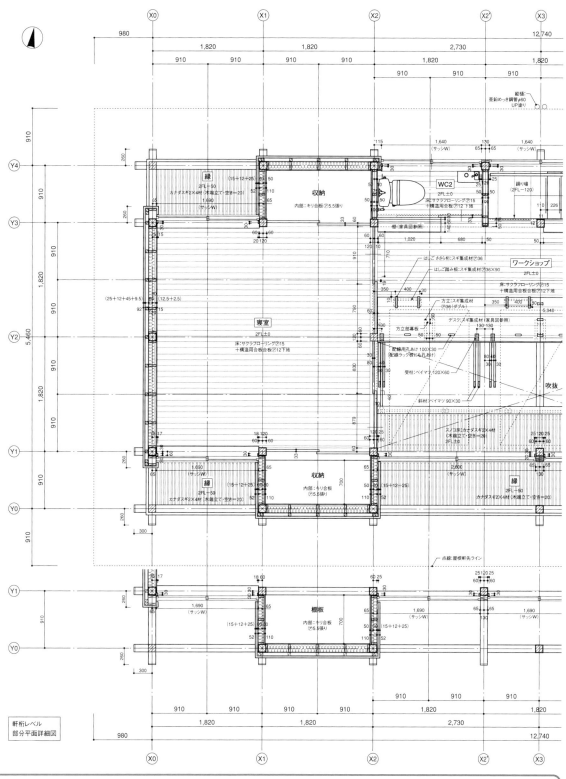

1階同様、すっきりとして見えるが必要な情報は充実している。収納部分を引き出すことにより、その部位の詳細までしっかりと把握できる例。寸法線も多すぎず、追い出すことが容易にできる

いでしかない。もちろん、部分的なディテールをしっかり検討することは大切だが、全体との整合性がずれているようでは意味がない。わかりやすくいえば、意匠図・設備図を重ねたとき、そこにズレがあっては建物自体の整合性がとれていないということになる。そうならないための図出し前の修正・フィードバックを含めたチェック機能の充実が求められる。

指示情報図としての平面詳細

ただ、この段階でのチェックは、あくまで確認段階のもの

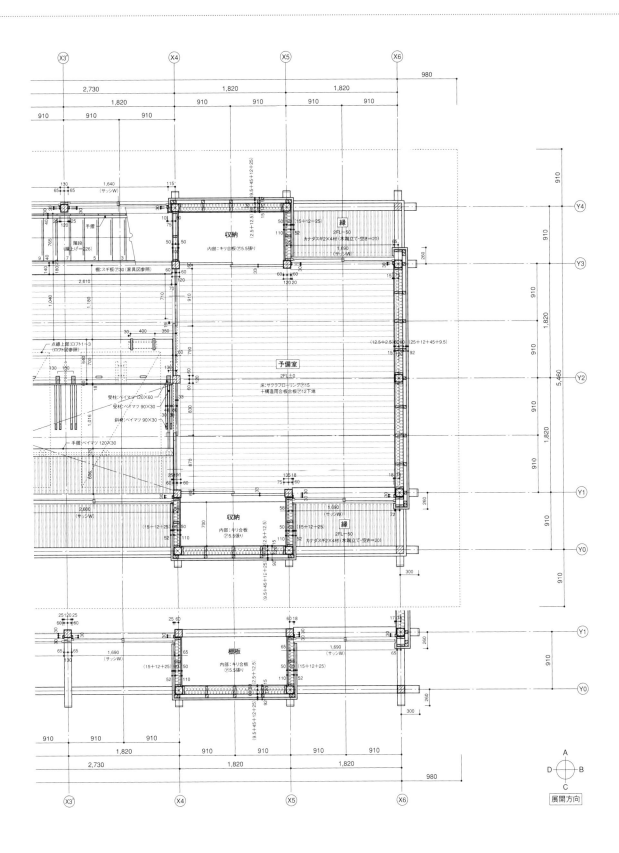

だということを認識する必要がある。今さらデザインチェックおよび再検討などをするようでは、プランニング自体にも大きな影響を及ぼすことになってくるからだ。つまり、そうした作業というのは、もっと初期段階で十分にしておく必要がある。平面詳細図を作成するときになってから、

ここはこのようにしようといったプランを打ち出すのではなく、エスキスの段階で十分に協議検討しておかなければならない。ここでのチェック機能というのは、あくまで明日から現場が動き出すという緊張感を伴った積算作業として、全仕様の不備をチェックする作業でなければならない。

外構図の完成例(S=1：100)

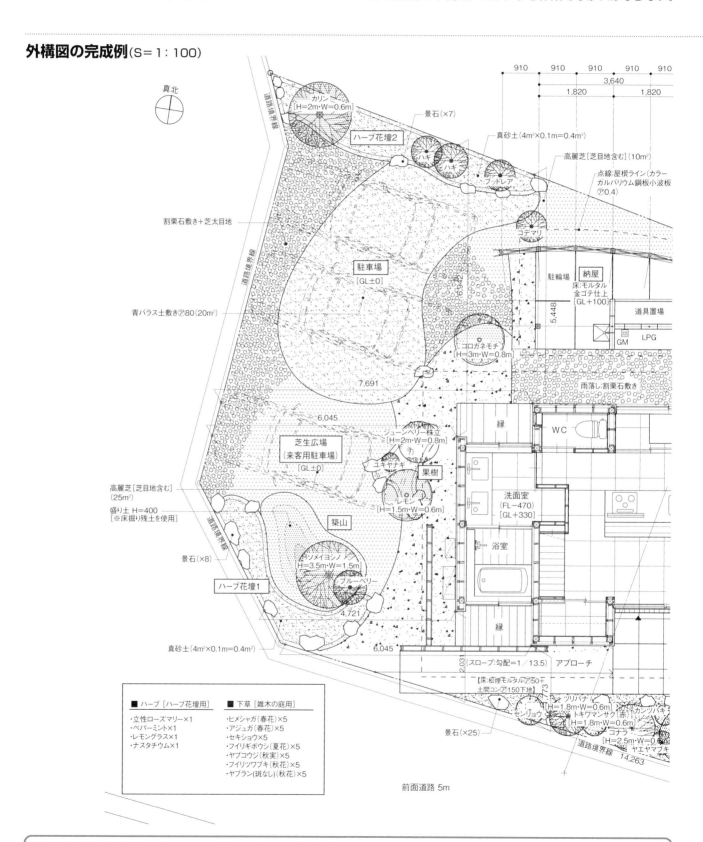

隣地境界線と、敷地内との取り合いが理解できる例。建物や植栽、アプローチまで同スケールに落とし込むことで、全体像がはっきりわかる図面といえる。部分的な断面詳細があるので、イメージもしやすい

詳細を詰める作業であり、より具体的な表現をするのがこの図面を作成するときのフローとしての位置づけだ。

そうしたチェック作業において、図集から抜き取って常に見返す要図が平面詳細図であり、あらゆる図面情報の発信源としてこの図面があるといえる。部位寸法を押さえる

ための基準を含めたモジュールの整理から、敷地内外との関係、そのほかに記号情報を含めた仕様的文字情報まで、ほかの全図に対する指示情報図として、平面詳細図は整備されていなければならない。それだけこの図面は、設計図書のなかにおいて、重要な位置づけにあるといえる。

構造図

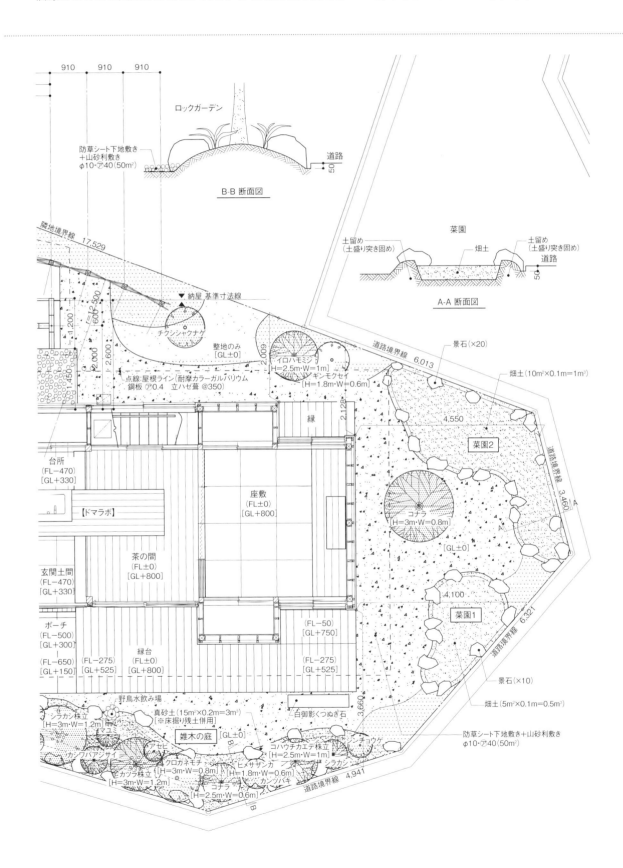

矩計図の目的と作成のポイント

図面の中に、床レベルや躯体レベルを多く含み、開口部を通過する箇所を選んで断面化する

矩計図作成の手順

矩計図は、水平面に対する垂直方向の高さ関係をみる情報図だ。平面図に対して縦方向の断面詳細として、墨付にはなくてはならない図面である。一般的に、1/30スケールで作図することが多いのは、A2判に納めることを前提としていることと、施工に必要な情報を盛り込むための限界の縮尺とを考え併せての判断である。

作図は心の墨付け作業手順に従い、各部基準高を押さえる作業から始める。まず、通り心を全スパン、縦断面用に線引きを行う。高さ用の線は2種類で、1つは階高と称される床高間のレベル設定ライン、もう1つは各階躯体の基準レベル設定ラインだ。両線ともGLを±0として設定する。ただし2種類といっても、図面上に両方を出力するとレベルラインが輻輳し見づらくなるので、躯体レベルはFLラインより「±○○」と寸法を表示するにとどめ、線そのものは削除する。

各部位のレベル設定を終えた後、太実線で躯体部位を押さえていくが、その際、断面となるすべての枠部の詳細を平面と線のつながりにおいて矛盾をきたさないよう、太さも合わせながら押さえていく。地上部と同様に地盤面下も各部のレベルを設定しながら、断面表現として寸法やほかの文字情報とともに表示する。

平面詳細図の断面箇所

平面詳細図のどの部分を断面化するのかについては、スパン単位で縦横方向に何枚か描ければベスト。しかし、1枚の切断面で手前と奥行両方向への設計意図を示唆できる表現こそ、設計者のもつべき技術ともいえる。そこで、縦横各1本ずつ、途中省略なしで全スパンの断面詳細を押さえることを原則にするとよい。また、軒先桁心部のみの棒矩表現はしないようにしたい。

平面詳細図が配置図を兼ねて作図しているため、矩計図も建築のみの断面詳細だけでなく、縦方向における配置設計図として、情報統一を図るとよいだろう。併せて立面（姿図）でも配置的条件を合わせ、立体物をつくる際の設計図の基本である3面図が常に整合するよう意識したい。敷地を含めた建築物全体の縦割り、横割りを前提にしながら、プラン上で床レベルや躯体レベルをできるだけ多く含み、かつ開口部を通過する部分を選んで断面化したいところだ。

各階の主要横架材や棟桁まで、必要となる部位の高さおよび形状の詳細は、妻側断面ですべて押さえられている。一方、桁側断面では、棟桁を切断、妻側断面線を引き出しながら、横架材の腹を見せる姿図的描写をすることで、縦横交点の取合いが明確になる。そうすることで、軸組図との納まり上の関係が理解しやすくなる。また、セクションによって、特に屋根の形状が異なる場合などは、新たにもう1面作図することも、作業上のノルマとしたい。

いずれにしても、矩計図が占めるウエイトは大きい。情報過多になりすぎないよう注意は必要だが、より詳しく正確に描かなければいけない図面といえるだろう。少々手間がかかったとしても、必要な情報は必ず明記するようにしたい。

● 矩計図
実施設計図の1つで、基礎から軒先までを含む主要な外壁部分を表す断面詳細図のこと。各部分の高さ関係や材料、架構方式などが示される縦方向の詳細図

● スパン
骨組みの支点間距離のこと。「梁間」、「わたり」ということもある

矩計図の作成手順 1

	描き込み情報	備 考	筆者事務所 （設計アトリエ）の場合
STEP 1	●図面のレイアウト ●通り心・通り符号・寸法線の描き込み ●斜線など検討 道路、敷地境界線（境界塀など） 通り心、通り符号、寸法線 床レベル線の描き込み 道路、高度斜線など	・仕上げ凡例など明記 ・床高間のレベル設定ラインを基準線として描き入れる ・躯体のレベル線は省略する	・スケールは1/30 ・切断面の設定については、簡単な部分ではなく、開口部や家具などの要素が多い部分としている
STEP 2	●梁・躯体など断面線の描き込み 基礎、梁などの構造体	・露しになる化粧梁については 　ハッチングを変える	・梁を渡りあごとし、高低差を付ける場合は梁下のレベルにも注意が必要 ・2階の水廻りの配管ルートなども考慮し、梁レベルを設定する
STEP 3	●間柱の記入 ●耐力壁・通気胴縁の描き込み ●サッシなどの描き込み ●サッシ、建具枠の描き込み 間柱 壁下地 耐力壁　　サッシ・建具枠	・根太の架け方はフローリングの張り方向にも影響する ・通気の取り方（入り側、出る側）を考え、軒との取合いの納まりを決定する	・各部位についてスケッチ程度の詳細を検討したうえで作図する。作成者が納まりを理解していないと図面にも反映されない。これでは施工者に設計意図が伝わらない
STEP 4	●仕上線の描き込み ●家具・バルコニー手摺の描き込み ●設備機器の描き込み 仕上線 家具、階段、建具などの断面	・仕上げと下地の線を区別してメリハリを付ける	・設備機器を描き込むが、配管および換気ダクト、電気配線が確保されているか検討しておく（ダクトなどにより梁や耐力壁の欠損が発生しないようにしたい）
STEP 5	●見え掛かり部分の作図 建具、家具など見え掛かり部分	・横架材の腹を見せることで縦横交点の取合いが明確になる	・断面表現の建具と見え掛かり部の取合い（高さ・見付け等）の検討は意匠的にも重要
STEP 6	●化粧部分の表現 ●断熱材の描き込み 化粧部のハッチング 断熱材	・仕上げ表現を施すことで奥行き感が出て分かりやすい図面となる	・断熱材は省略せず細かい梁とまぐさの間にも入れるようにしている
STEP 7	●文字の書き込み ●寸法の書き込み ●窓の塗りつぶし表現 室名 仕上げ、設備型番など 壁の振分け寸法、床レベル差の表現など	・仕上げとして素材が分かりやすいように窓などを塗りつぶす	・ディテールが必要な個所は、【D-01】などと番号を振り、ディテールシートにて詳細図を表現するが、手摺の加工図など簡単なものは矩計図上に明記しておく

意匠図

構造図

設備図と作図資料

作図表現上のポイント

躯体部断面は手前に伸びてくる横架材部がほとんどで、後は面材の断面である。化粧部は斜線のハッチで1面処理、非化粧部は×または／に統一する。面材系において、材種ごとにハッチをパターン化して表示し、同種材か否かをひと目で判別できるように表現する。

平面詳細図同様、作図作業の最後に記載する文字情報の編集には特に注意を払う。仕様などの正確な表示はもとより、フォントサイズの使い分けやレイアウトにも気を遣いたい。手書き文字同様に作図面のクオリティに影響を及ぼすことになるからだ。

矩計図においても情報過多は避けたい。リアルな車の絵を描いたり、矩計より詳細な樹木を表現したりする図面も見受けられるが、建築以外の表現は点線表示くらいで十分といえる。

また、矩計図は展開図の数値的なキープランであることも忘れてはならない。建物内部の壁面図が展開図だが、施工時には矩計の条件を無視することはできない。高さ確認を確実にするためにも矩計は重要である。

矩計図のもう1つの意味

矩計図の役割として重要なもう1つの点は、構造図、特に軸組図との関係である。作図の検討段階において綿密にこの相互関係を解いておかないと、大きな失敗につながる。

建物の骨格を数値化しながら位置決定に導かなければならないわけだから、その作図過程では時間が費やされる。木軸構造の場合では、水位置といわれる仕口処理の基準高さまで考慮に入れる必要があるため、ここでのミスは許されない。

この図面では、その切断面部すべての高さ、形状を図形と文字情報で伝えればよいわけだが、同時にその切断面の前後の情報も表現する断面詳細図としてまとめる必要がある。

「空間は矩計で考える」といわれるくらい、矩計図を見れば建築全体の構成が読み込めるものである。逆にいえば、そのくらい他図と整合性をもった、実施設計の「要」の図として作図したいものだ。

● 横架材
梁や桁など、建物の構造材で、水平方向に架け渡された部材を指す

● 軸組図
柱、筋違、梁など木造建築での構造材を軸組みといい、通り心ごとにその部材が描かれた構造図のことをいう

矩計図の作成手順 2

STEP 1・2
通り心、寸法線と躯体断面線などの描き込み

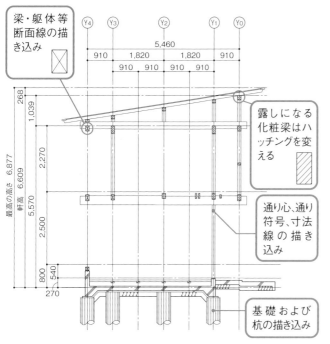

STEP 3・4
間柱、耐力壁、開口部および
仕上線や設備機器などの描き込み

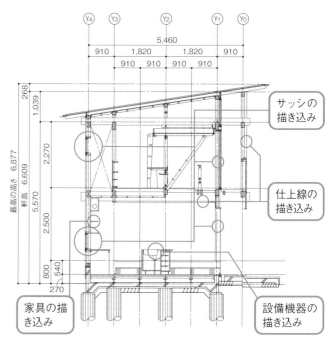

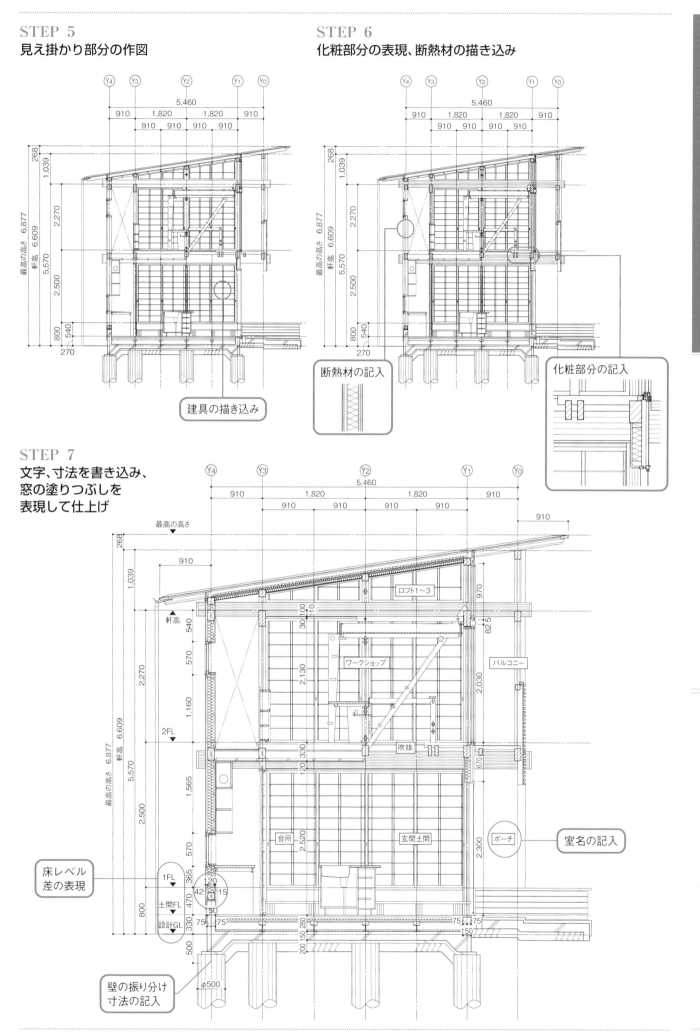

STEP 5
見え掛かり部分の作図

建具の描き込み

STEP 6
化粧部分の表現、断熱材の描き込み

断熱材の記入

化粧部分の記入

STEP 7
文字、寸法を書き込み、窓の塗りつぶしを表現して仕上げ

床レベル差の表現

壁の振り分け寸法の記入

室名の記入

ロフト1〜3
ワークショップ
バルコニー
吹抜
台所
玄関土間
ポーチ

矩計図完成例 **1**（原図S＝1：50をS＝1：60に縮小）

> 無駄な情報は省き、縦断面での必要情報が網羅された矩計図の例。
> 必要に応じて、スケールアップした拡大図を図示すれば、より正確
> な情報が伝わる。記号凡例も忘れずに記載したい

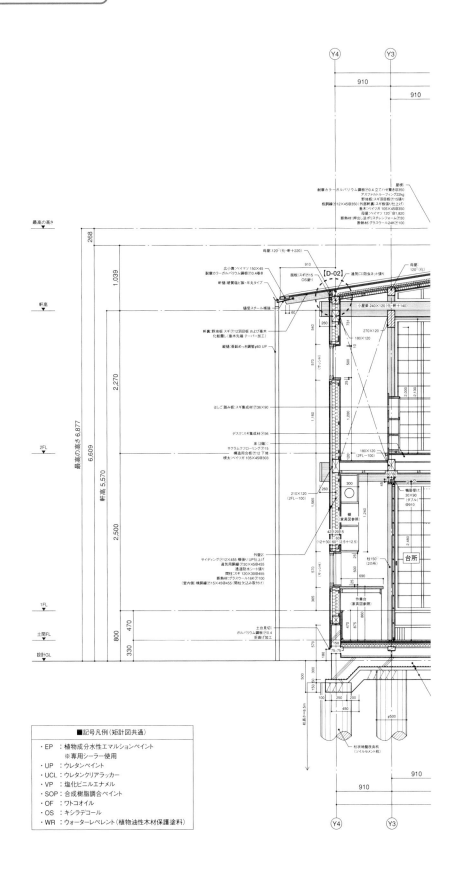

■記号凡例（矩計図共通）

- EP ：植物成分水性エマルションペイント
  ※専用シーラー使用
- UP ：ウレタンペイント
- UCL：ウレタンクリアラッカー
- VP ：塩化ビニルエナメル
- SOP：合成樹脂調合ペイント
- OF ：ワトコオイル
- OS ：キシラデコール
- WR ：ウォーターレペレント（植物油性木材保護塗料）

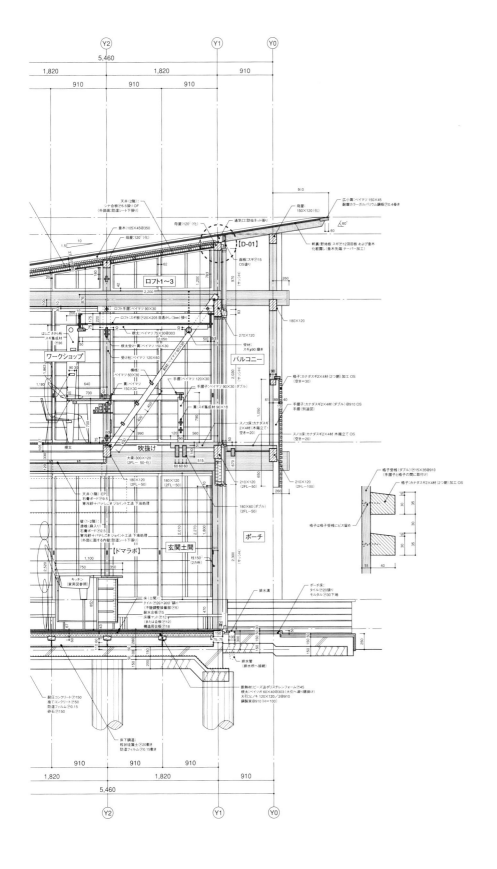

矩計図完成例 **2**（原図S＝1：50をS＝1：60に縮小）

32・33頁の矩計図の向きを90°変えて切断した矩計図の例。人のシルエットを必要箇所に入れ込むことで、部屋の利用形態がわかりやすくなるが、無駄に描き込まないようにしたい。断面構造の必要情報が網羅されている

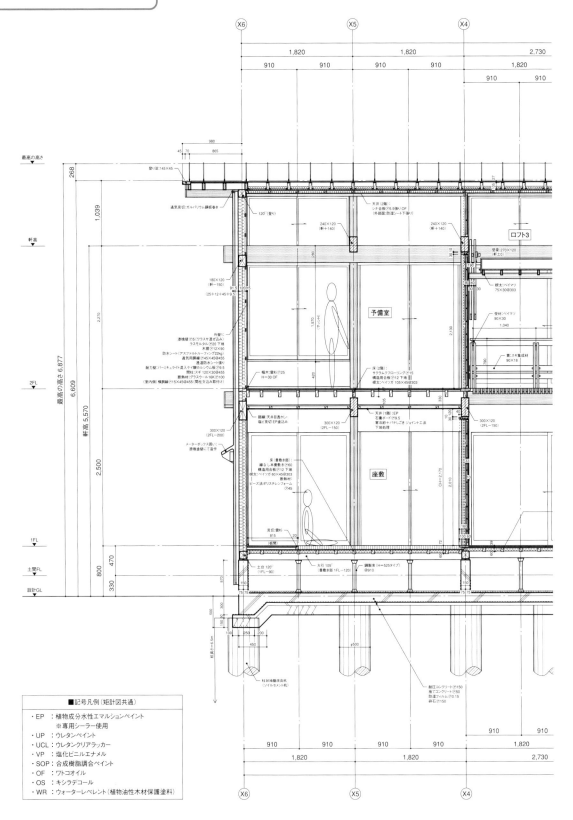

■記号凡例（矩計図共通）
・EP ：植物成分水性エマルションペイント
　　　　※専用シーラー使用
・UP ：ウレタンペイント
・UCL ：ウレタンクリアラッカー
・VP ：塩化ビニルエナメル
・SOP ：合成樹脂調合ペイント
・OF ：ワトコオイル
・OS ：キシラデコール
・WR ：ウォーターレペレント（植物油性木材保護塗料）

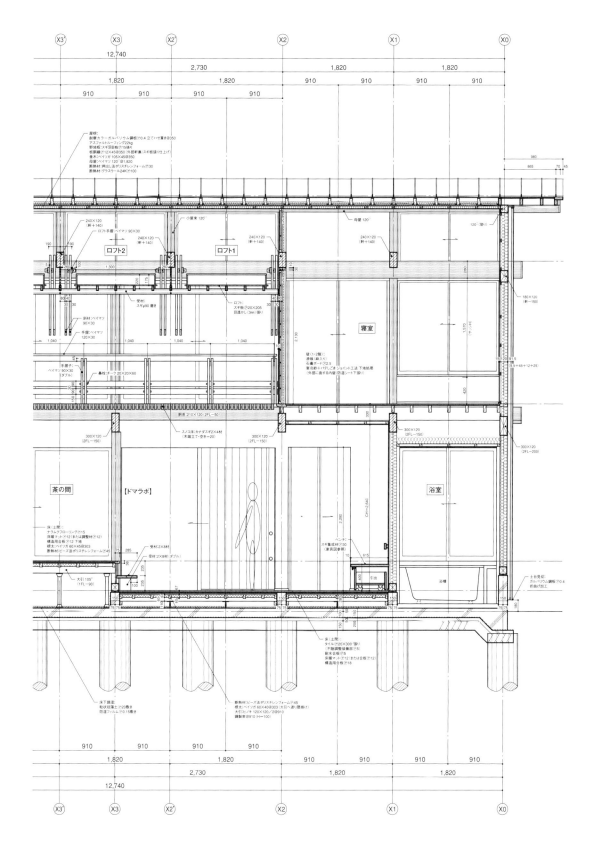

立面図の目的と作成のポイント

姿として表れるすべての面を正面となるように描くが、隠れた構造部を意識して描くことが大事

建物の外装を表す図面

立面図とは、計画建物のかたち・仕上げ・外壁に表れる設備などの外部情報を伝えるものだ。設計図のなかでは唯一完成した建物の「姿」を表す図面で、平面図同様、建物の骨子を把握するために必要不可欠な図面である。

作図の流れを知る

立面図のスケールは、戸建住宅であれば1/50が適当だ。隠れた構造材にも注意し、実際の工事のように骨組みの上に仕上げをする意識をもって描く。姿として表れるすべての面を正面となるように描くだけでなく、ほかの部分と重なって正面として見えなくなる部分は、断面図に加えるなどして描いておく。

まず、地盤面、各フロアレベル、構造レベル（土台・胴差・桁）など、高さの基準線を引き、全体の高さを押さえる。そして、基礎・壁・

屋根の材料構成の厚みを通り心から追って、全体の形を描く。その後、開口部をはじめ、必要なモノ（表面に出てくるもの）を順次描き進める。「全体から細部へ」という意識がポイントだ。あらかじめ平面的、断面的に詳細部分の納まりを決定しておく必要がある。

図面に盛り込む必須情報

この図面でいう必要な情報とは、「外装材の明記」「サッシの取付け位置」「設備の情報」「筋かいの向き」。これらの情報を明記することで、何がどこに取付けられるのか理解しやすくなるだけでなく、監理面でも便利になる。

その他のポイントとして、立面図にしか表れてこない情報は、見積りの際に見落とすことのないように、忘れずに描くようにしたい。また、斜線制限の厳しい部分には、制限線を記入する。さらに、床下換気口があれば、基礎伏図と照らし合わせて位置を描いておく。

● 立面図
建物を東西南北の4方向から見た状態で、それぞれ鉛直方向に投影したもの。建物の高さや幅、屋根の勾配、軒の出、地盤面との関係などが記載され、外観のデザインを見取ることができる

● 断熱材
熱の移動を防止するための材料。室内でつくった熱エネルギーの損失を防ぐために断熱する必要がある。また、併せて気密性も重要である

モデル住宅の平面図

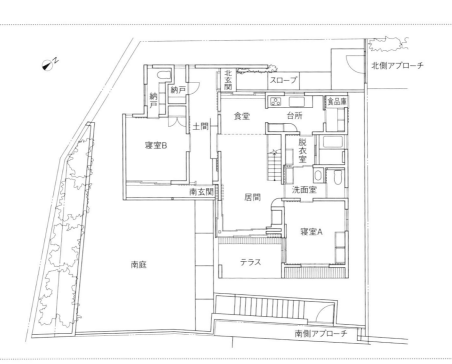

立面図の作成手順

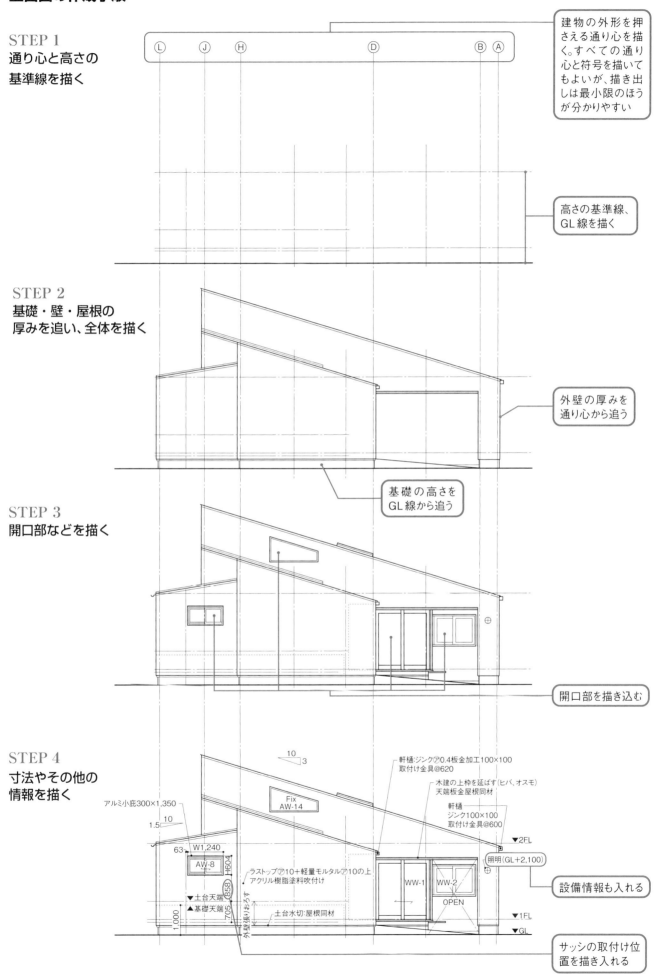

STEP 1
通り心と高さの
基準線を描く

建物の外形を押さえる通り心を描く。すべての通り心と符号を描いてもよいが、描き出しは最小限のほうが分かりやすい

高さの基準線、GL線を描く

STEP 2
基礎・壁・屋根の
厚みを追い、全体を描く

外壁の厚みを通り心から追う

基礎の高さをGL線から追う

STEP 3
開口部などを描く

開口部を描き込む

STEP 4
寸法やその他の
情報を描く

軒樋:ジンクア0.4板金加工100×100 取付け金具@620

木建の上枠を延ばす(ヒバ、オスモ) 天端板金屋根同材

軒樋 ジンク100×100 取付け金具@600

アルミ小庇300×1,350

Fix AW-14

▼2FL

照明(GL+2,100)

W1,240

AW-8

ラストップア10＋軽量モルタルア10の上 アクリル樹脂塗料吹付け

WW-1 WW-2

OPEN

▼土台天端
▲基礎天端

土台水切:屋根同材

▼1FL
▼GL

設備情報も入れる

サッシの取付け位置を描き入れる

意匠図

構造図

設備図と作図資料

立面図完成例（原図S＝1：50をS＝1：100に縮小）

建物を正面から見た4面の姿図が立面図。サッシの位置や仕上げ材の厚さまで精密に描かれているので、施工の際にもスムーズな進行の助けとなる。また、積算時の拾い忘れも防止できる

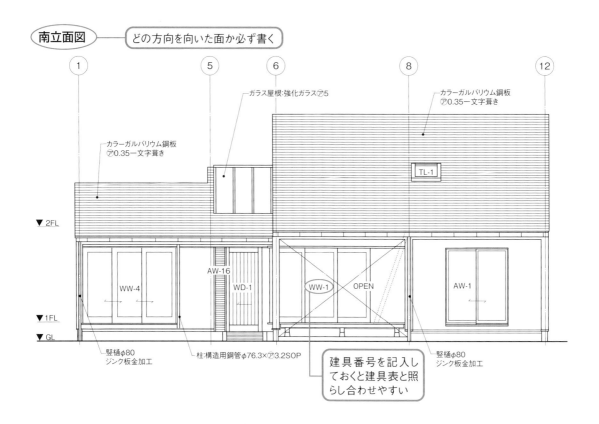

南立面図 ── どの方向を向いた面か必ず書く

建具番号を記入しておくと建具表と照らし合わせやすい

北立面図

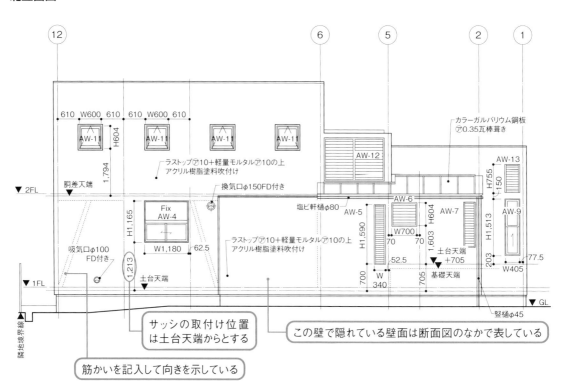

サッシの取付け位置は土台天端からとする

この壁で隠れている壁面は断面図のなかで表している

筋かいを記入して向きを示している

屋根・外壁の仕上材については、記号と仕上材が対応する凡例をつくり、図中に記号のみ印す示し方もある。また屋根も外壁も1種類ずつであれば、下図のように明記せず外部仕上表での記載で済ませてもよい

西立面図

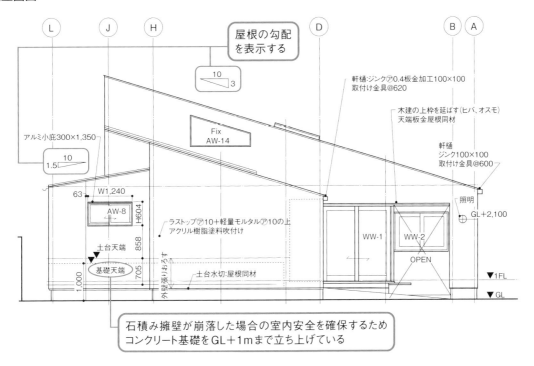

屋根の勾配を表示する

$\dfrac{10}{3}$

軒樋:ジンク㋑0.4板金加工100×100 取付け金具@620

木建の上枠を延ばす(ヒバ、オスモ) 天端板金屋根同材

軒樋 ジンク100×100 取付け金具@600

アルミ小庇300×1,350

$\dfrac{10}{1.5}$

照明

GL+2,100

Fix AW-14

W1,240

AW-8

ラストップ㋑10＋軽量モルタル㋑10の上 アクリル樹脂塗料吹付け

WW-1　WW-2

OPEN

土台天端

基礎天端

外壁張りおろす

土台水切:屋根同材

▼1FL

▼GL

石積み擁壁が崩落した場合の室内安全を確保するためコンクリート基礎をGL＋1mまで立ち上げている

東立面図

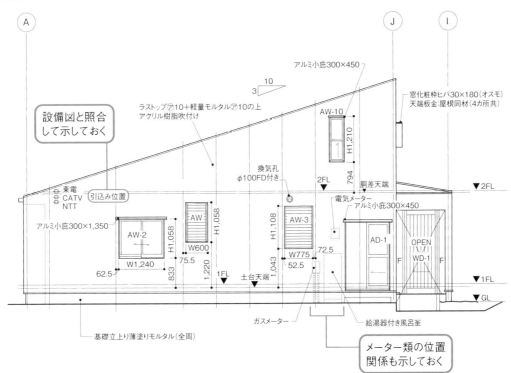

アルミ小庇300×450

$\dfrac{10}{3}$

窓化粧枠ヒバ30×180(オスモ) 天端板金:屋根同材(4カ所共)

AW-10

設備図と照合して示しておく

ラストップ㋑10＋軽量モルタル㋑10の上 アクリル樹脂吹付け

換気孔 φ100FD付き

2FL

胴差天端

▼2FL

東電 CATV NTT

引込み位置

電気メーター アルミ小庇300×450

アルミ小庇300×1,350

AW

AW-3

AD-1

OPEN

WD-1

AW-2

W600

W775

F　　F

W1,240

▼1FL

土台天端

▼1FL

▼GL

基礎立上り薄塗りモルタル(全周)

ガスメーター

給湯器付き風呂釜

メーター類の位置関係も示しておく

展開図の目的と作成のポイント

室内の壁面の様子を伝えることが展開図の目的。照明や
スイッチプレート類も含め、室内4方向を見渡した姿が描き表される

展開図とは何か

前出の立面図が、外部の姿を表す図面とするなら、展開図は内部の姿（情報）を伝える図面である。その室内の天井の形状や高さ、窓・腰壁・照明器具の位置など、室内を見渡した様子が表されている。したがって、各室のすべての面を描くことが前提となってくる。

展開図の描き方

展開図は1/50で描き、階段などは個別に、詳細図として1/20、1/10で用意する。作成するときには、各室のどの方向の面から描いていくか統一する必要がある。そのため、展開方向を決めて平面図に示しておかなければならない。通常は平面図の上側から時計回りにA・B・C・Dと番号を付ける。出入口で隣接する室については連続性を考えて、上下に並べて描くようにするのが一般的だ。その室内と隣接する部屋との関連も理解しやすく、全体のイメージもつかみやすくなる。吹抜けで空間が連続している室については、断面図のように一体で上下階を描いてしまったほうが分かりやすい。

作図に際しては、図面を何段かに分けて、基準となるフロアレベルを決める。次に壁面の柱芯をA面→D面へと寸法を入れて押さえる。そして、壁面線、天井線を描いていく。その後、窓などの情報を描き込む。4面で表しきれない場合は、A'などとしてその面を描き表す。また高低差が生じる場合は、その寸法も示しておくと分かりやすい。空いているスペースにスケッチや寸法など描いておくと、現場にも伝わりやすい。

展開図に盛り込むべき情報

展開図にも、盛り込んでおく必須情報がある。天井高さと、室名、仕上げは必ず記入すること。内部仕上表とは別に、展開図の仕上表を各室ごとに簡単に表せば、見比べる手間がなくなるのでぜひやっておきたい。

また、窓や出入口などの開口部は、必ず断面を示して高さ寸法を記入することを忘れないようにしたい。スイッチ類の取付く位置を描くことで、より具体的な室内の様子がわかるようになる。棚板の割付け寸法や材質、手摺・備品類で下地補強が必要な場合は、その範囲などを記入しておくこと。

● 展開図
室内の各壁面の仕上げ状態と、高さの位置関係を表した内壁の姿図を展開図という

● 展開方向
展開図を作成するときには、各室のどの面から描いていくか方向を統一する必要がある。一般的には、平面図の上から時計回りの方向で描くとされる

展開図イメージ

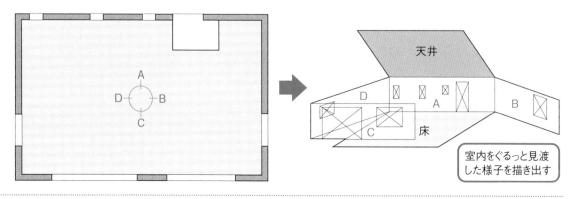

室内をぐるっと見渡した様子を描き出す

モデル住宅の平面図

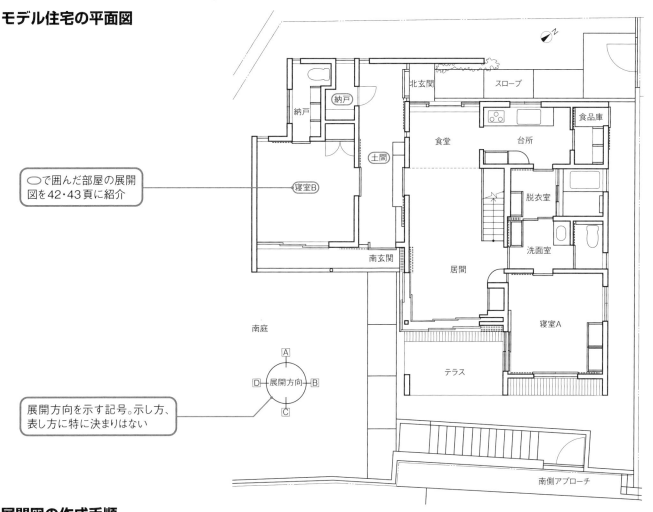

○で囲んだ部屋の展開
図を42・43頁に紹介

展開方向を示す記号。示し方、
表し方に特に決まりはない

展開図の作成手順

STEP 1
基準フロアレベルを決め、
壁面の柱心を入れて内側に
仕上げの壁面線を描く

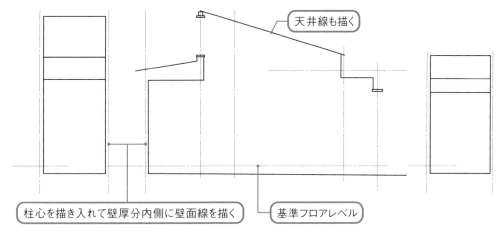

天井線も描く

柱心を描き入れて壁厚分内側に壁面線を描く

基準フロアレベル

STEP 2
開口部、設備機器などの
取り付け位置を描き入れる

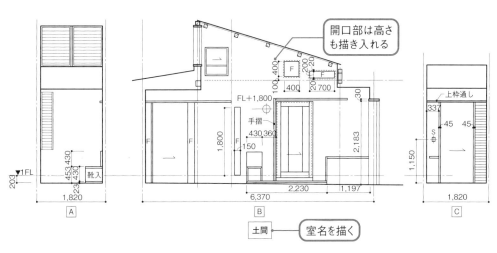

開口部は高さ
も描き入れる

室名を描く

展開図完成例（一部抜粋、原図S＝1：50をS＝1：100に縮小［詳細図は原図S＝1：20をS＝1：40に縮小］）

> 隣室との取り合いや、設備機器などの位置関係が分かりやすく描かれた展開
> 図の例。間接照明なども高さの寸法が入っていることで、より理解しやすい。
> また、展開図用の仕上表があることで、内部の様子が一目瞭然となる

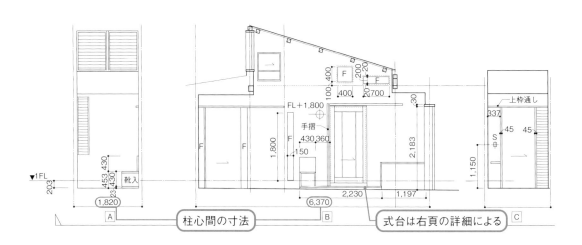

柱心間の寸法

式台は右頁の詳細による

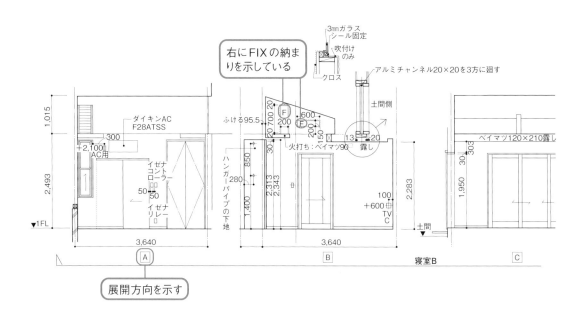

右にFIXの納まりを示している

展開方向を示す

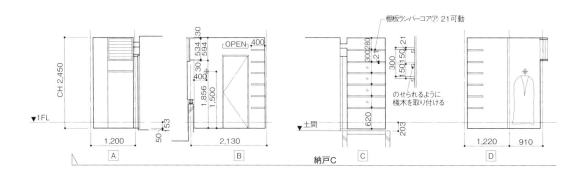

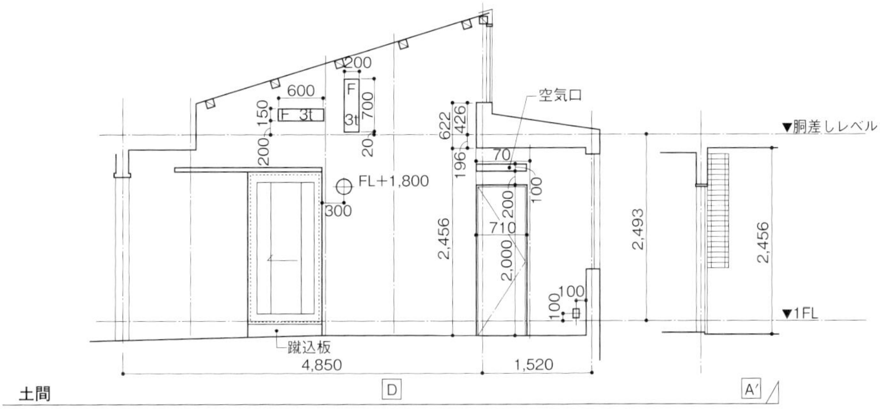
200
600
F
150
F 3t
3t
700
空気口
622
426
▼胴差しレベル
200
20
196
70
FL+1,800
100
300
200
2,456
710
2,493
2,456
2,000
100
100
▼1FL
蹴込板
4,850
1,520
土間
D
A'

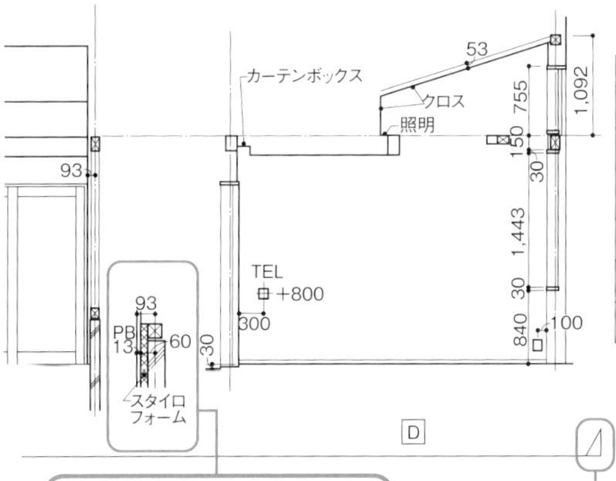
53
カーテンボックス
クロス
755
1,092
照明
150
93
30
1,443
TEL
+800
30
93
300
840
100
PB 13
60
30
スタイロフォーム
D

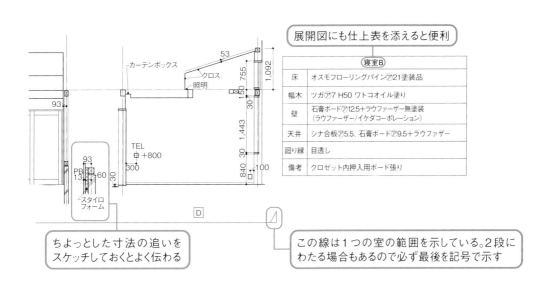

展開図にも仕上表を添えると便利

寝室B	
床	オスモフローリングパイン㋐21塗装品
幅木	ツガ㋐7 H50 ワトコオイル塗り
壁	石膏ボード㋐12.5+ラウファーザー無塗装（ラウファーザー/イケダコーポレーション）
天井	シナ合板㋐5.5、石膏ボード㋐9.5+ラウファザー
廻り縁	目透し
備考	クロゼット内押入用ボード張り

ちよっとした寸法の追いをスケッチしておくとよく伝わる

この線は1つの室の範囲を示している。2段にわたる場合もあるので必ず最後を記号で示す

式台詳細

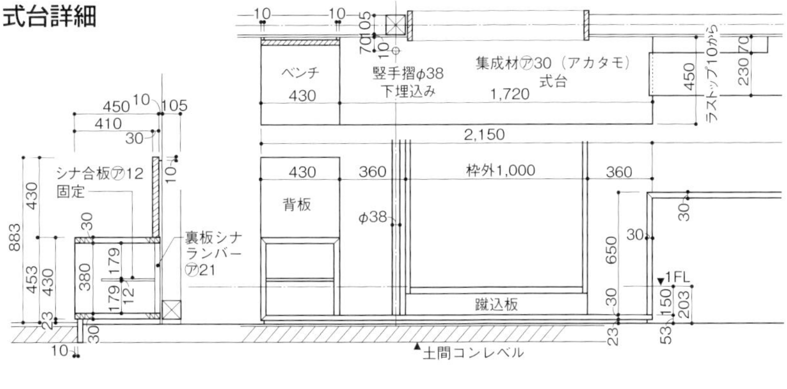
10
10
70
105
10
ベンチ
430
竪手摺φ38
下埋込み
集成材㋐30（アカタモ）
式台
1,720
450
ラストップ10から
230
70
450
10
105
410
30
2,150
シナ合板㋐12
固定
430
360
枠外1,000
360
背板
φ38
883
430
30
裏板シナランバー㋐21
650
30
30
453
430
380
179
12
179
30
蹴込板
▼1FL
150
203
23
30
10
23
53
▲土間コンレベル

天井伏図の目的と作成のポイント

第一の目的は天井の仕上げを指示するもので、そのほかに照明器具などの設備の取合いも検討する

天井伏図の目的と位置付け

天井伏図とは、天井の見え掛かりを表現する平面図である。見上げた状態でなく、それを裏返しにした絵、つまり床に置いた鏡に天井面を映した状態を描いたものだ。

仕上表に対するキープラン程度の、単純な天井伏図もあるように、第一の目的は各部の仕上げを指示することである。天井や軒裏の仕上げを示し、材料の割付けや目地を表現する。ほかに、天井面に現れる照明器具や空調設備機器類も描き、仕上材との取合いを検討する。トップライト、天井開口、建築化照明、収納はしごなどがある場合、これらも描いておきたい。

見積りにおいては、拾い出しのときに役立つ。拾出しには、仕上げと下地の種類ごとの数量が必要だが、この図があれば見落としにくく正確に行える。また発注時の部掛かりの検討もしやすい。仕上工事の段階で、材質や色が数種に及ぶ場合なども、図に書き込んで指定していれば、伝達ミスをなくすのに有効である。とはいえ、天井伏図は補足図面の色合いが濃く、設計図書全体でみると優先順位は低い。そのため、図面の省力化という話になると割愛されがちである。

構造の木組を露しにした建物では、根太や垂木はもちろん、野地板や床板すらそのまま見せてしまうことがある。各階の構造伏図の表現が、天井の見え方と考えて差し支えないので天井伏図の必要性は低くなるが、設計内容によっては重要な意味をもってくることもある。下図の事例の住宅では、エアコンに頼らない住まいを目指し、川風による東西の通風を最大限に確保することを目指した。低いところから取り入れた風を、温度差を利用し、高い位置から抜く仕組みをつくった。

2階の屋根頂部付近では、空気を流すルートをつくるためにやや複雑な空間構成となっている。平天井、勾配天井、掛込み天井が混在し、天井面にはルーバーや開口があり、高い位置の壁面にハイサイドライトや欄間が配置されている。これらの仕掛けはすべて平面図には表れてこないものばかりで、断面図や展開図でも部分的にしか表現されない。全容の理解は天井伏図に負うところが大きい。下図ではロフトとルーバーがあるため、高さを違えた2段重ねの天井伏図が必要となる。

● 天井伏図
天井を鏡に映した状態で図面化したもの。平面図と同じ縮尺で描き、天井材の割付け、目地の取り方、照明器具のレイアウトや設備機器（空調機、防災機器など）、点検口の位置が示される

● 見え掛かり
目に見える部分の建築部材のこと。逆に隠れて見えない部分を「見え隠れ」という

天井伏図とは

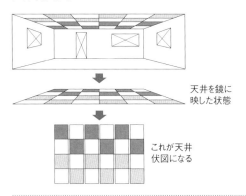

天井を鏡に映した状態

これが天井伏図になる

天井の構成

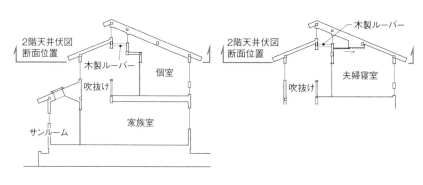

2階天井伏図断面位置　木製ルーバー　個室　吹抜け　家族室　サンルーム

2階天井伏図断面位置　木製ルーバー　夫婦寝室　吹抜け

天井伏図の例 1（原図S=1：50をS=1：100に縮小）

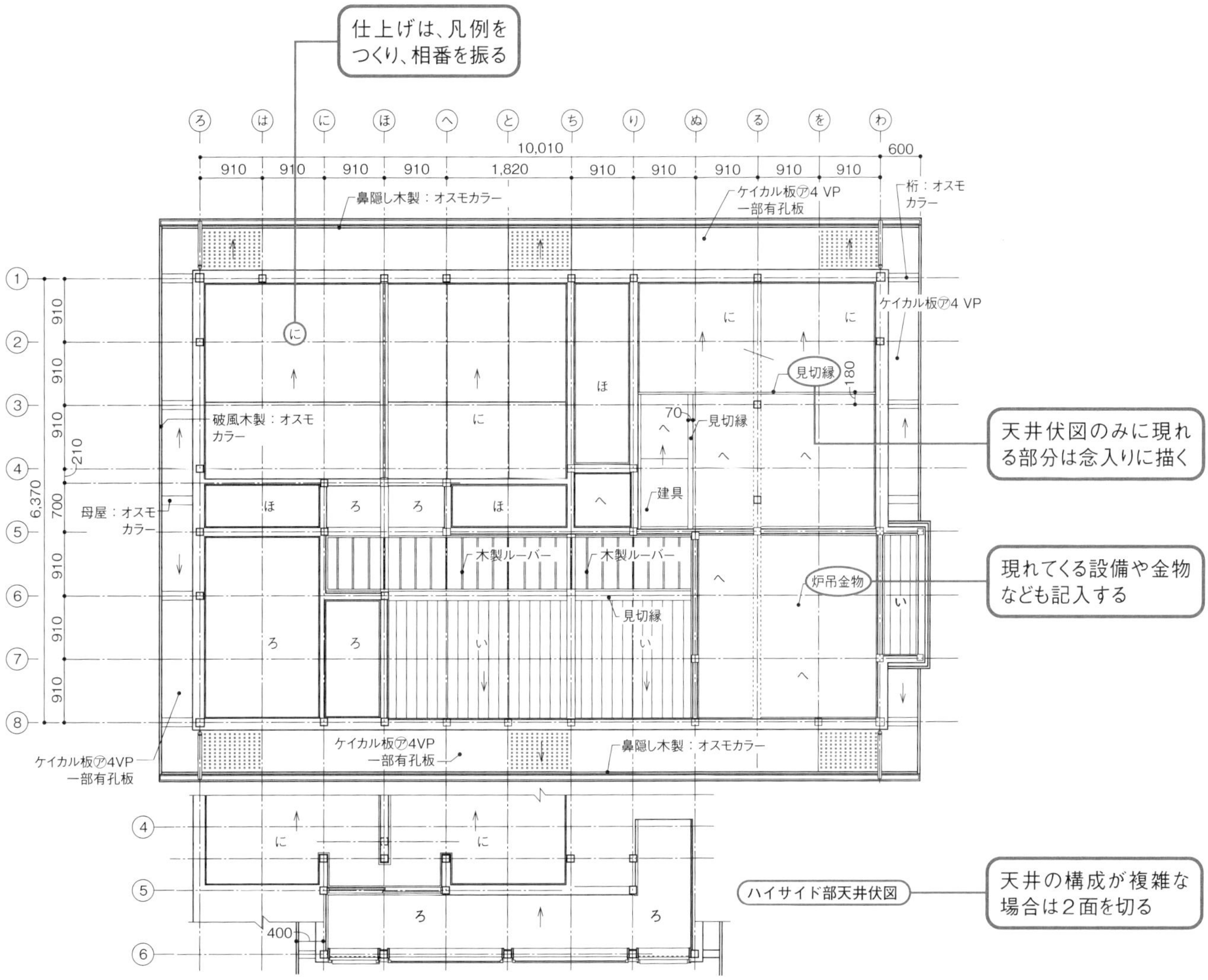
仕上げは、凡例をつくり、相番を振る
ろ
は
に
ほ
へ
と
ち
り
ぬ
る
を
わ
10,010
600
910
910
910
910
1,820
910
910
910
910
910
鼻隠し木製：オスモカラー
ケイカル板㋐4 VP
一部有孔板
桁：オスモカラー
ケイカル板㋐4 VP
見切縁
180
70
見切縁
天井伏図のみに現れる部分は念入りに描く
破風木製：オスモカラー
210
6,370
700
母屋：オスモカラー
建具
木製ルーバー
木製ルーバー
炉吊金物
現れてくる設備や金物なども記入する
見切縁
ケイカル板㋐4VP
一部有孔板
ケイカル板㋐4VP
一部有孔板
鼻隠し木製：オスモカラー
400
ハイサイド部天井伏図
天井の構成が複雑な場合は2面を切る

い	スギ板張りオイル拭き
ろ	石膏ボード㋐9.5 エコクロス張り
は	石膏ボード㋐9.5 目透し張りEP
に	シナ合板㋐4 目透し張りオイル拭き
ほ	シナ合板㋐4のまま
へ	石膏ボード㋐9.5 下地和紙張り

注意点

縮尺は平面図とそろえ（1/100または1/50）、他図で検討して固めた要素を忠実に描く。天井伏図にしか現れない部材や仕上げ、照明器具・空調設備機器類を漏れなく描き、仕上げごとに凡例をつくる。壁の断面部分は内法レベル（表現すべき要素のある部分）で切断して表現する

天井伏図に付けるピクトグラフ（形状別）

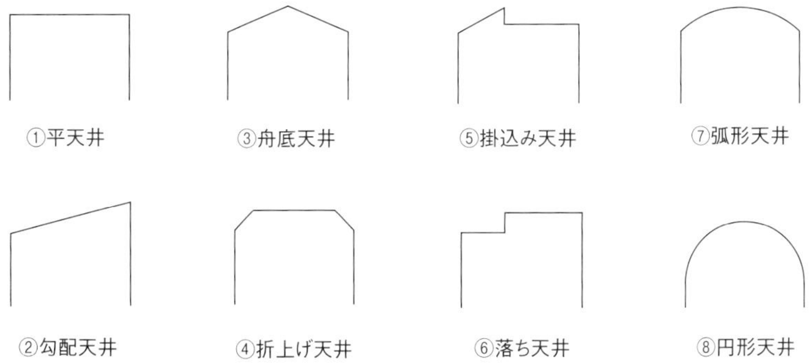
①平天井
③舟底天井
⑤掛込み天井
⑦弧形天井
②勾配天井
④折上げ天井
⑥落ち天井
⑧円形天井

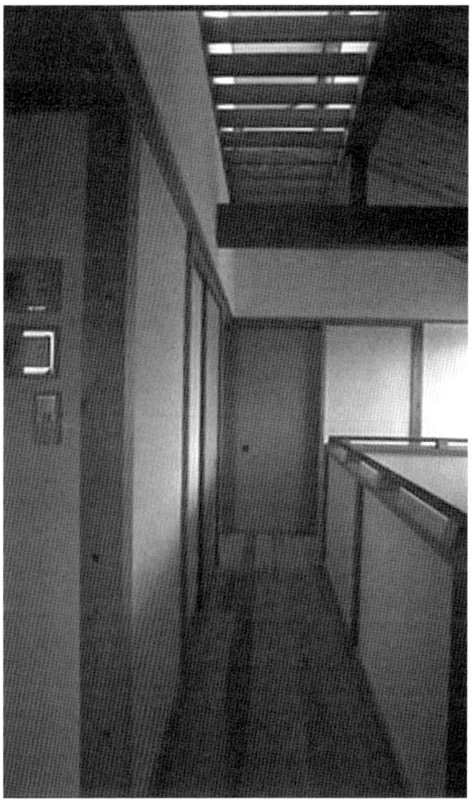

ロフトがあり、ルーバーを設けた複雑な天井の構成

天井伏図の描き方

縮尺は、平面図と同じにすると分かりやすい。事例は1/50である。通り心、番付を置き、上向きの鏡に映した状態を図にしていく。描きながらデザインしていくということの少ない図なので、すでにほかの図で検討し固めた要素を、忠実に図に起こ

していく。特に、天井伏図でしか表れてこない部材や仕上げに関し、漏れなく描いていくことを念頭に置いて進めたい。仕上げは、種類ごとにナンバリングした凡例をつくり、図にプロットしていく。

壁の断面部分は、基本的には内法レベル上で切断し表現す

天井伏図の例 2 （原図S=1：50をS=1：100に縮小）

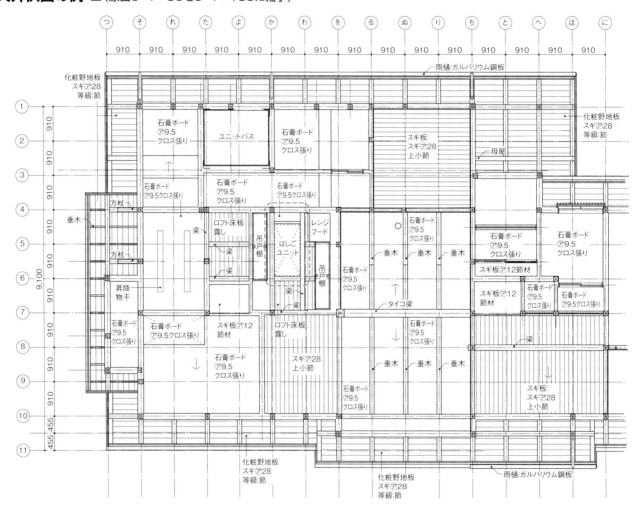

昇降物干しユニット

梯子ユニット

るものとする。ただし、内法上○○mmでということでなく、表現すべき要素のある部分で切断するのが正しい。したがって内法上に欄間が存在する部分や、天井までの開口部がある部分などは、それに応じた表現とする。

照明器具や空調設備機器類で天井面に現れてくるものは、ぜ

ひ表現しておきたい。エアコンの吹出し口や換気扇、点検口などだ。照明器具のなかでも、天井面に埋め込むダウンライトやライティングレールは、注意して美しく配置したい。

天井伏図の例 3（原図S=1：50をS=1：100に縮小）

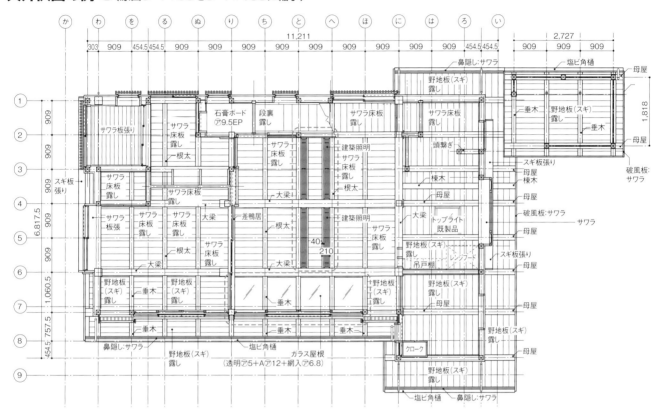

ガラス屋根

ルーバー付き造作照明

建具表の目的と作成のポイント

戸建住宅の建具表であれば、各階平面図に建具番号を記入し、表組を作成すれば十分

建具表とは

建具表とは、建具の材質や大きさ、かたち、使用金物をまとめて、部材リストとして表したものをいう。計画する建具が既製品でない場合、見積りや製作をする際に欠かせない図面となる。

すべて既製品であれば、わざわざ姿図を描かなくてもカタログ品番と数量、取付け位置を一覧表にすれば済む。建具表のスケールは1/50がよい。ただし、部分的に詳細を示したいところはスケールアップして表す。

建具表作成の手順

建具にはアルミ製、スチール製、木製などの材質があるので、表にする際にはグループごとに図面化する必要がある。

まずは平面図に建具番号を付ける。アルミ窓ならAW、アルミドアならAD、スチールならSW・SD、木製建具ならWW・WDのよう

建具表の例（一部抜粋、原図S=1：50をS=1：80に縮小）

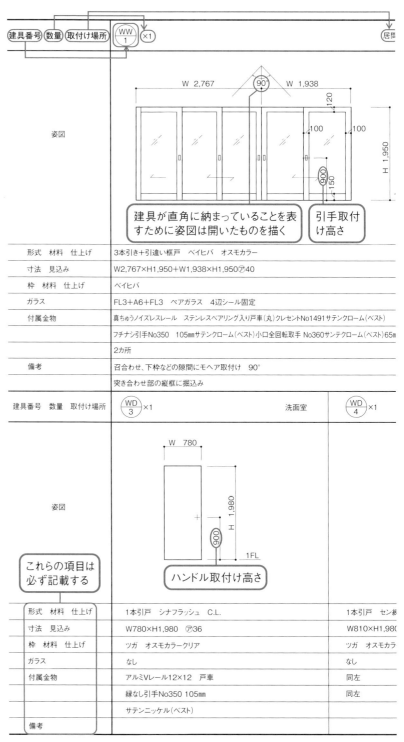

建具番号 数量 取付け場所	[WW 1] ×1　居間
姿図	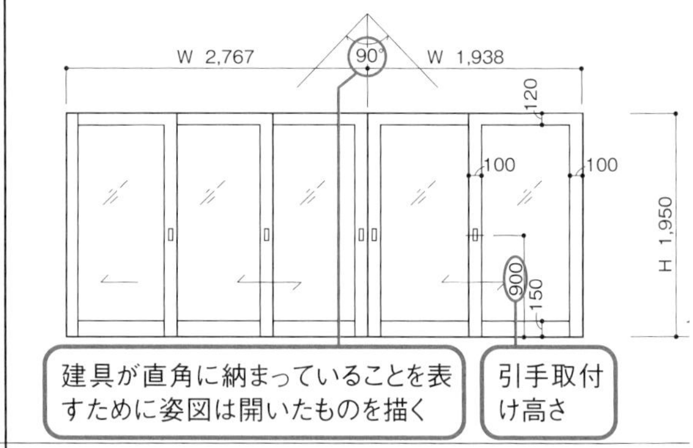W 2,767 90° W 1,938 120 100 100 H 1,950 900 150 建具が直角に納まっていることを表すために姿図は開いたものを描く 引手取付け高さ
形式　材料　仕上げ	3本引き+引違い框戸　ベイヒバ　オスモカラー
寸法　見込み	W2,767×H1,950+W1,938×H1,950㋐40
枠　材料　仕上げ	ベイヒバ
ガラス	FL3+A6+FL3　ペアガラス　4辺シール固定
付属金物	真ちゅうノイズレスレール　ステンレスベアリング入り戸車(丸)クレセントNo1491サテンクローム(ベスト)
	フチナシ引手No350　105㎜サテンクローム(ベスト)小口全回転取手 No360サテンクローム(ベスト)65m
	2カ所
備考	召合わせ、下枠などの隙間にモヘア取付け　90°
	突き合わせ部の縦框に掘込み

建具番号　数量　取付け場所	[WD 3] ×1　洗面室	[WD 4] ×1
姿図	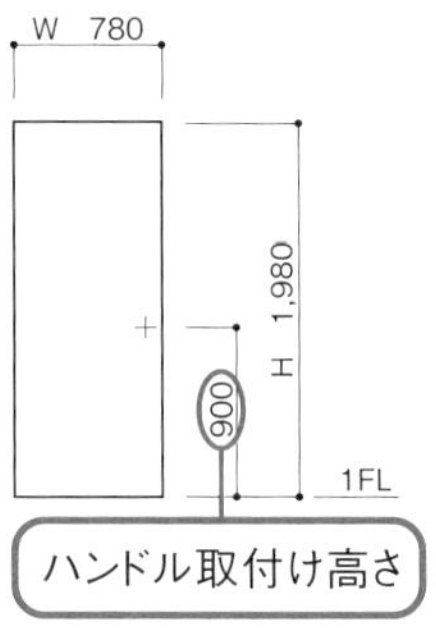W 780 H 1,980 900 1FL ハンドル取付け高さ	
形式　材料　仕上げ	1本引戸　シナフラッシュ　C.L.	1本引戸　セン練
寸法　見込み	W780×H1,980　㋐36	W810×H1,98
枠　材料　仕上げ	ツガ　オスモカラークリア	ツガ　オスモカラ
ガラス	なし	なし
付属金物	アルミVレール12×12　戸車	同左
	縁なし引手No350 105㎜	同左
	サテンニッケル(ベスト)	
備考		

これらの項目は必ず記載する

モデル住宅の建具キープラン

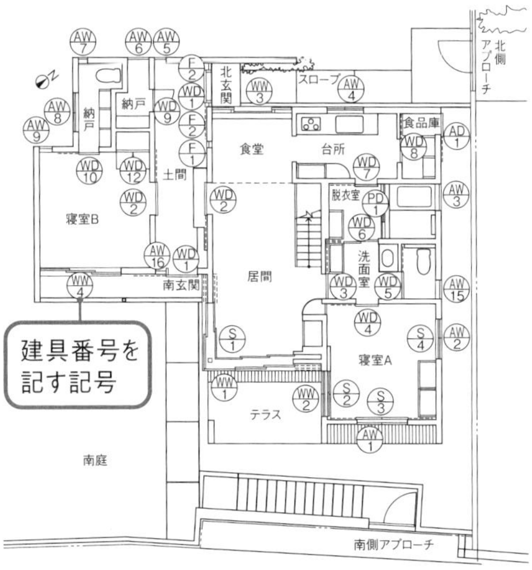
北側アプローチ
北玄関
スロープ
納戸
食堂
台所
食品庫
寝室B
土間
脱衣室
洗面室
居間
南玄関
寝室A
テラス
南庭
南側アプローチ
建具番号を記す記号

にグループ記号と1から順番の数字で表したものを記入する。建具番号のみ分かるようにキープランを別につくることもあるが、戸建住宅であれば、各階平面図の建具付近に記入しておけば十分だ。図面が増えるほど煩雑になるので、現場で絶えず見る平面図に情報がまとまっているほうがよい。

まず表のフォーマットをつくる。A2判なら3段に分けるのがよいだろう。横方向の割付けは左端に項目を書いて残りを6、7等分する。あとはグループごとに1番から描いていく。表す内容は、建具番号や数量、取付け場所や姿図、開閉形式、材料、仕上げ、寸法、見込み(厚み)、枠の材料・仕上げ、ガラス、使用金物(メーカー、品番)、備考などたくさんあるので忘れないようにしたい。

● 建具表
建具の形状、素材などを描いたもので、アルミサッシと木製建具に分けて作成する。また、建具に番号を付け、その番号を平面図に記入したものをキープランという

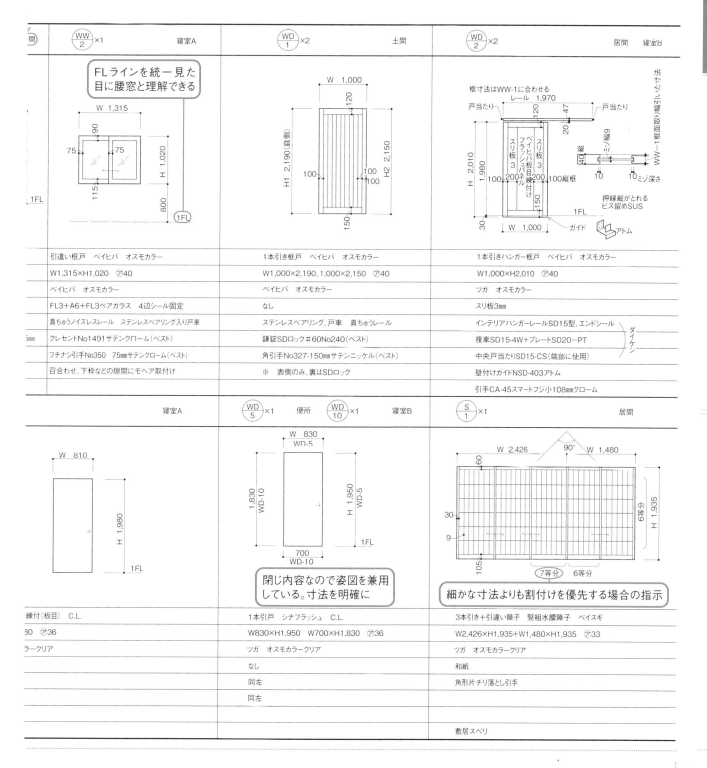

	[WW 2]×1　寝室A	[WD 1]×2　土間	[WD 2]×2　居間　寝室B
	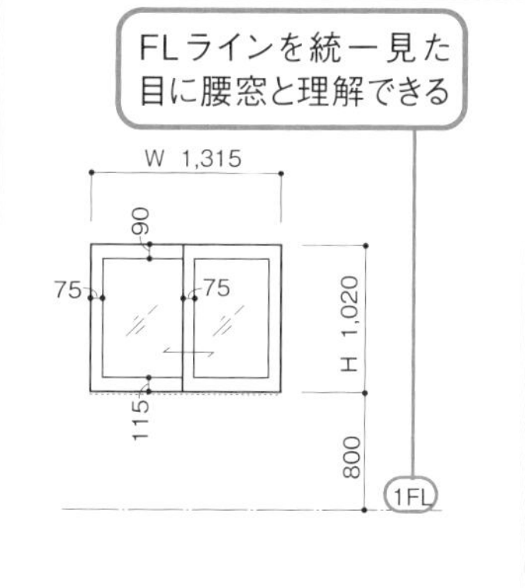	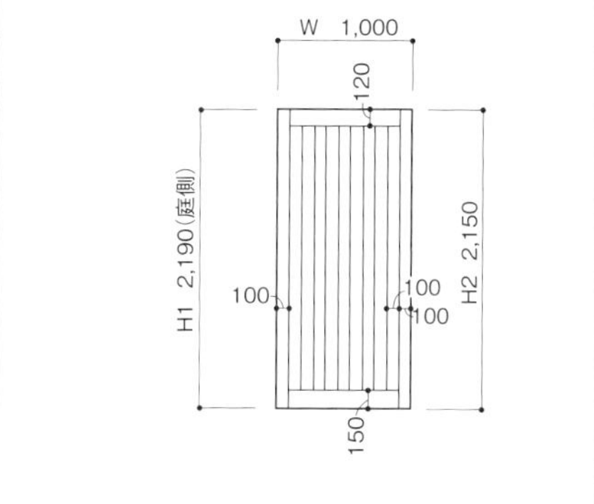	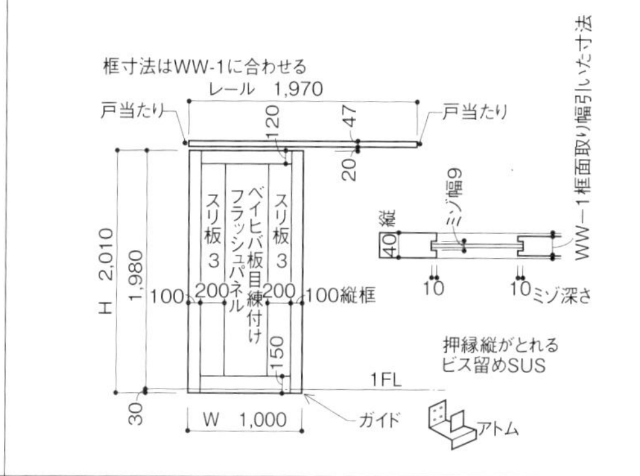
	引違い框戸　ベイヒバ　オスモカラー	1本引き框戸　ベイヒバ　オスモカラー	1本引きハンガー框戸　ベイヒバ　オスモカラー
	W1,315×H1,020　㋐40	W1,000×2,190、1,000×2,150　㋐40	W1,000×H2,010　㋐40
	ベイヒバ　オスモカラー	ベイヒバ　オスモカラー	ツガ　オスモカラー
	FL3+A6+FL3ペアガラス　4辺シール固定	なし	スリ板3mm
	真ちゅうノイズレスレール　ステンレスベアリング入り戸車	ステンレスベアリング、戸車　真ちゅうレール	インテリアハンガーレールSD15型、エンドシール
5mm	クレセントNo1491サテンクローム(ベスト)	鎌錠SDロック#60No240(ベスト)	複車SD15-4W+プレートSD20−PT　｝ダイケン
	フチナシ引手No350　75mmサテンクローム(ベスト)	角引手No327-150mmサテンニッケル(ベスト)	中央戸当たりSD15-CS(端部に使用)
	召合わせ、下枠などの隙間にモヘア取付け	※　表側のみ、裏はSDロック	壁付けガイドNSD-403アトム
			引手CA-45スマートフジ小108mmクローム

寝室A	[WD 5]×1　便所　[WD 10]×1　寝室B	[S 1]×1　居間
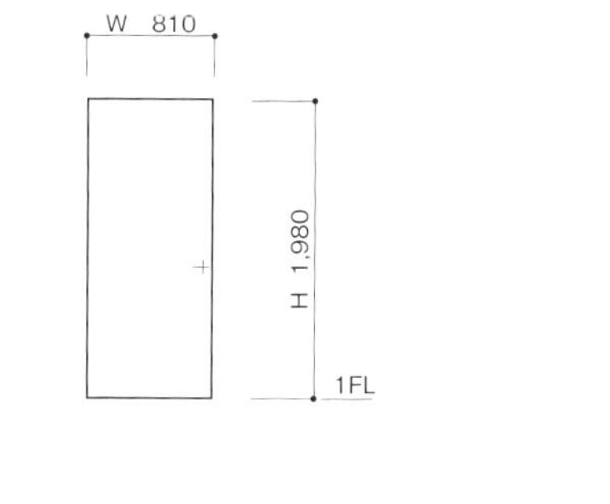		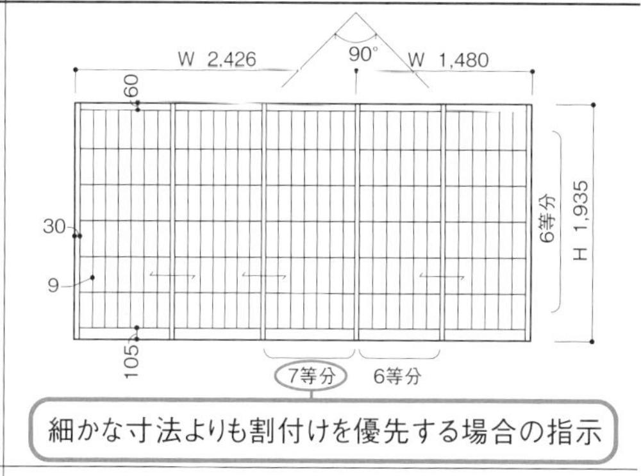
練付(板目)　C.L.	1本引戸　シナフラッシュ　C.L.	3本引き+引違い障子　竪組水腰障子　ベイスギ
30　㋐36	W830×H1,950　W700×H1,830　㋐36	W2,426×H1,935+W1,480×H1,935　㋐33
ラークリア	ツガ　オスモカラークリア	ツガ　オスモカラークリア
	なし	和紙
	同左	角形片チリ落とし引手
	同左	
		敷居スベリ

木製建具枠詳細図(S=1:10)

F-3 断面詳細図

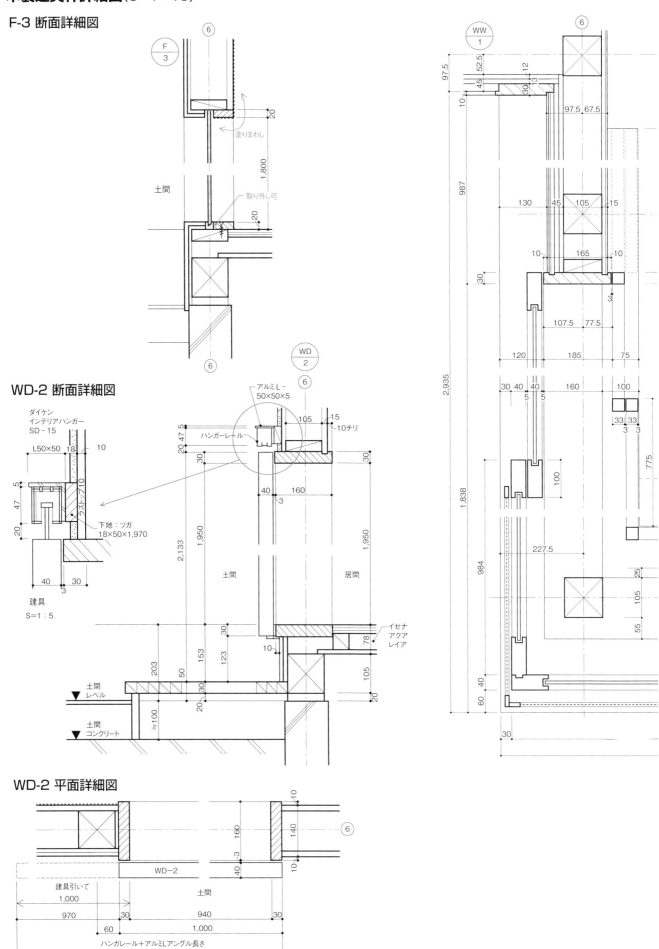

WD-2 断面詳細図

建具
S=1:5

WD-2 平面詳細図

注 色文字は図面に描き入れた注意事項

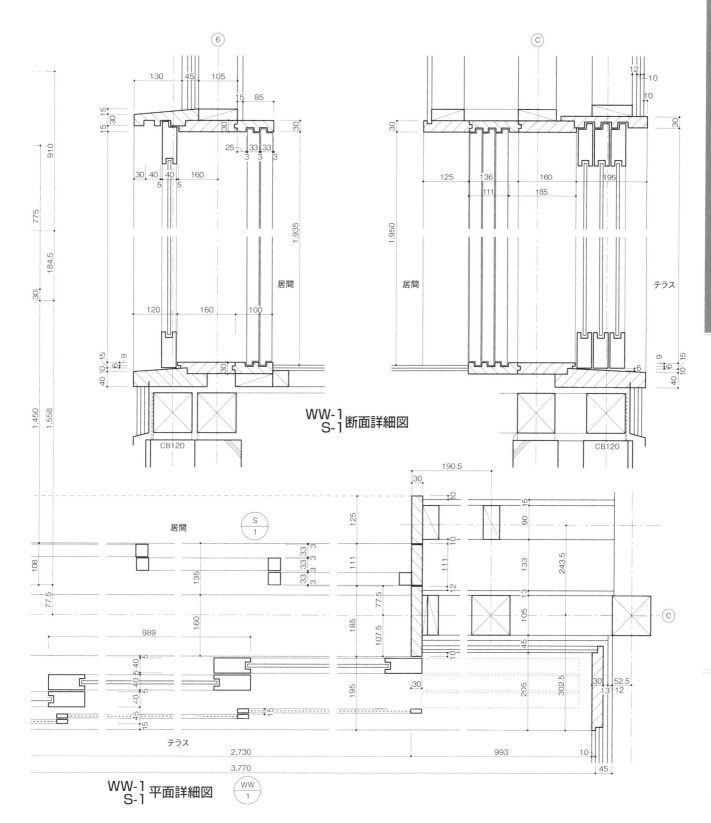

WW-1
S-1 断面詳細図

WW-1
S-1 平面詳細図

建具の納まり詳細図

枠については上図のように納まり詳細図で寸法などを表す。建具の寸法は枠の内法を示すので、枠の納まりを検討できないと決められない。表は単純だが、納まりを自分で考えられないとなかなか難しい。

木製建具については、大工が木枠を加工取付けした後に採寸するので、多少の誤差は問題ないが、見積りに影響がでるような寸法間違いには注意する

建具表に盛り込むべき情報

まずW、H寸法を必ず記入する。同じ内容で寸法のみ違う場合は、番号や寸法の違いを明確にすれば姿図を兼用してもよい。ハンドル、引手など金物の取付け位置も示す必要がある。使用金物で指定のあるものは、メーカーや品番、色など細かく示す。また、基準FLから取付け高さを示しておくと、掃出し窓、腰窓、高窓なのかが展開図を見なくても判断できる。なお、外壁の建具は内観を描くのが基本だ

意匠図

仕上表の目的と作成のポイント

仕上表は文字で情報を伝える設計図書だけに、記号化するなど工夫をすることで誰もが理解しやすくなり、省力化できる

仕上表は文字の図面

設計図書というものを考えたとき、図面が描かれていることが大前提ではあるものの、なかには文字ベースのものもある。それが設計図書のなかの仕上表だ。この仕上表とは、内・外装の仕上げを表にして、部屋別・部位別に一覧できるようにまとめた「文字の図面」と言うことができる。特記仕様書とともに文字だけが記載されるが、図面を見慣れていな

● 仕上表
内装・外装の仕上げを、それぞれ表にまとめたもの。内装については、天井や床、壁の仕上げを室ごとにまとめる。外部仕上げは立面図や矩計図などで代用されることもある。

記号化した仕上表の例

室名	床	幅木	壁
内部			
玄関	モルタル金鏝押さえ、防塵塗装	モルタル立上げ、防塵塗装	内壁-2：シナ合板㋐6オスモクリア 一部内壁-1：石膏ボード㋐12.5、目地寒冷紗パテ処理、AEP
バイク置場	モルタル金鏝押さえ、防塵塗装	モルタル立上げ、防塵塗装	内壁-3：ラーチ合板㋐9サンダー加工、オスモクリア
ホール	床-1:構造用合板㋐12、チークムクフローリング㋐15オスモ床用クリア	なし	内壁-2
キッチン・ダイニング	床-1	ベイツガ㋐6、h=60㎜ SOP 内壁-2部分はなし	内壁-1
リビング	床-1'：床暖房シート、チークムクフローリング㋐15　オスモ床用クリア	ベイツガ㋐6、h=60㎜ SOP 内壁-2部分はなし	内壁-1 一部内壁-2
納戸1	床-2：構造用合板㋐12、長尺塩ビシート㋐2	なし	内壁-3
納戸2	床-2	なし	内壁-3
和室	構造用合板㋐12、縁なし本畳(目積)㋐30一部チークムクフローリング㋐15オスモ床用クリア	畳寄せ：チーク材 一部ベイツガ㋐6、h=60㎜ SOP	内壁-1 一部内壁-2
室-1	床-1	ベイツガ㋐6、h=60㎜ SOP 内壁-2部分はなし	内壁-1 一部内壁-2
共有スペース	床-1	ベイツガ㋐6、h=60㎜ SOP 内壁-2部分はなし	内壁-1 一部内壁-2
室-2	床-1	ベイツガ㋐6、h=60㎜ SOP 内壁-2部分はなし	内壁-1 一部内壁-2
室-3	床-1	ベイツガ㋐6、h=60㎜ SOP 内壁-2部分はなし	内壁-1 一部内壁-2
洗面所	床-2'：床暖房シート、構造用合板㋐12、長尺塩ビシート㋐2	なし	内壁-3
浴室	ハーフユニットバス	なし	タイル張り25㎜角(INAX同等品)
クロゼット	床-2	なし	内壁-3
外部			
外周部	立上りコンクリートより幅800㎜の地面は防草シートの上、砕石敷込み	水切：ガルバリウム鋼板㋐0.35加工	外壁-1：アイカジョリパット低汚染弾性系
アプローチ	コンクリート金鏝押さえ、滑止め溝加工(一部植栽ゾーン)		
駐車場-1、2	コンクリート金鏝押さえ		
デッキ	コンクリート土間、セランガンバツ㋐20(下地：同材+鋼製束)		
中庭	コンクリート土間、セランガンバツ㋐20(下地：同材+鋼製束)		外壁-2：スギ板緑甲板㋐15キシラデコール

TKO-M.architects ●▲邸新築工事 仕上表

いクライアントにとって、理解しやすい資料となる。何が使われているのか一目瞭然なため、一般図と呼ばれる平面図、立面図、断面図、配置図と並び、もっとも大切な図面のひとつである。この仕上表は、建売り物件から高層ビルまで、あらゆる建築物をつくるために欠かせない図面であり、基本設計の段階から徐々につくり上げ、最後まで変更を繰り返していくことになる。

仕上表自体、ひとつにまとめられればそれでよいのだが、建物の規模によっては内部仕上表と外部仕上表に分けることもある。仕上表の記載内容は、内部は床、幅木、壁、天井、廻り縁の、外部は外壁、基礎、軒天井、屋根などの部位の材料から塗装の種類まで仕上材と仕上方法を表記することが原則だ。ただ、まれに下地を仕上表に表記する場合もあるが、その部分だけ一般部分と下地が違ったり、記載することで現場のミスが減らせたりする場合に採用したい。

また、備品欄には付帯設備などを書き込むことも大切なポイントだ。欲を言えば、この欄には照明以外の設備機器から造付け家具、カーテンレールなどの備品を細かく表記するようにしたい。これは、設計者が展開図に書き忘れないようチェックリスト的に使用するという目的に加え、どの部屋に何があるのかをクライアントが容易に判断できるようにと

仕上表は住宅金融支援機構の設計審査書類でもある

天井	廻り縁	備品／その他
天井-1：石膏ボード㋐9.5、目地寒冷紗パテ処理、AEP		靴箱、収納-1
天井-2：ラーチ合板㋐9サンダー加工、オスモクリア		棚板
天井-1		食器棚
天井-1		コンロ台、アイランドキッチン、ダイニングテーブル、吊戸棚、レンジフード、換気扇、給気口、天井カセット式エアコン、インターホン
天井-1		サイドボード、天井カセット式エアコン
天井-2		固定棚×2、分電盤、弱電盤、床下点検口、天井点検口
天井-2		固定棚×4
天井-1		押入（固定棚×2）、収納-2（棚板＋SUSパイプ）、本棚 換気扇
天井-1		収納-3（棚板＋SUSパイプ）、火災警報器、給気口 床置きエアコン
天井-1		収納-4（棚板＋SUSパイプ）、机、換気扇
天井-1		換気扇、火災警報器
天井-1		（収納-1）
天井-2		一体型便器、紙巻器、洗面台、鏡収納、タオル掛け、換気扇
バスリブ㋐9	塩ビ製	ハーフユニットバス、シャワー付き水栓、鏡、タオル掛け、換気扇
天井-2		棚板＋SUSパイプ、洗濯機パン、換気扇

屋根：ガルバリウム鋼板㋐0.35縦はぜ葺き		内樋、縦樋
		ポスト、インターホン、表札（ステンレス切り文字）
		スッキリポール、電気メーター、アンテナ、浄化槽
軒天：スギ板縁甲板㋐10キシラデコール		
軒天：ケイ酸カルシウム板㋐6（一部有孔）VP		

仕上記号を描き込んだ矩計図の例（原図 S＝1：20をS＝1：30に縮小）

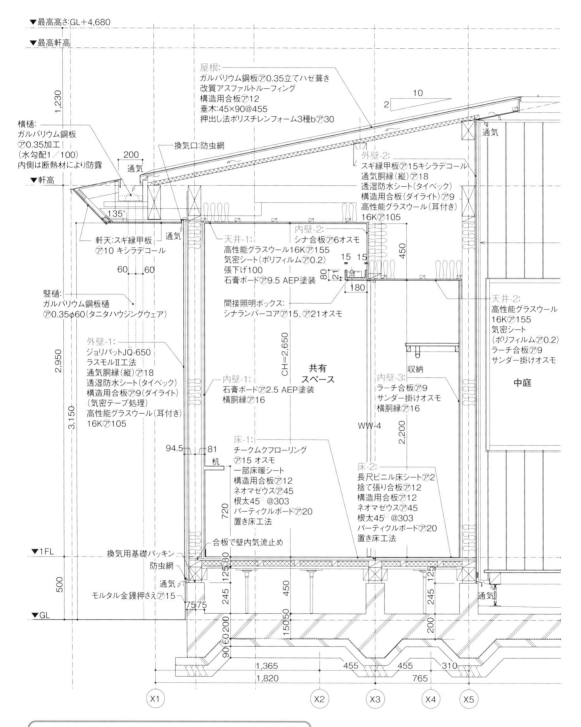

▼ 最高高さ:GL＋4,680

▼ 最高軒高

1,230

屋根:
ガルバリウム鋼板ア0.35立てハゼ葺き
改質アスファルトルーフィング
構造用合板ア12
垂木:45×90@455
押出し法ポリスチレンフォーム3種bア30

10
2

通気

横樋:
ガルバリウム鋼板
ア0.35加工
（水勾配1／100）
内側は断熱材により防露

200

通気

換気口:防虫網

外壁-2:
スギ縁板ア15キシラデコール
通気胴縁（縦）ア18
透湿防水シート（タイベック）
構造用合板（ダイライト）ア9
高性能グラスウール（耳付き）
16Kア105

▼ 軒高

135°

通気

450

軒天:スギ縁甲板
ア10 キシラデコール

60 60

天井-1:
高性能グラスウール16Kア155
気密シート（ポリフィルム）ア0.2)
張下げ100
石膏ボードア9.5 AEP塗装

内壁-2: シナ合板ア6オスモ

15 15

80

180

天井-2:
高性能グラスウール
16Kア155
気密シート
（ポリフィルム ア0.2）
ラーチ合板ア9
サンダー掛けオスモ

堅樋:
ガルバリウム鋼板樋
ア0.35φ60(タニタハウジングウェア)

間接照明ボックス:
シナランバーコアア15、ア21オスモ

中庭

外壁-1:
ジョリパットJQ-650
ラスモルⅡ工法
通気胴縁（縦）ア18
透湿防水シート（タイベック）
構造用合板ア9（ダイライト）
（気密テープ処理）
高性能グラスウール（耳付き）
16Kア105

2,950

3,150

CH=2,650

共有
スペース

収納

内壁-1:
石膏ボードア2.5 AEP塗装
横胴縁ア16

内壁-3:
ラーチ合板ア9
サンダー掛けオスモ
横胴縁ア16

2,200

WW-4

94.5 81

机

床-1:
チークムクフローリング
ア15 オスモ
一部床暖シート
構造用合板ア12
ネオマゼウス ア45
根太45 @303
パーティクルボードア20
置き床工法

720

床-2:
長尺ビニル床シートア2
捨て張り合板ア12
構造用合板ア12
ネオマゼウス ア45
根太45 @303
パーティクルボードア20
置き床工法

▼ 1FL

換気用基礎パッキン

合板で壁内気流止め

125 80

防虫網

245

450

245 125

通気

通気

500

モルタル金鏝押さえア15

75 75

150 50

200

▼ GL

90 60 200

1,365

455

455

310

1,820

765

X1   X2   X3   X4 X5

> 矩計図は仕上記号とともに仕上材などの詳細情報も描き
> 入れている。ただし、同じ情報は繰り返し記入しない

仕上記号を描き込んだ展開図の例(原図 S＝1：50をS＝1：60に縮小)

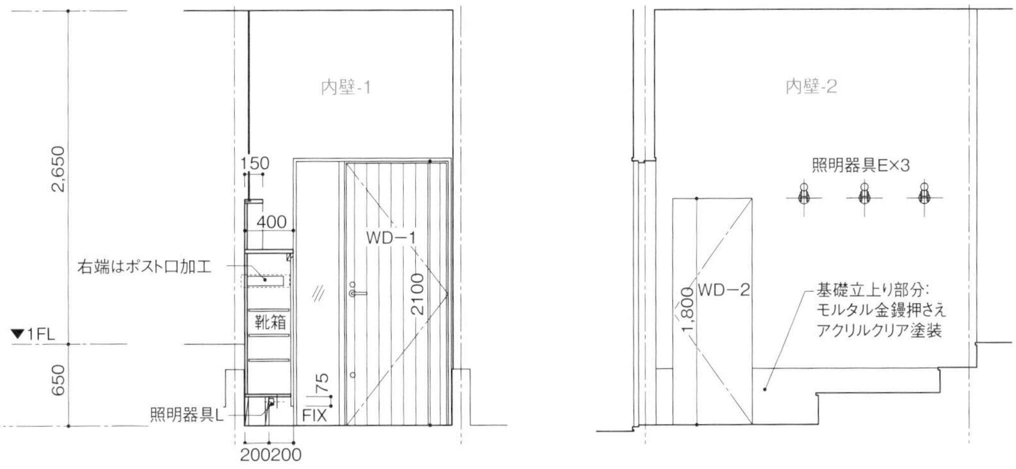
内壁-1
内壁-2
2,650
650
▼1FL
150
400
右端はポスト口加工
靴箱
照明器具L
200200
75
FIX
WD−1
2100
照明器具E×3
WD−2
1,800
基礎立上り部分:
モルタル金鏝押さえ
アクリルクリア塗装

仕上記号を描き込んだ平面詳細図の例(原図 S＝1：5をS＝1：10に縮小)

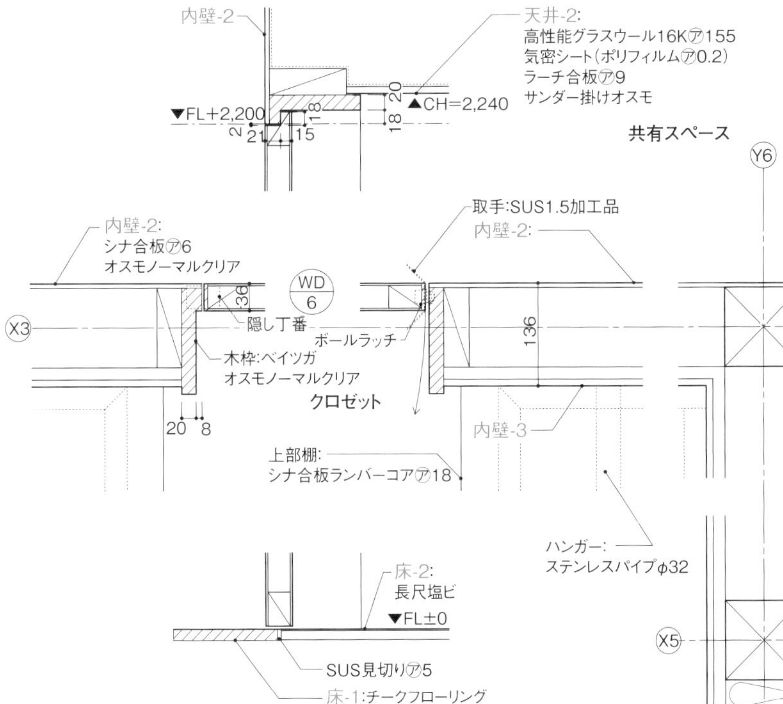
内壁-2
天井-2:
高性能グラスウール16K㋐155
気密シート(ポリフィルム㋐0.2)
ラーチ合板㋐9
サンダー掛けオスモ
▼FL+2,200
▲CH=2,240
20
18
18
2
21
15
取手:SUS1.5加工品
内壁-2:
内壁-2:
シナ合板㋐6
オスモノーマルクリア
WD
6
36
136
X3
隠し丁番
ボールラッチ
木枠:ベイツガ
オスモノーマルクリア
クロゼット
20
8
内壁-3
上部棚:
シナ合板ランバーコア㋐18
ハンガー:
ステンレスパイプφ32
床-2:
長尺塩ビ
▼FL±0
SUS見切り㋐5
床-1:チークフローリング
クロゼット建具詳細図 S=1:10

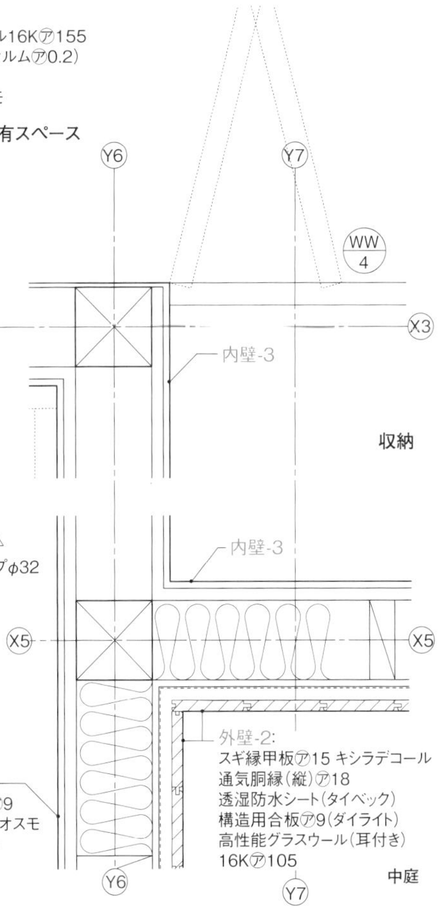
共有スペース
Y6
Y7
WW
4
X3
内壁-3
収納
内壁-3
X5
X5
外壁-2:
スギ縁甲板㋐15 キシラデコール
通気胴縁(縦)㋐18
透湿防水シート(タイベック)
構造用合板㋐9(ダイライト)
高性能グラスウール(耳付き)
16K㋐105
内壁-3:
ラーチ合板㋐9
サンダー掛けオスモ
横胴縁㋐16
Y6
Y7
中庭
中庭周辺平面詳細図 S=1:10

「内壁-3」と仕様を仕上記号で振り分けているため、仕上げの詳細を書くのは同じ図面のなかに1カ所とした

仕上リストと対比させた仕上表の例

仕上表

階	室名	床		幅木		壁	
		記号	仕上げ	記号	仕上げ	記号	仕上げ
1	玄関	F-3	モルタルの上、石張り(石英石㋐20)	B-7	石張り(石英石㋐20、h=90)	W-5	石膏ボード㋐12.5下地の上、珪藻土塗り
	広間1	F-1	構造用合板㋐12下地の上、サクラムクフローリング㋐15	B-1	出幅木　スプルス㋐9、h=60	W-5	石膏ボード㋐12.5下地の上、珪藻土塗り
	室1(洋間)	F-1	構造用合板㋐12下地の上、サクラムクフローリング㋐15	B-1	出幅木　スプルス㋐9、h=60	W-10	シナ合板㋐4UC突付け(ラワン合板㋐9捨張り木下地)
	室2(和室)	F-2	構造用合板㋐12下地の上、畳敷き㋐60	B-4	畳寄せ　スプルス㋐30、h=60	W-10	シナ合板㋐4 UC突付け(ラワン合板㋐9捨張り木下地)

仕上リスト

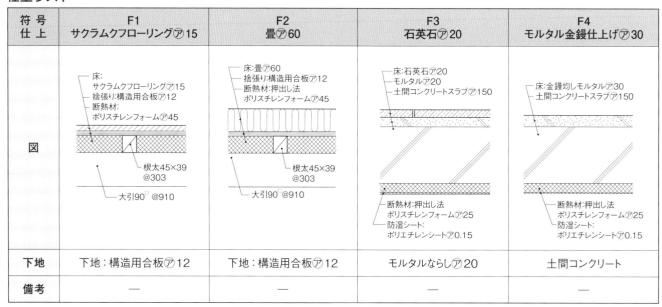

符号 仕上	F1 サクラムクフローリング㋐15	F2 畳㋐60	F3 石英石㋐20	F4 モルタル金鏝仕上げ㋐30
図	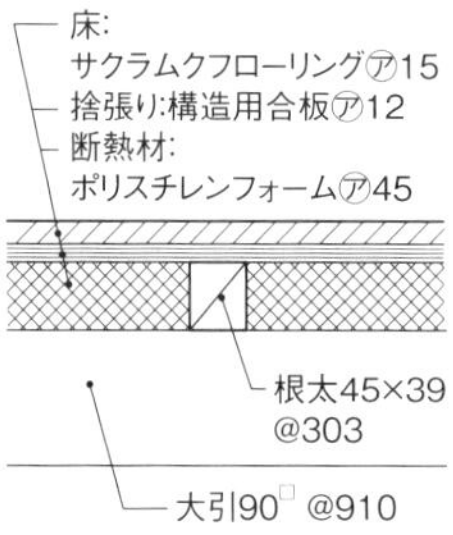	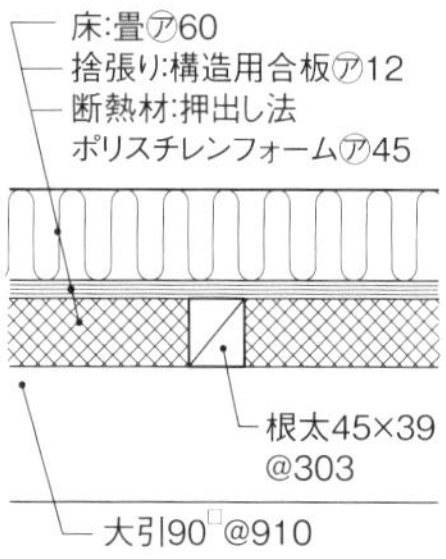	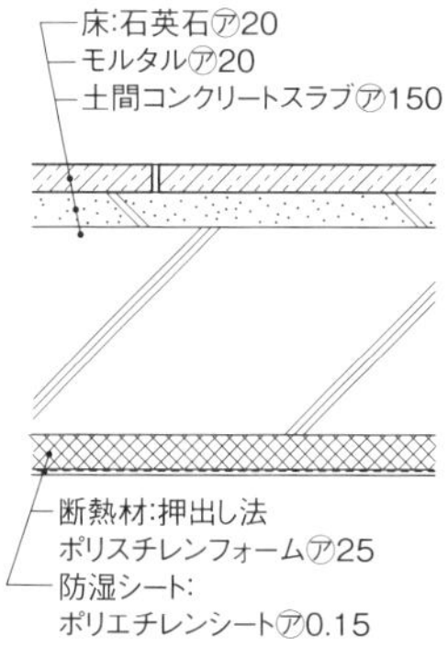	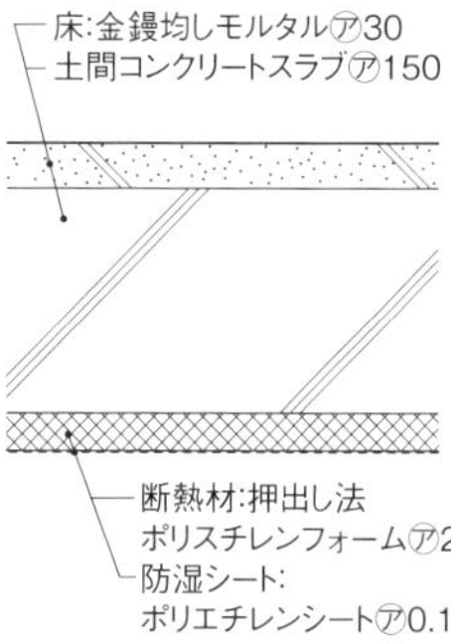
下地	下地:構造用合板㋐12	下地:構造用合板㋐12	モルタルならし㋐20	土間コンクリート
備考	—	—	—	—

の意図も込め書くようにしている。

設計を進めていくなかで、見積り調整時に仕上材の変更が発生することはよくある。そうした場合には、その変更をすみやかに図面へ反映しなくてはならない。もちろん仕上表、展開図、矩計図(詳細図)などを含む複数の図面に描かれた該当個所を、すべて直す必要がある。このとき修正を忘れると、施工現場で混乱を招くことになりかねない。そこで、パターン化できている仕上げには「内壁-1」、「床-1」と記号を振り、展開図などにはその記号しか記載しないように改良すれば、変更が少なくなり効率的だ。

この項目に掲載した仕上表では、この手方を採用しているので参考にしていただきたい。この手法を採用すれば、変更時に訂正する個所が減り、修正の手間や漏れも減らすことができるはずだ。ただし、矩計図や詳細図で「内壁-1」と記号だけ表記してしまうと他のページを参照する必要が生じ、1枚の図面だけでは理解できなくなってしまう。矩計図や詳細図は建築を理解する際に大切な図面で、何度も検討するため、省略せずに下地からすべて表記するようにしたほうがいいだろう。凡例として「内壁-1」を用いるとしても、図面内に最低限1箇所は全て表記し、同じ仕上げ箇所があれば省略表記とすることを薦める。

天井		造作	その他
記号	仕上げ		
C-1	石膏ボード㋐9.5下地の上、珪藻土塗り	下足箱(家具工事)別途	コートフック×3
C-1	石膏ボード㋐9.5下地の上、珪藻土塗り	収納家具(別途)	北側壁：ピクチャーレール
C-2	石膏ボード㋐9.5AEP(木下地)	クロゼット上部棚：ラワン合板㋐12	ハンガーパイプ：φ38×1.2
C-3	シナ合板㋐4 UC突付け(ラワン合板㋐9捨張り木下地)		手摺：タモ集成材φ45無塗装品染色の上UC、L=3,000、支持金物共

符号 仕上	B1 スプルス㋐9	B2 ビニル幅木	B3 スプルス㋐26	B4 畳寄せ㋐30
図	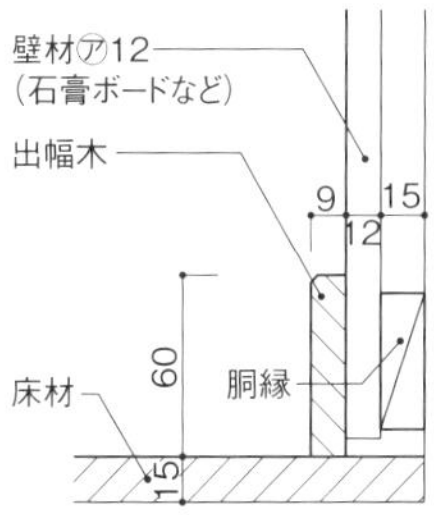	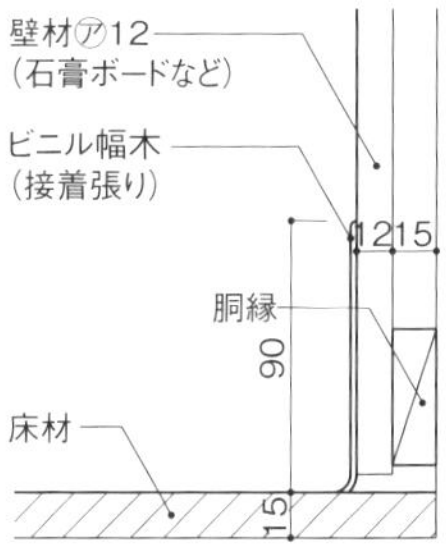	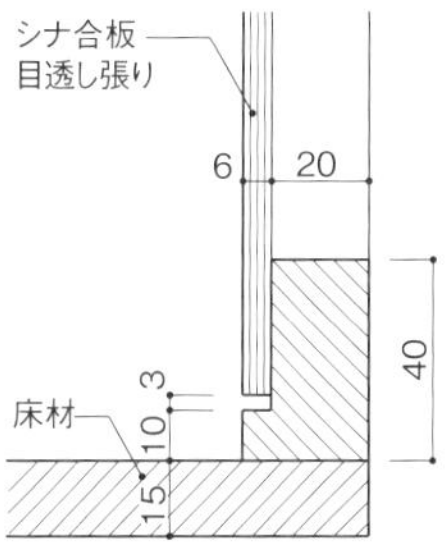	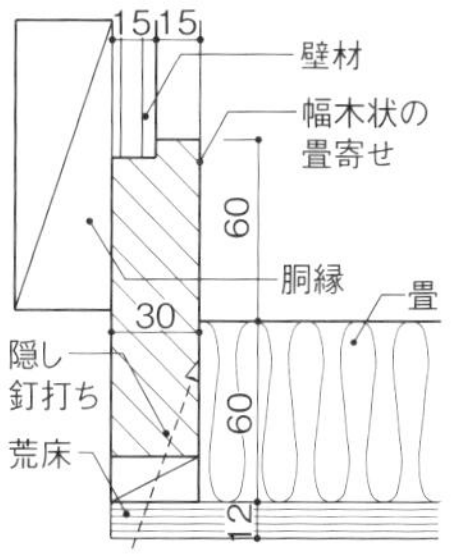
下地	—	—	—	—
備考	フィニッシュ釘打ち	石膏ボードの上、接着貼り	壁材と目透かし	荒床から隠し釘打ち

仕上リストとセットになった仕上表

この仕上表を進化させ、仕上リストと組み合わせたものが上表だ。仕上表の各部位には仕上げの内容とともに番号が振られ、その番号を仕上リストで追うと、断面図で下地や納まりなどが分かるように図示されている。こうすることで矩計図に描かれていない部屋の部位の下地や納まりを網羅することができ、見積りを行う工務店側には不明な個所が少なくなるので、積算の数値が大きくずれることもなくなる。結果として、どのような細部で構成される建築物がつくられるのか、誰もが理解できる設計図書になってくる。

また、このような手法を用いることは、設計者自身の考えを整理することにもつながってくるので、手間がかかるようでも能率的な作業といえる。設計監理というスタンスに立って考えるなら、間違いを発生させない工夫のひとつとして覚えておきたい。

この方法は、仕上げ方や納まりをパターン化している大手設計事務所や組織系事務所などに多く見ることができる。このようにして、事務所内でデータを共有し、バージョンアップを繰り返していくことは、事務所の設計クオリティーを上げるだけでなく、その事務所らしさとなる空間づくりが可能となってくる。少々手間のかかる作業ではあるが、ぜひ一度、試してもらいたい手法のひとつだ。

● 仕上リスト
壁、床、天井など各部位における仕上げのバリエーションごとに、断面図で下地から仕上材の納まりまでを図示し、一覧にしたもの。番号が振られており、仕上表にはその番号を描き入れると情報が整理される

特記仕様書の目的と作成のポイント

品質を確保し、設計意図を正しく理解してもらうために、工事ごとの特有な事項を記載した仕様書

特記仕様書の果たす役割

　特記仕様書とは、設計図書の最初に付いている「文字ばかりの図面」である。国土交通省大臣官房官庁営繕部が監修している『公共建築工事標準仕様書』などをベースとし、それらに書かれていない施工に関する明細、または個別に求められる技術上の要求を、特に定める図書である。

　事案ごとに、別々の工務店に見積りを出すケースが多い場合など、この特記仕様書を重要視して、工事ごとに詳細を吟味し、必ず図面に添付するようにするとよい。そうすることで、①正確な見積りを得る、②責任の所在（提出書類）を明確にする、③品質を下げさせない、④現場に緊張感を与える、などといった効果があるといえる。(公社)日本建築家協会などが発行する雛型を活用する特記仕様書もあるが、ここでは、筆者が実際に作成し、使用した木造住宅の特記仕様書を掲載する。

落としがちな項目は何か

　本書を読まれている設計者の方々も、大学等を卒業・就職し、最初に担当するのが住宅だったという方が多いのではないだろうか。その折、先輩が描いた図面や、有名建築家の図面を見て模倣することから始め、図面を読み込んだことが勉強になったと感じているだろう。筆者の場合、誰かが教えてくれる環境ではない所で住宅を担当したので、特記仕様書の雛型があることを知らず、すべて設計者が自ら書くものだと思い込んでいた。そこで各事務所の特記仕様書を集め、見比べながら抜粋し、自分用にいろいろと組み合わせて工

夫をしたものがこの特記仕様書だ。

　自身が設計に携わるようになった当初は、この特記仕様書が果たす役割や、内容もよく分からず、そのまま他の設計図書を写していただけということもあった。しかし、経験を重ねると内容を理解でき、特記仕様書の重要性に気づく。よって、この特記は毎回工夫を重ね、未だに項目の増減を繰り返しながら更新している。それでも、工事中に必ず何カ所かは工務店から「その内容は図面に描いてないから見積もりに反映していない。追加工事になります」と言われてしまう。つまり、それだけ図面だけでは表現しきれないことが多くあり、こうした特記も重要な設計図書の一部であることは覚えておきたい。工事中に指摘されたことは忘れないようにメモをして、次物件の特記仕様書に反映させるようにすれば、より求める建築の質と工事見積りが近づくはずだ。

　実際に、見積り内容と設計者の求める質に相違があり、追加金額の予算が捻出できないため質を落さざるをえないケースもある。たとえば押出法ポリスチレンフォーム断熱材は種類によって密度が違い、断熱性能も大きく異なる。その種別を記入していなかったため、一番安価なタイプが敷き込まれたことがあった。押出法ポリスチレンフォーム断熱材の種類をひとこと記載しなかったために、もっとも弱い断熱効果しか得られなくなってしまったのである。設計者として注意すべきポイントが分かっていなかった、と反省する事例でもある。

　また、天井高さ2,400㎜の部屋で、壁の仕上げは、3×8版の石膏ボードを縦使いに張

● 特記仕様書
標準仕様書に記される共通事項以外の、それぞれの工事に特有な事項を記載した仕様書のこと。標準仕様書の記載に優先して効力をもつ

るつもりだった。ところがこのとき、図面にボードのサイズ指定を描いていなかったために、3×6版が現場に搬入されたこともあった。ボードを入れ替えた場合の予算が捻出できず、現場でも協議をしたのだが、最終的にはそのまま3×6版を使うしかなく、結果的に縦継ぎをつくらざるを得なくなってしまった。最終的な仕上りがほとんど同じでも、経年変化によってボードの継ぎ目で塗装が割れてしまう可能性が高くなってしまった例である。これらの経験から、図面で記入しにくい部分を補う役割として特記仕様書に色々と書き込むようになり、この図面の重要性を実感している。

独立したてのころはよい工務店とは何かもよく分からず、自身にできることは、図面を書き込むことのみと考えていた。よって特記仕様書もびっしりと書き込んでいた。しかし、仕事を重ね工務店との信頼関係が生まれた結果、私の仕事のやり方を知ってくれていれば、書き込みは必要最低限でよいのではと感じることもある。遠隔地からの依頼や付き合いのない工務店に見積りを依頼する場合は、やはりこの特記仕様書は有効であろう。

特記仕様書の目的とポイント

①正確な見積りを得る

図面に明記できない素材・種類の説明などを特記仕様書で明らかにすることで、工務店ごとの見積りの格差が出にくくなり、コストを比較しやすくなる。たとえば各種造作材の素材一覧や建具の標準仕様、金物標準仕様などを特記仕様書に表記する。また、本工事における別途項目を明記し、建築主・工務店・設計者の思惑違いをなくすようにしている。

②責任の所在（提出書類）を明確にする

工務店からの提出書類を特記仕様書に明示する。このことで必然的に責任所在も明らかになる。工事報告書や工事記録写真、各種材料試験報告書、施工図、防水保証書などを出してもらい、設計者がチェックして書面として残すことで、トラブル時にも対応しやすくなる（60頁表）。また、工事中の設計図書の優先順位のほか、建築主や設計者の現場での変更指示による増額も、事前に必ず見積書を提出する旨を特記仕様書に書いている。

③品質を下げさせない

ときどき生産メーカーの不明な材料などが現場に搬入されることがあるが、品質が信用できない材料は使いたくない。輸入物にも、製品によっては粗悪なものがある。野地板、外壁下地の合板などは、JASの構造用合板の特類、床は構造用合板の1類以上と特記仕様書に明記し、目に見えない部分の品質を保つようにしている。

④現場に緊張感を与える

設計者としては提出されて当然だと思っている書類や施工図を求めると、「書いたこともない」という工務店にいくつも出会ってきた。また工事請負契約書も、独自の書式でA4判1枚だけという例もあれば、設計者の署名・捺印欄がないものもあった。工務店によって「当然」という考え方にはかなりの幅がある。そこで、「こんな書類を必ず出してもらいますよ、しっかりチェックしますよ」ということを特記仕様書に記しておく。このことで、監理業務に支障をきたす工務店かどうかをある程度チェックできる。実際、「特記仕様書をなくしてもらえれば見積りできますが、特記仕様書があるならできない」と工務店側から言われたこともある。特記仕様書に書かれたようなきちんとしたチェック体制があるだけで、現場には緊張感が芽生え、見ていなくても必然的にきちんとした仕事をしてくれると感じている。

(表)一般共通事項

1-1.適用範囲	■本特記仕様は各標準仕様書および補足事項に記載なき事項を特記するものであり、各工事においてほかの工事との関連ある事項は、各該当の記載事項を参照する。 　ただし、共通仕様書は国土交通省大臣官房官庁営繕部監修『公共建築工事標準仕様書』最新版とする。 ■本工事は、建築基準法等の規定、その他関係諸官庁の規定により、係員の指示に従い施工する。官公庁、そのほかへの施工上必要な諸届、諸手続は請負業者が行い、それに要する諸経費は請負業者が負担する。
1-2.疑義	■本工事の設計図面に関する疑義は、工事契約前に、質疑応答書にて確かめるものとする。
1-3.優先順位	■設計図面の優先順位は、次によるものとする。 1.係員の現場説明事項および指示書(質疑応答書を含む) 2.特記仕様書 3.各設計図 4.共通仕様書 5.公共規格およびこれに準ずる規格
1-4.設計変更、指示、承認など	■請負者は、着工に先立ち設計図書のあらゆる寸法を検算し、食い違いなどは速やかに係員に報告し、指示に従うこと。 ■すべての施工図、材料見本、色彩および設計変更は係員の承認を必要とする。 ■係員の指示はすべて指示書に依ること。口頭の場合は、請負業者により指示案内を文書で提出し、係員の確認を受けること。 ■現場の納まり、取合いなどの軽微な変更は、建築主または係員の指示により行うが、変更の内容において請負金額の範囲に影響のあるものは、打ち合わせ記録を建築主・係員・請負業者が確認し、後日精算するものとする。 ■請負業者は、設計図書と現場の事情が一致しない場合、また予期することができなかった特別の状況が発生し、設計図書に示された条件を満たせない場合、速やかに係員に申し立て指示を受けるか、係員と協議して善処する。
1-5.材料、材料試験	■使用材料は基本的に日本産業規格(JIS)、日本農林規格(JAS)、また㈶日本住宅・木材技術センター認証優良木質建材(AQ)とする。 ■本工事に使用する材料はすべて新品とする。品質は特記か標準仕様書による。 ■特記に製造業者名、製品および施工業者名の指定のある場合は、それに従う。ただし特記に「同等品以上」と記載のある場合、その採否に関しては、すべて係員の承認を必要とする。 ■特記または標準仕様に定められた場合、および試験に依らなければ設計図書に定められた条件に適合することが証明できない場合は、材料試験を行う。 ■本工事に使用する材料のうち、係員の指示あるものは試験成績表を提出し、または係員の認める試験場で試験を行い、確認を受けなければならない。 ■特記また、係員が必要と認める場合、係員は材料試験、検査に立ち会う。 ■試験に要する費用は請負業者負担とする。
1-6.提出図書	■工事請負契約書　　2部　　(1部建築主用、1部設計事務所用)本実施設計図を添付しこれを契約根拠とする。見積書を添付する。 ■工事工程表　　　　2部　　契約後速やかに提出する。 ■協力業者選定届　　1部　　メーカーリストを添えて、契約後速やかに提出する。 ■現場代理人届　　　1部　　略歴書を添えて、契約後速やかに提出する。 ■基本施工計画書　　3部　　仮設計画(仮設事務所、山留め、仮設設備・機器の仕様や配置など)を含み、契約後速やかに提出する。 ■工事着工届　　　　1部　　着工直前に提出する。

> 細かな現場変更などが増額につながることがあるので、ここで表記した

> 通常の建材入手ルートではこれらの規格外商品は出回っていないと思うが、品質確保のためにも表記した

> 出さない工務店もあるので注意!　最初の対応が肝心

国土交通省大臣官房官庁営繕部監修
『公共建築工事標準仕様書』最新版
公共の建築物を工事するときに指針となる仕様書。戸建住宅を専門に手掛ける工務店ではこの仕様書を持っていないところもあるが、公共建築を手がけたところであれば、まず把握していると思って間違いない

JISとJAS
JIS(日本産業規格)とは、国内の産業標準化の促進を目的とし、産業標準化法に基づき制定される国家規格。一方、JASは農林物資の規格化等に関する法律(JAS法)に基づいており、農・林・水・畜産物及びその加工品の品質保証の規格が示されている

	■官公庁届出書類	1部	適宜、官公庁へ届け出、係員の確認を受ける。
	■施工図書等リスト	1部	着工に先立ち、設計者の承認を必要とする施工図書等のリストを請負業者の提出期日および、係員の承認を必要とする期日を添えて提出する。施工図書などとは、各種施工図、製作図、メーカーの説明書および仕様書、カタログセット、材料見本、品質保証書、責任保証書などである。
	■施工図書等	2部	各工事ごと、承認期限1週間前までに提出し、係員の承認を受ける。
	■工事報告書	2部	1週間に1度提出。
	■工事記録写真	1部	各工事の主要な施工状況が確認できる記録写真を撮影し、整理してデータにて提出する。
	■設計変更見積書	2部	その都度提出し、係員、発注者の承諾を受ける。
	■監理者検査記録	1部	検査後10日以内に提出。
	■試験表	1部	試験後10日以内に提出し、係員の承諾を受ける。
	■工事延期願	1部	必要に応じて提出し、係員、発注者の承諾を受ける。
	■社内竣工検査合格書	1部	竣工直前に提出。
	■官公庁届出書類	1部	竣工直前に提出。
	■発注者竣工検査願	1部	竣工直前に提出。
	■監理者竣工検査願	1部	竣工直前に提出。
	■竣工図	3部	竣工時より20日以内に提出し、係員の承諾を受ける。作成要領は係員の指示に従う。
	■建物引渡し書	1部	竣工時
	■工事保証書	1部	竣工時
	■鍵リスト	1式	係員の指定するボックス
	■備品明細書	1部	竣工時
	■保守・管理用資料	2部	(工事関係者名簿、協力業者製造者名簿、保守工事連絡先リスト、保証書、設備機器取扱説明書などを含む)竣工時
1-7.定例打ち合わせ会議	■工事の円滑な進行を図るため、係員の指示により工事期間中定期的に各工事責任者を召集し、打ち合わせを行う。		
1-8.記録	■施工中の記録、打ち合わせ議事録、電話・ファックス・Eメールなどの連絡記録、設計指示記録、および工事報告書には、必要に応じ写真を添付した記録を、請負業者が記録し、その都度係員の承認を受ける。		
1-9.別途工事	■別途工事に関しても、工事全体の円滑な進捗を図るため、請負業者は、別途工事業者と密接に協議・調整を行い、その内容、工事工程および本工事との取合い・納まりなどに関する打ち合わせ議事録をその都度係員に提出し、承認を受ける。		
1-10.養生	■工事中汚染損傷のおそれのある場合は、適当な方法で十分な養生が必要である。 ■工事区域内の材料置き場も含め常に整理整頓し、清掃を励行し、維持につとめる。		
1-11.工事保証	■建物竣工引き渡し後10年以内において、工事不良のため生じたと見られる損害は、請負者の負担にて、敏速丁寧に復旧する。		
1-12.工事保険	■本工事に際し、工事保険に加入しその証書の写しを係員に提出する。		
1-13.検査	■請負工事終了1年後、3年後にそれぞれ設計者・施工者立ち会いのもと検査を行う。工事不良に起因する問題は、請負業者の負担にて是正すること。経年変化・使用上の問題に起因する有償での是正は見積書を提出・承認のうえ工事を行うこと。		
1-14.住宅瑕疵担保責任	■施工を行う建設業者が加入する住宅瑕疵担保責任保険が設ける設計施工基準と本設計が適合しない個所があった場合は、書面にて係員に提出すること。また、保険証券の写しは竣工図書に盛り込むものとする。		
1-15.その他	■請負業者は、確認申請および中間竣工検査の官公署の指導に従うものとする。 ■本工事施工に際しては、本工事場所が、工事による騒音・振動などについて地域規制されていないかを確かめ、規制されている場合には、規制に従い施工計画を立て、関係官庁の指導を受けること。		

工務店によってはどの施工図を描くのかの基準が大きく異なるので、工事着手時にはこちらの希望との擦り合わせを行っておくとよい

規模により期間は変更している

監理者が現場監理にて指摘した事項を、漏れがないようにメモとして作成してもらう

工期の延長はクライアントにとっては非常に気にする内容となる場合があるので、書面化し、工程表とともになるべく早く説明に伺うことが大切

竣工図を出さない工務店もあるので要注意。設計者が作成した図面以外にも設備等を中心に施工図も盛り込みたい。将来のリフォームや売却時などには不可欠な書類。クライアントが安心して建物を使えるように、製本してもらう

言った、言わない、聞いていないなどのトラブルは絶えない。それらを回避するためにも、打ち合わせなどは記録に残してもらい、確認することを習慣づけるべきである

2009年10月より施行となる住宅瑕疵担保履行法により、住宅取得者を保護する目的で、建設業者が保険に入るか、保険金の供託が義務づけられている

官公庁届出書類
解体工事、道路専有許可、行政との各種協議の議事録など、届出書類として制作するものを指す。一般的には、施工業者が作成した資料を、役所が受け取り、それを承認する流れになる

試験表
コンクリートの強度や鉄筋の圧接部など、現場で施工されたものが実際の強度を発揮しているかを確認するための抜き取り検査を実施し、その結果を表示したものを指す

仮設工事

2-1.仮囲い	■工事期間中、工事現場の周囲の道路面、隣地境界面などに安全保安上支障のないような処置を行う。
	■構造、高さ、仕上げなどは、請負業者が責任もって計画を立て、係員の確認を受ける。
2-2.現場事務所	■必要と思われる場合に現場事務所などを設置する。
	■現場事務所そのほか付属仮設物は、建築基準法、消防法等関連法令に従って設置する。
	■材料置場、下小屋等は必要に応じて設ける。ただし、保安・防犯・防火・安全衛生上ほかに迷惑を及ぼさないように配慮する。
2-3.工事用水／電力	■有償にて利用可
2-4.看板、標示	■建設業の許可票、労災保険関係成立票、建築基準法における確認表示票の3つは必ず掲示すること。そのほか、建設業法等に基づき施工体系図、下請負人に対する通知、建設業退職金共済制度、適用事業主の現場標識、緊急時連絡表、作業主任者選任表示板、解体工事業者登録票を必要に応じて掲示すること。
	■本工事現場に掲示するすべての看板、標示は、大きさ・書体・仕上げ・取付け位置などにおいて、あらかじめ係員と協議すること。
2-5.障害物の処理	■工事上撤去・移設を要する軽微なものは、本工事の範囲内とする。
2-6.保護設備	■本工事の施工にあたり、付近住民、隣接建物、工作物、電線、通行人などに対して損害を与えないように、必要な保護設備を計画し、係員および各関係の承認を得て実施する。
	■万一障害を与えた場合は、速やかに応急処置、復旧工事を行い、これに要した費用は請負業者の負担とする。
2-7.地縄張り	■施工に先立ち、敷地の平面形状および高低を測定し、係員に連絡する。
	■設計図にもとづいて縄張りを行い、建築主および係員の確認を受ける。
2-8.設計G.L.	■標準G.L.の決定、およびベンチマーク(BM)の設置は、係員立会いのもとに行う。
	■ベンチマークは、工事および関連、追加工事に支障がなく、かつ見やすい位置に、設計地盤面、建物位置などを明示する不動のものとする。
2-9.水盛り遣り方	■遣り方は、請負業者の責任のもと、建物の各隅部、その他必要と思われる要所に正確かつ堅固に設け、建物の位置、水平の基準、そのほかの墨出しを行い、係員の確認を受ける。
2-10.足場	■建設基準法等関係法令に従い、適切な材料、構造のものとする。
2-11.清掃・復旧	■工事完了後、建物引渡し前に、全体の清掃を行い、公道の工事による損傷部などを完全に復旧する。

周辺住民の安全確保のためにも、工事中の仮囲いは十分に行ってもらう。基礎工事中などは夜間にも分かるようにチューブライトなどの設置も要請したい

建設業法以外にも安全労働衛生法などにより現場に掲げる標識類が決められている。設計事務所名や工務店名も看板にして掲示し、各々が恥ずかしくない仕事をしていきたい

埋め立て地や旧田んぼなどでは基礎工事にて大きな石やガラが出てくることもあるが、大きなものはもちろん有償となる

現場の安全監理は工務店の責任であると理解してもらう

建物の高さ、位置は一番重要なため、書面などではなく必ず現場で確認して決めるべきである。場合によっては現場監督が間違うこともある。施工のしやすさ、水はけ、敷地内高低差をきちんと把握したうえでないと決められないが、実際の設計段階ではそこまで把握できていないことが多い

厚生労働省の労働安全衛生法および(一社)仮設工業会などに基準がある

土工事

3-1.根切り	■工事着工前に、敷地地盤の状態について工事上支障がないよう調査のうえ、近隣地盤に関して検討し、関係法令に従い、安全を十分考慮した根切り方法、山留め方法、排水方法、使用機器を記した施工計画書を提出し、係員の確認を得るものとする。
	■根切り底の状態については地中障害物などがないことを確認し、支障のある場合は係員に報告する。
	■根切り完了後、深さ、大きさ、床さらいの状態について、係員の確認を得るものとする。
	■工事の支障となる障害物はすべて除去する。ただし、既埋設管にあって、必要とされる管は盛替、仮使用などの施工とそれに伴う手続きをしなくてはならない。
	■工事に支障を及ぼす湧き水、雨水、溜まり水などは適当な方法で排水する。
3-2.埋戻し／盛土	■埋戻しには、特記なき限り根切り土を使用する。
	■設計図に記す外構を実現させるために必要な場合は、その植栽の生育可能な土によって盛土を行う。
3-3.残土処分	■残土は特記なき限り場外に搬出して処分する。
3-4.既存境界	■本敷地は現在2区画として中央でブロックにて区画されているが、本工事では不要なので撤去すること。

既存敷地状況などを明記する場所が図面ではないことが多く、見積りに関わりそうな事項は特記に書いておくとよい

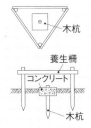

ベンチマーク(BM)
ベンチマークとは、建築物の高低と位置を決めるための基準となるもので、これをもとにして遣り方を行い、建築物の高さを決める重要なものである。木杭、コンクリート杭などを用いて絶対に移動しないように設置し、その周囲を養生する。また、ブロック塀や擁壁など工事により動くことがないものがあれば、これに基準高さを記し、代用することもできる。工事監理者は、このベンチマークの確認をする

構造特記仕様書
鉄筋のかぶり厚さや、コンクリートの強度数値などは構造設計者が作成した構造特記仕様書に明記してある。構造に関する仕様が記載されているので、意匠設計者も内容の把握が必要だ

地業工事

4-1.一般事項	■仕様などは**構造特記仕様書**による
4-2.地耐力試験	■構造特記仕様書による
4-3.割栗／砂利地業	■種類:砕石 ■厚さ:90mm
4-4.捨てコンクリート地業	■厚さ:60mm ■仕様:構造特記仕様書による
4-5.ポリエチレンフィルム敷き	□必要:厚さ0.2mm（300mm以上重ねを取る） □不要
4-6.スタイロフォーム敷き	□必要: □不要

> それぞれの建物規模や構造設計者により異なる

コンクリート工事

5-1.鉄筋コンクリート	■材料:普通コンクリート ■仕様:構造特記仕様書による ■混和剤:構造特記仕様書による
5-2.型枠	■材料:型枠用合板12mm厚、打放し面は「コンクリート型枠用合板の日本農林規格」による塗装またはオーバーレイを施した合板型枠12mm厚以上とし、木目方向をそろえること。 ■工法:ボルト式 ■剥離剤:構造特記仕様書による ■存置期間:建設省告示第110号による ■直接土に接する部分の木コンの処置は、防水モルタル充填のうえブチルゴム系シーリング材を充填する。
5-3.試験	■採取した試験体は、工事現場など、請負業者の直接管理下にある場所に保管する。 ■コンクリートの圧縮強度試験は、公認の試験場で行う。
5-4.運搬／打設	■コンクリート打設に先立って、道路幅など設計施工条件を十分考慮し、適切な施工計画書を提出し、係員の承認を得る。

> 打放しで仕上げたい部分（擁壁や塀など）があれば示しておくとよい。木造住宅の基礎工事であれば一般的には鋼製型枠が用いられる

> 住宅の場合は根切から配筋、型枠、コンクリート打設まですべてを行う「基礎屋」と呼ばれる職方が多いが、専門業者に比べて技術的に対応可能な幅が狭いので、監理には注意が必要。また、その場合の配筋は鉄筋をあらかじめ工場で溶接してパーツを製作し、現場に搬入のうえ組み立てることがあるが、注意が必要だ。有資格者が整った環境で溶接を行うのであればよいが、現場溶接や無資格者による溶接は禁止すべきである

鉄筋工事（構造図特記仕様書および標準詳細図参照）

6-1.一般事項	■仕様・検査・継手・配筋などは共通仕様書のほか、構造設計図を優先する。 ■施工に先立ち**組立加工要領書**を提出する。 ■**ミルシート**は必ず提出すること。 ■配筋状況は記録写真により、全体が分かるように記録する。
6-2.加工・組立	■設計図に指示された寸法および形状に合わせて常温で正しく加工すること。 ■組立てに先立ち、汚錆処理を施し、油類・ゴミ・泥などはコンクリートに付着することのないよう除去すること。 組立て作業完了後は必ず配筋検査を受けること。指摘事項がある場合は直ちに手直しなどを行い、また必要に応じて再検査を受けること。

> 工期の制限を理由に、配筋後によい部分の写真だけを撮って、コンクリートを打設してしまうことがある。打設されてしまうと配筋は確認できないため、必ず打設前に確認を行う。スリーブの補強やコーナー部などをよくチェックするのは設計者・構造設計者の仕事だ

シーリング工事

7-1.一般事項	■シーリング材は、JIS. A. 5758、JASS8の4節に適合した種別を選定すること。 ■プライマーは原則として、シーリング材製造業者の指定するものとし、被着体とシーリング材の接着に適するものとする。異種の被着体が取り合っている場合で、両方に良好な接着性を示すプライマーがない場合は、塗り分けて、塗布すること。 ■バックアップ材はポリエチレンの独立発泡体で皮膜付きとし、目地形状に適したものとする。 ■へら押し工は充填後可使時間内に目地幅に合わせたへらで目地従部まで十分に力が伝わるよう押さえ込み、表面に波打ちや気泡がないよう平坦に仕上げること。

組立加工要領書
住宅レベルでは特に厳しく監理する必要はないが、鉄筋をどのような機械や設備を用いて加工するかの説明が書かれたものを「組立加工要領書」という

ミルシート
鉄筋や鉄骨が正規のルートから出荷され、納品されているかを確認できる書類を「ミルシート」という。品質も明記され、製品の安全性を確認できる。ほかの現場の余りなどを使用されないように提出を促し、確認すべき項目である。中間検査や完了検査での提出を義務づける確認申請機関がほとんどだ

防水工事

8-1.一般事項	■本工事は、すべて責任施工とする。
8-2.責任保証	■工事請負業者および施工会社は、記名捺印のうえ、保証書3部を係員に提出し、保証期間内に瑕疵の生じた場合は無償にて速やかに補修復旧するものとする。
8-3.シーリング	■外部建具廻り:2成分変成シリコーン系シーリング ■充填は15×15を最小とし、バックアップ材を使用する。バックアップ材は発泡樹脂成形材とする。
8-4.樋	■竪樋:カラーガルバリウム鋼板㋐0.35:φ60(タンタハウジングシェア) ■横内樋:カラーガルバリウム鋼板㋐0.35加工
8-5.屋根・外壁	■金属板葺き 材料:カラーガルバリウム鋼板㋐0.35(日鉄鋼板ニスクカラーSGL同等以上)とする。 工法:縦はぜ葺き 下葺き:改質アスファルトルーフィング(田島ルーフィングPカラーEx+同等以上)

外壁素材に合ったシーリング材を指定する

本来は図面のどこかに記入していれば特に必要ない表記。「メーカーなどはここで指定する」という意識で書いている

ガルバリウム鋼板、改質アスファルトルーフィングといっても最近では様々なバリエーションがある。どのランクかを特記で示したいところだ。緩勾配であれば粘着するタディスセルフなどを指定しておきたい

木工事

9-1.一般事項	■設計図書にもとづき、必要に応じて施工図を作成し、設計者の承認を得る。 ■ラワン材を使用する場合は、加熱による防虫処理材とする。 ■土台はヒノキもしくはヒバとすること。 ■土台以外の床下材で加圧式保存処理材はK3性能とする。 ■土台から高さ1メートル以内は自然成分により防腐・防蟻処理された木材を使用するか、防腐・防蟻塗装をすること。 ■水廻りに使用する材はヒノキまたは同等以上の堅木とする。 ■間柱、羽柄材などはすべてKD材を使用すること。 ■集成材を構造部で使用する時はレッドウッド(RW)とし、ホワイトウッド(WW)は使用しないこと。 ■露出する集成材性能表記シールは建方終了後はがすこと。
9-2.規格・等級	■十分乾燥したものを用い、構造材はJASで定める1等級以上の製材、造作材はJASで定める小節以上とすること。
9-3.合板	■野地板および外壁下地など水掛りになる可能性のある部分で使用する合板は、構造用合板の特類とする。 ■床板に使用する合板は、構造用合板1類以上とする。 ■内装に使用する合板は、普通合板のJASに定める2類以上のものを使用し、広葉樹では2等・針葉樹合板ではB-C以上とする。キッチン・浴室廻りなど湿気が発生する周辺で使用する合板は、コンクリート型枠合板1類、構造用合板1類以上とする。 ■シックハウス対策のため、家具も含めすべての合板はF☆☆☆☆を使用すること。 ■外周部の構造用合板は気密テープで隙間を塞ぎ、床の捨て張り合板と土台の間でも気密を確保すること。また、間仕切壁を通じて気流が上がらないように、気流止め対策を施すこと。
9-4.釘・金物	■構造用釘はJIS規格品とし、金物類は原則として亜鉛めっきまたはそのほかの防腐処理を施したものとする。 ■外部に露出する場所で使用するビス・釘はすべてステンレス製とする。
9-5.棚等造作	■材料:特記なき限りシナ合板、木口はスプルース㋐4 ムク板 ■仕上:特記なき限りオイルステイン塗装+UC
9-6.額縁・窓台	■材料:特記なき限りベイツガ・見付け:20 ■仕上:なし
9-7.幅木・廻り縁	■幅木:ベイツガ㋐10、SOP塗装または無塗装
9-8.断面寸法仕上げ	■見え隠れ材はひきたて寸法、見え掛かり材は仕上がり寸法とする。 ■塗装仕上げとなる木部材は逆目並びに鉋まくれがない状態に仕上げる。

防腐、防蟻処理剤の安全性が問題になっているので、住む人のアレルギーなども考慮し比較的安全なものを使用するように指示している

グリン材を使われると反りが出てしまうこともある

このタイミングでシールをはがさないまま完成を迎えると、日焼けの後がくっきり出てしまうので注意!!

合板には必ずJASマークが印字されており、類別や等級を確認できる

合板気密とするための仕様を表記している

現場ごとに変えることもあるが、標準的な仕様をここで書くことで、他の図面での表記を減らすことができる

配筋のチェックポイント例

全体が分かる写真を撮っておく

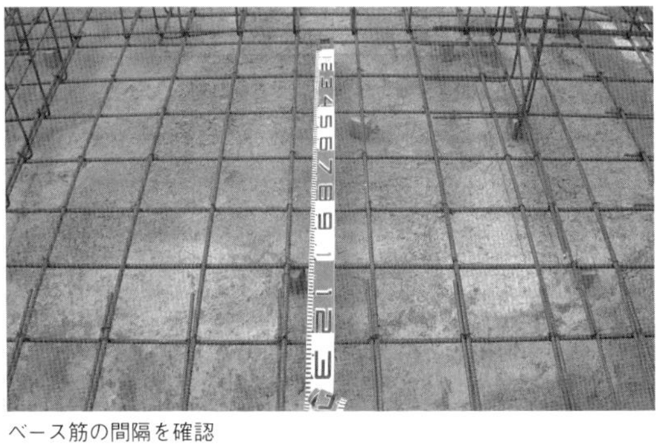

ベース筋の間隔を確認

(写真提供:安水正)

金属工事

10-1.一般事項	■係員の指示する部材に関しては製作図を作成し、承認を受けること。 ■係員が必要と認める部分については、サンプルや試作品を提出のうえ、係員の承認を受けるものとする。 ■異金属で構成される外部廻りの金属製品は、接触腐食防止処理を施す。
10-2.防錆処理	■外部金物:ジンクロメートめっき処理、溶融亜鉛めっき ■内部金物:鉛丹ジンクロメートさび止め塗料(JIS規定) ■取付け用下地金物:特記なき限り亜鉛めっき処理とする。
10-3.表面処理	特記なき限り ■ステンレスはSUS304とし、表面はヘアライン仕上げとする。 ■アルミニウムの表面はアルマイト処理・シルバーとする。
10-4.製作金物	■材質・形状などは、設計図による。

> ステンレスの素材や仕上げも標準を示すことで、ほかの図面での表記を減らすことができる

左官工事

11-1.一般事項	■コンクリート下地で不陸などの著しい個所は、つけ送りして調整する。 ■下地あるいは塗面で浮いている個所を発見したときには、直ちに修復する。
11-2.モルタル塗り	■接着剤、防水剤入りモルタルを使用し、メーカー、品名を係員に伝え、承認を得る。塗厚などは設計図による。

合板の種類

普通合板 (普通の一般合板)	コンクリート型枠用合板 (コンクリートの型枠として使用する合板)	構造用合板 (建築物の構造耐力上主要な部分に使用する合板)
類別:1、2類(接着の程度を示す) 板面の品質:広葉樹については1、2、3、4等(板面の品質を示す)。針葉樹については基準A、B、C、Dの組み合わせ	類別:普通合板の1類に相当表面加工されたコンクリート型枠用合板については表面の品質について別途定められている 板面の品質:板面の品質の基準A、B、C、Dの組み合わせ	類別:特類、1類(接着の程度を示す) 等級:1級、2級(総合的に品質の程度を示す) 板面の品質:基準A、B、C、Dの組み合わせ

畳の構成と種類

畳の名称

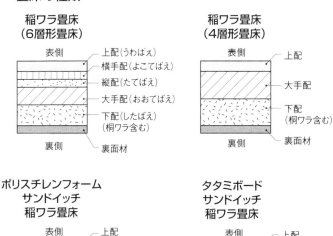

畳表
い草を横糸に、麻や木綿を縦糸に用いて織ったもの。い草の本数が多いほど上級品となる。い草をそのまま織る備後畳と、茎を半分に割って織る琉球畳がある

畳縁
絹、麻、木綿、ナイロン製のものがある

畳床
稲ワラ、ポリスチレンフォームなどが使われる。稲ワラ畳は等級により4種類に分けられる

畳床の種類

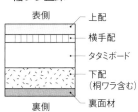

稲ワラ畳床(6層形畳床)
表側／上配(うわばえ)／横手配(よこてばえ)／縦配(たてばえ)／大手配(おおてばえ)／下配(したばえ)(桐ワラ含む)／裏側／裏面材

稲ワラ畳床(4層形畳床)
表側／上配／大手配／下配(桐ワラ含む)／裏側／裏面材

ポリスチレンフォームサンドイッチ稲ワラ畳床
表側／上配／横手配／補強材／ポリスチレンフォーム板／下配(桐ワラ含む)／裏側／裏面材

タタミボードサンドイッチ稲ワラ畳床
表側／上配／横手配／タタミボード／下配(桐ワラ含む)／裏側／裏面材

建具工事

12-1.一般事項	■材料はJISおよびJASの規格に依る。規格に規定のない材料または、規格外の材料を使用する場合には、品質・性能・機能が正常で、傷・破損のないものとする。 ■材料・製品などは必要に応じて見本を提出し、また製作に先立ち施工図を作成し、係員の承認を受ける。形状・寸法・建具金物・周辺納まり・そのほか金物などを明示する。 ■1㎡以上のガラス面をもつサッシおよびすべてのトップライトは、図示なき場合も、アルミまたは鋼製の結露受けのあるものとする。
12-2.アルミ製建具	■アルミサッシ □レディーメイド製品、イージーオーダー製品(木造用半外)、一部フロント部材 □仕上げ:アルミ・アルマイト処理　ブラック、一部ホワイト □リクミル「FG-H」同等以上
12-3.木製建具	■すべてのフラッシュドアは、反りのないように下地は樹脂ハニカムまたはロールコアとし、芯材には集成材などを用いること。 ■フラッシュドアの表面板の厚さは4mm以上とする。 ■大手は4mmのムク板を使用すること。 ■シナの木目を生かす部分は色味が大きく変化しないようにそろえること。 ■外部に面する木製建具はゴムパッキンを4周使用すること。 ■すべての金物は係員の承認を得ること。
12-4.建具金物	■指定製造所の製品とし、形式は設計図により、見本提出のうえ係員が承認したものとする。 ■外部に取り付けるものは外部での使用が可能なことを、またすべての丁番・ドアクローザなどは取り付ける扉の重量に見合ったものであることを、請負業者がそれぞれ確認のうえ施工する。 ■建具表に特記なき限り以下の仕様にする。 □ヒンジ類:SUS製ヘアライン仕上げ □ノブ・ハンドル類:SUS製ヘアライン仕上げ □引戸金物:高橋金物 □戸当たり・アームストッパー:SUS製ヘアライン仕上げ
12-5.網戸	■網の種類:きれいネット(LIXIL)クリアネット(YKK)
12-6.キー	■マスターキー:不要 ■玄関扉の鍵はディンプルキーとし、耐鍵穴壊し性能も10分以上の物を1つは使用すること。
12-7.ガラス	■ガラスの種類は建具表による。 ■ガラスの風圧などに対する強度については、請負業者が確認のうえ施行する。 ■サッシとガラスの固定にはJIS. A. 5758のタイプGに適合したものを使う。 ■ガラスとガラスの接合は1成分型シリコーン系シーリング材とすること。 ■サッシレスで躯体直付けの場合のガラス断面にはすべてブチルテープ張り防錆処理を行うこと。

トップライト部の結露は問題となることが多いので、結露受けの設置は重要である

玄関ドアを木製とすると、気密・断熱の性能上の欠点となることが多いので、気を使う必要がある

丁番など品番を指定しないものでも、色や素材の問題もあるので、確認したほうがよい

指定しない金物でも、ここで素材を指定しておくと見積りがしやすい

それぞれ素材に合ったシーリング材を使ってもらうため

塗装工事

13-1.一般事項	■塗装の品質はJISに適合したものとし、素地調整および工程は国土交通省共通仕様書による。 ■各塗装種別、色別に塗り見本を係員に提出し、色・工程などについて承認を受ける。塗り見本は、施工と同一材料の300㎜角に塗装し、各3枚とする。 ■下地処理は以下のようにする。 木下地:汚れ・付着物除去、ヤニ処理、研磨紙摺り、節孔埋め、孔埋め。 鉄部下地:汚れ・付着物除去、油類除去、さび落とし、化学処理 ■使用した塗料は、変色しないように保存する。 ■外部また内部の湿気の多い個所の塗装は、耐候性能・耐水性能を有するものとする。 ■オイルステインなどは極力自然素材を使用したオスモ、アウロ、ワトコ、蜜蝋などを用いること。

室内で使う木部塗料には子供やペットがなめてもいいような自然塗料を使いたい

内外装工事

14-1.一般事項	■設計図にもとづき、施工図・割付け図を作成し、係員の承認を受ける。 ■本工事に使用する材料は、JIS規格品とする。ただし特殊な材料は、これに準拠し、前もって見本を係員に提出し、承認を受ける。また、主要な材料はすべて見本を提出する。 ■特記なき限り、目透し張りの受け面材は幅広のテープ張りとする。 ■天井および壁の開口部および器具取付け部には、適切な補強を施すこと。 ■石膏ボード張りの突付け部は、寒冷紗補強パテごきとする。コーナー部はコーナーテープなどの補強材の上に寒冷紗パテごき、入隅部はコークボンドなどでクラック防止する。 ■塗装する石膏ボードはH=2,400を使用し、縦使いとすること。(CH=2,400以下では水平目地を出さない) ■張り床材仕上げの施工前には、十分な清掃を行い、仕上げ面に突起などが出ないようにする。 ■使用する接着剤は耐水性のあるものとする。

目透しの幅が小さければ不要だが、大きめであれば下地が見えてしまう

価格が高くなるので現場で指示するのではなく、見積り段階で把握できるように表記。天井高さを2,400㎜とすれば横目地はなくなり、施工も楽である

14-2.木質床材	■床鳴りが生じないよう釘と接着剤を併用し施工すること。 ■床暖房部分は実部分を完全に突き付けないで、紙1枚分程度余裕を見て張り込むこと。	床鳴りは施工後に直しにくいので、できる限りのことはしておく
14-3.畳	■畳表:1畳1枚当たりのい草の数は約5,000本程度とし、中級国産とする(もしくは上級中国産[中国産は日本に仕入れてから1ヶ月以上経過したものを使用すること])。 ■畳床:稲ワラ畳床。裏には防虫、防湿加工したシートは使用しないこと(床暖のため)。	畳は心材や畳表によって金額が大きく異なるので、特記仕様書にて指定しておきたい
14-4.ボード張り	■天井:石膏ボード㋐9.5 AEP ■壁:石膏ボード㋐12.5 AEP ■バイク置場壁:化粧石膏ボード㋐12.5 ■バイク置場天井:ジプトーン㋐9.5	現場ごとに指定する
14-5.壁装材	■シナ合板㋐6 OS ■ラーチ合板㋐9 サンダーがけ表し OS	
14-6.点検口	■分電盤付近や最低限必要な個所に、係員の指示に従い点検口を設けること。主要なリビング等に設ける点検口は枠なしとする。 ■床下点検口を1階に1カ所設けること。 ■外部に接する点検口は、断熱気密用点検口とすること。	
14-7.高気密・高断熱	■本計画は改正建築物省エネ法に基づき、6地域での一次エネルギー消費性能、住宅における外皮性能の基準を満たしている。その性能が実際に発揮されるように各種断熱材の施工マニュアルに基づき断熱欠損のないように施工すること。 ■断熱材は取合い部分で隙間が生じないように均一に詰め、不可能な部分は発泡ウレタンなどで充填し、気密テープ張りとする。 ■壁は柱の屋外側を合板、天井は気密シートを気密層とするため、それらを貫通する物がある場合は必ず気密テープなどで塞ぐこと。 ■最上階の気密シートに穴を空けるダウンライトなどは、気密ボックスを設置して、気密層を連続させること	国交省が制定する各種省エネ基準は年々変化している。これからの設計者は性能とデザインの両立は避けて通れないので、設計・監理ともに重要となる 高気密、高断熱を重視した住宅だったので、この項目を綿密に記入している。特記仕様書は、設計者が重視したいこのような部分を表現する場所と考えてもよい
14-8.外壁材	■透湿防水シートのコーナー部は2重張りとすること。 ■透湿防水シートの継ぎ目、開口部廻り、笠木廻りは防水テープを用いること。 ■換気用ダクトなどの透湿防水シート貫通部、笠木と外壁の入隅部、サッシ取り合い部などはウェザータイト(フクビ)を使用し、漏水のないよう万全を期すこと ■外壁-1:ジョリパットJQ-650(アイカ)(同等以上)ゆず肌仕上げ ■外壁-2:スギ板縁甲板㋐15 木材保護塗料2回塗り	現場ごとに指定する

雑工事

15-1.一般事項	■造作、家具類の形状・寸法・仕上げ・付属品などは設計図による。 ■特記なき限り、家具の扉はスライド丁番(バネ付き)とする。 ■ダボはすべてステンレスとし、落とし込みダボとする。 ■面材をポリ合板とするときの小口はメラミン化粧板、突板合板とするときの小口は無垢挽板(㋐3〜5mm)を使用すること。ただし収納内部などの外から見えない部分はそれぞれポリテープ、突板テープとする。 ■家具工事における塗装は工場塗装とすること。	設計者として当然と考えることも書いておくことでトラブルを回避できる
15-2.鏡	■日本板硝子 ハイミラー同等以上 縁なし	
15-3.ポスト・表札	■ポスト口:○○○○○○ ■表札:ステンレスヘアライン(㋐5)切り文字張り	商品名を記入する
15-4.キッチン	■アイランドキッチン、コンロ側キッチンは製作とする。各種仕様は詳細図を参照すること。	
15-5.カーテン類(別途工事)	■畳とリビングの間にあるパーティカルブラインドは本工事とし、下記の品番とする。(指定の品番) ■AW-3、AW-4部分の開口のカーテンレールは本工事とし、下記の品番とする。レース部:(指定の品番)、ドレープ部:(指定の品番)	

外構工事

16-1.一般事項	■敷地内に発生する段差は特記なき限り、ブロック積みとする。 ■外部に使用するコンクリート金鏝押さえ部分には水勾配をつけ、係員と協議のうえ誘発目地を切ること。	
16-2.植栽	■アプローチ部分のたまりゅうは別途工事とする。	現場ごとに指定する
16-3.砕石敷き	■建物外壁周辺で土に面する部分は防草シートに砕石敷きとする。	

電気設備工事（設備図参照）

17-1.一般事項	■すべての器具・機器、および露出する配管配線の配置は、設備図・設計図を参照のうえ、請負業者が施工図を作成し、係員の承認を得ること。 ■器具・機器の発注の前に必ず承認図面を係員に2部提出し、承認を受けてから発注すること。 ■透けて見える部分への配管配線は避ける。
17-2.スイッチ・コンセント	■コンセント／スイッチプレートはJIMBOのNKプレートとすること。 ■スイッチが3つ以上付くところはネームスイッチとする。 ■承認なき露出配管はしないこと。 ■換気扇はすべてパイロットスイッチとする。 ■特記なき限りコンセント高さはFL＋150、スイッチFL＋1,250とする。 ■玄関部・トイレはホタルスイッチとする。
17-3.通信	■電話用、光ケーブル用、ケーブルテレビ用の空配管にはリード線を挿入しておくこと。 ■テレビ受信端子のそばには必ず電源コンセントを設けること。 ■弱電盤は、内部に各種モデム、ルータなどが設置できるようなサイズとし、電源を2個口用意すること。
17-4.幹線	■引込み幹線（主幹線）は電圧降下も考慮し消費電力が15kVAまで使用できる径とする。 ■地中配管部分は幹線・弱電とも十分な太さの空配管を施しておくこと。
17-5.分電盤・系統	■分電盤に将来コンセント等が増設できるように予備回路を2つ以上残したものを選定すること。 ■1系統にコンセントは6個以内とし、施工図を作成すること。 ■電灯とコンセントの系統は混合しないこと。
17-6.引き込み	■引込みポールは上部にBS・CS 110度アンテナとUHFが取り付けられるものとする。

> ほかに指定する所がないのでここでしっかりと表記しておく

> 弱電盤部分にモデムやルータなどの機器を納められれば、室内に露出しなくてすむので指定している。なお、プラスチック製弱電盤にはサイズの限界もあるため鉄製を採用している

> 最近はオール電化の住宅も多く電気消費量も増加傾向にある。主幹線は少し太めにしておいたほうがよいであろう

衛生設備工事（設備図参照）

18-1.一般事項	■すべての器具・機器、および露出する配管配線の配置は、設備図・設計図を参照のうえ、請負業者が施工図を作成し、係員の承認を得ること。 ■器具・機器の発注の前に必ず承認図面を係員に2部提出し、承認を受けてから発注すること。 ■透けて見える部分への配管配線は避ける。 ■屋内に露出する配管は音を漏れにくくする工夫を施し、塗装をすること。 ■寝室等の場所の近くの配管は遮音用のシートを巻くなどして適宜工夫すること。 ■臭気が上がったり、封水が切れないようにドルゴ通気を適宜設けること。
18-2.換気扇	■換気扇類はすべて直結とし、コンセントおよび配管配線は隠蔽すること。 ■換気扇類、給気口などにはすべて防虫網を付けること。
18-3.空調	■屋外露出配線は極力避け、屋外部分はスリムダクトにてカバーすること。 ■室外機はコンクリートベース上に設置すること。 ■ドレインは特記なき限り雨水枡に接続すること。

> プラスチックベースよりも、耐久性や美観に優れると考えて表記している

別途工事

■造付け以外の家具工事	
■什器・備品工事	
■植栽工事	
■電話機器工事	
■有線放送工事	
■ケーブルテレビ工事	
■水道引込み工事	
■カーテン工事	

> 別途工事となるものをしっかりここで表記して工事区分を明記しておく

メーカーリスト

ガルバ樋、ルーフドレイン	メーカー名その1（tel.○○-○○○○-○○○○）、メーカー名その2（tel.○○-○○○○-○○○○）
ムクフローリング	○○メーカー（tel.○○-○○○○-○○○○）、△○木工所（tel.○○-○○○○-○○○○）、
アルミサッシ	○○メーカー、△○メーカー、□○メーカー
ゴムパッキン	□△メーカー（tel.○○-○○○○-○○○○）、○△メーカー（tel.○○-○○○○-○○○○）

> メーカーを指定する場合や数社の中から選びたい場合はここで表記しておく

造付けキッチンの
図面の作成ポイント

各工程において相手に応じた「伝わる図面」を心掛けることが
工期短縮やコストの効率化につながる

キッチン工事の考え方

　キッチン工事では、次の4つの流れに沿って進むことを念頭におきたい。それは、①建築主に説明する、②現場に伝える、③家具をつくる、④家具を取り付ける（施工する）、である。大切なポイントは、それぞれにきちんと内容が伝えられるかということになってくる。この伝達がスムーズでなかった場合、建築主からのクレームや、現場での施工手順や工事区分の混乱につながっていくので注意が必要だといえる。

プラン図（平面詳細図）（原図S＝1：20をS＝1：30に縮小）

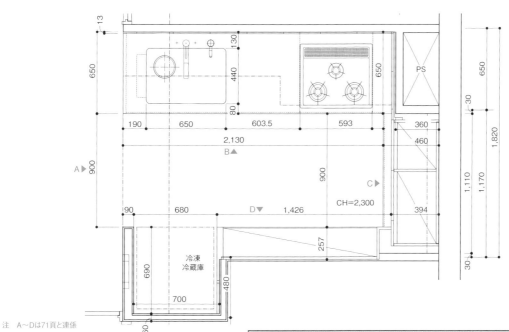

注　A～Dは71頁と連係

　プラン図では、キッチン全体の構成、床・壁・天井・幅木・建具などの建築との取合いが分かるようにする。そのなかでも仕様表は、各部材の素材、仕上げ、メーカー、品番、工事区分をはっきりさせておくことが重要である。使用するパーツ類までできるだけ細かく記入するようにしたい。それにより、建築主との打ち合わせから見積り、施工まで通して使える図面となる

仕様書			
部位・設備機器	仕上げおよび機器名	型番	メーカー
床	塩ビタイル張り	PLC-44918	ADVAN
壁	ビニルクロス張り	LV-2905	リリカラ
一部	ビニルクロス張り	LV-2699	リリカラ
一部	磁器タイル張り	RN-H872	ADVAN
天井	ビニルクロス張り	LV-2904	リリカラ
照明器具	スリムランプ	SL2-20（L）電球色	彩ユニオン
照明器具	ダウンライト	MD2514-01-72×3	
混合水栓		VL.KV1CDR-16	CERA
浄水器		X1-MA01	シーガルフォー
レンジフード	VFS-7A-I（WATANABE）＋カバー特注（スチールメラ焼）		
甲板	ノーブルライト	G295K	磨き仕上げ
扉	MDF下地ウレタン塗り潰し（7分艶消し）～3色塗り分け		
内部	ポリ合板	単色	
スライドレール	TANDEM560H＋ブルモーション		blum
ガスレンジ	PD-SE31LA		paloma
ガスオーブン	PCR-500E-ST		paloma
食器洗浄機	BJW-12SA-ブラック		ホシザキ
棚下灯	KH12-20w-BL　×3		スガツネ
トランス	DMN60LT		スガツネ

（建築工事：床～トランス欄左端の縦見出し）　建築工事　家具工事

注　製品名、型番などは設計当時のものなので変更になっている可能性がある

建築主と現場に伝えるべき情報

実際に家具の検討から、現場で設置するまでの流れは、前出の４つの項目に沿って進められる。まず①で使う図面だが、これをプラン図と呼んでいる。一般的には１/20か１/30の縮尺で描くことが基本。ここでは、全体の構成がどうなっているのか、どんな機器類、パーツなどをどこに使っているのか、各作業領域の寸法、仕上げの種類などを図面に明記する。基本的には平面図、展開図だが、引出の有効寸法や棚板の大きさ、棚ダボのピッチを描き入れ、天板や扉のディテールを１/２程度で入れることで、設計の方針がより正確に伝わる。

建築主にとっても、全体の収納量を把握し、どこに何を収納するか、設計された収納場所にきちんと収まるかどうかなどの検討ができるため、クレームを未然に防ぐことにも役立つ。設計者の配慮として、あらかじめ念入りに検討しておくということは、全体の設計にも関係してくるだけでなく、建築主の意向を汲むうえでも大切なことだ。

また、この段階で工務店や家具屋に見積りを依頼するため、細かく寸法や材質などを指定すれば、より正確な金額を出すことができる。もちろん必要に応じてパースを描いたり模型をつくったりすることもあるだろう。きちんと伝えるという意味でも、こうした手間は惜しむべきではない。

②では①と同様にプラン図をベースにする。全体寸法や建築との取合いの納まり、キッチン工事以外のものとの関係（扉の開き勝手、通路の幅など）も記入すると、施工時のトラブルが少なくなる。たとえば、キャビネットをどのような分割で製作するのかということも、この段階で検討しておくと、搬入時期や搬入経路（クレーンなどを使う必要があるのかなど）を打ち合わせることができる。そのため、この段階での表現の細かさが、実は建築主に説明するだけでなく、工事をスムーズに進めるためにも重要になってくる。

さらに、このプラン図に併せて、水道、ガス、電気の設備配管図、取り付けのための下地指示図をそろえておくことを忘れないようにしたい。家具の取り付け時に、それぞれの配管が干渉して設置不可能、あるいは固定するための下地がないというような事態を防ぐためだ。

家具製作の場で必要な図面とは

③で使う図面は製作図と呼んでいるが、これは１/10の縮尺を基本に描く。この図面は木工工場で使われるので、各キャビネットの大きさ、部材の大きさ、素材、仕上げ、それらのつながりを細かく描き入れる。たとえば「重量物を載せるため棚板をベタ芯にする」「扉と扉のチリを○㎜とる」「壁とのチリを○㎜とる」などのほか、天板と扉の関係、部材と金物の関係などもここで指示する。

また、必要に応じて縮尺１/２、１/３、１/５などでディテールを描き、より正確に意図を伝える。ポイントは、設計者がどういう意図でこのようなデザインにしているかということが、製作サイドに伝わるようにしたいということだ。

「いつもの家具職人」であれば、それほど細かく描く必要はないのだが、工場によってその「いつもの方法」は違ってくるものだ。たとえば糸面の取り方ひとつとってもまったく異なり、場合によっては、そのことによって仕上がりの印象がまったく変わってくることもあるので注意が必要だ。

さらに、キッチン工事でもすべてを家具工事で行うのではなく、一部を大工工事とすることがある。大工工事は、そのほとんどを現場で加工することが原則であるから、それが可能となるような納まりを指示しなければならない。

また家具工事と大工工事の区分を明確にしておくことにより、責任の所在をはっきりさせることも重要だ。いざ取り付け段階になって、工事区分がどちらになるのかあやふやなため、現場が混乱するという話も少なくない。

施工現場で必要な図面とは

最後の④の図面だが、本来は製作図をもと

プラン図
本書では、造付けのキッチンを製作する際に、全体構成や設置する機器類、パーツなどの種類や位置、調理する・盛り付けるなど、使う際の各作業領域の寸法、仕上げなどを示す平面図と展開図のことを指す

設備配管図
水道、電気、ガスなどの引込み位置などを確認する図面のこと。キッチンの製作ではプラン図と併せて使用する

下地指示図
キッチンや家具を固定するための下地の詳細について指示をまとめたもの。これがないと、固定できない事態が発生することもあるので必ず準備したい

製作図
工場に提出する図面のこと。各キャビネットの大きさや部材、素材、仕上げなどの細かい情報を描き入れ、工場にその情報をしっかり伝える役割がある

家具工事
家具専門の職人が製作および取り付けすること。大工工事と比べて、より精度の高いものが出来上がる

大工工事
家具工事においては、大工がその一部を担ったほうが効率的なこともある。ここでは、造付け家具（キッチンも含む）などを大工が製作することを指す。極端な例をあげると、箱だけ大工が製作し、建具のみ建具工が工事をすることもある

に施工してもらうのが最も正確である。しかし製作図は当然ながらかなりの枚数になり、それを見ながらの施工は手間がかかる。そこで、プラン図と製作図の両方を渡して、見てもらうようにしたい。

　現場では、職人がプラン図を壁に張り、そ

れを見ながら施工している場面をよく見かける。そのうえで、どうしても1/20の縮尺で表現できない部分を製作図で見てもらう。したがって、現場施工時に渡す図面は、プラン図→設備図→下地指示図→製作図という順番で製本してあれば便利であろう。

プラン図（展開図）（原図S＝1：20をS＝1：60に縮小）

A展開

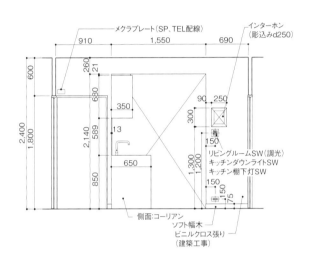

B展開

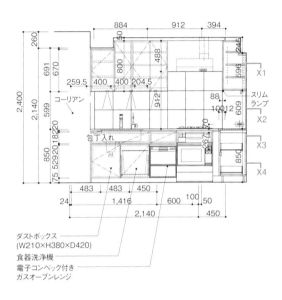

C展開

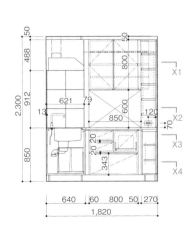

D展開

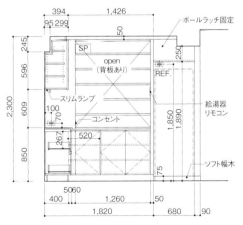

注　X1〜X4の断面は72・73頁と連係

製作図X1 〜 X4断面図（原図S＝1：10をS＝1：30に縮小）

X1断面

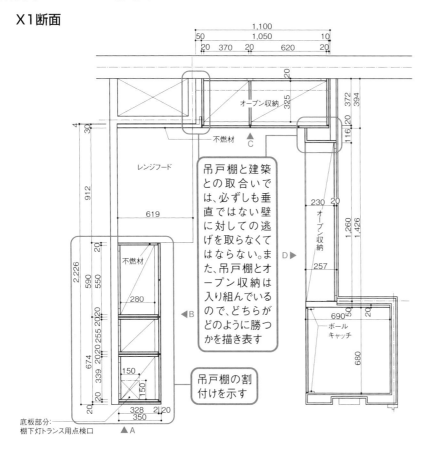

不燃材
オープン収納
レンジフード
不燃材

オープン収納

ボール
キャッチ

底板部分：
棚下灯トランス用点検口

吊戸棚と建築との取合いでは、必ずしも垂直ではない壁に対しての逃げを取らなくてはならない。また、吊戸棚とオープン収納は入り組んでいるので、どちらがどのように勝つかを描き表す

吊戸棚の割付けを示す

X1断面図で伝えたいこと
この断面には、吊戸棚の様子が描かれている。また、ダウンライトの電源をどこにもってくるか、コーナーの組み合わせはどうなっているか、レンジフード廻りの取合い、建築との取合い（いわゆる「逃げ」をどこで取るか）も描かれている。ここに図面左下にある吊戸棚の「見上げ図」を付けて、ダウンライトの取付け位置や穴の大きさを示す

X2断面

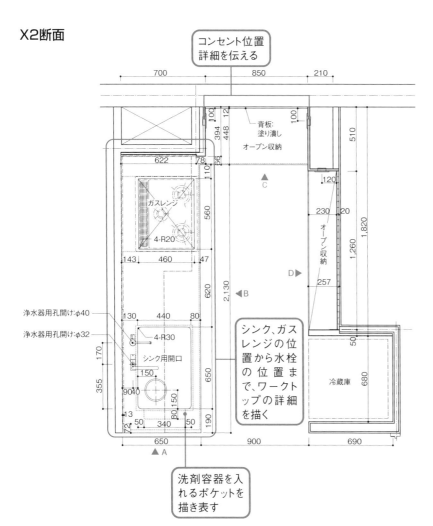

コンセント位置詳細を伝える

背板：
塗り潰し
オープン収納

ガスレンジ
4-R20

オープン収納

浄水器用孔開け：φ40
浄水器用孔開け：φ32
4-R30
シンク用開口

冷蔵庫

シンク、ガスレンジの位置から水栓の位置まで、ワークトップの詳細を描く

洗剤容器を入れるポケットを描き表す

X2断面図で伝えたいこと
ワークトップの詳細納まりがメイン。シンクの位置、ガスクックトップの位置、孔あけ寸法、コンセントの位置などの詳細を伝える。ここにワークトップ先端の断面詳細やシンクの納まり詳細など（スケール＝1/2）を付け加えると、そのまま人工大理石業者が使える図面となる

注　A〜Dは69・71頁と連係

X3断面

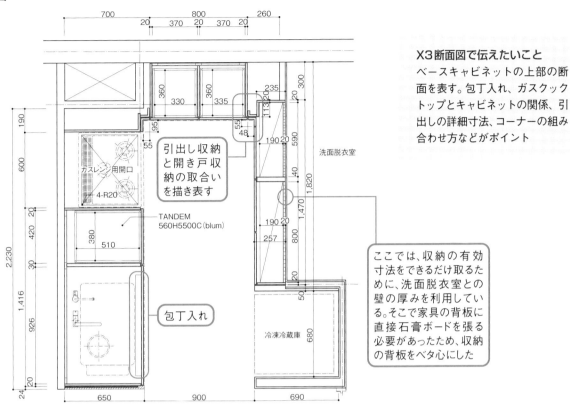

引出し収納と開き戸収納の取合いを描き表す

TANDEM 560H5500C（blum）

包丁入れ

ガスレンジ用開口

4-R20

洗面脱衣室

冷凍冷蔵庫

X3断面図で伝えたいこと
ベースキャビネットの上部の断面を表す。包丁入れ、ガスクックトップとキャビネットの関係、引出しの詳細寸法、コーナーの組み合わせ方などがポイント

ここでは、収納の有効寸法をできるだけ取るために、洗面脱衣室との壁の厚みを利用している。そこで家具の背板に直接石膏ボードを張る必要があったため、収納の背板をベタ心にした

X4断面

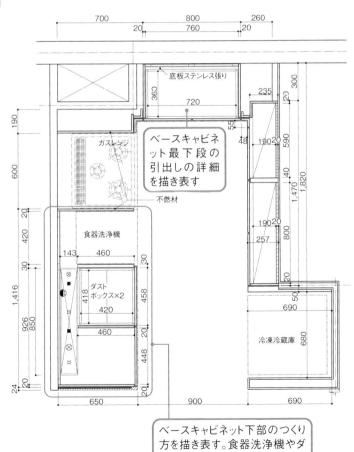

ベースキャビネット最下段の引出しの詳細を描き表す

底板ステンレス張り

ガスレンジ

不燃材

食器洗浄機

ダストボックス×2

冷凍冷蔵庫

ベースキャビネット下部のつくり方を描き表す。食器洗浄機やダストボックスを入れる部分を示す

X4断面図で伝えたいこと
ベースキャビネット下部の断面を表す。シンク、および混合水栓用の設備との関係、そのための点検口の大きさ、食器洗浄機を組み込むためのキャビネットのつくり方、引出しの納まり詳細、コーナーの組み合わせ方、建築との取合いなどがポイントとなっている

意匠図

構造図

設備図・作図資料

キッチンの定番寸法を押さえる

　設計の教科書には、キッチンのレイアウトの基本事項として、シンク、冷蔵庫、加熱調理器を結んだ「ワークトライアングル」と呼ばれる三角形の各辺の長さや、3辺トータルの長さの理想値が説明されている。

　しかし、これにあまり固執する必要はない。なぜなら、狭小住宅ではその理想値を実現することは不可能に近いからだ。また、キッチンを使う人の考え方によって、望ましいレイアウトは変わってくる。

　キッチンはたくさんの調理器具類が入り込む場所であり、また、それらを使いこなし、作業する場所なので、さまざまな制約を受ける。その制約をきちんと把握することは、使い勝手のよいキッチンをレイアウトする際に役立つだろう。またその制約は、さまざまなキッチンレイアウトの最低限の共通項ともいえる。たとえ詳細が小さくても、図で説明することは、その共通項として参考にしていただきたい。

建築主のライフスタイルにマッチさせたレイアウト例(S=1：60)

①ワークトライアングルの考え方

シンク、加熱調理器、冷凍冷蔵庫の前面中心位置を結んでできる三角形のこと。各辺は動線を示し、各辺の長さやトータルの長さが作業のしやすさの目安となる。ただし、狭小住宅などでは、その理想を実現することは難しい

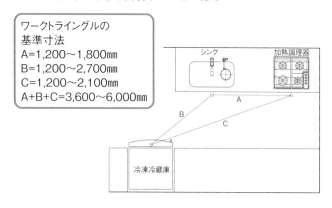

ワークトライングルの
基準寸法
A=1,200〜1,800mm
B=1,200〜2,700mm
C=1,200〜2,100mm
A+B+C=3,600〜6,000mm

②アイランドキッチンの場合

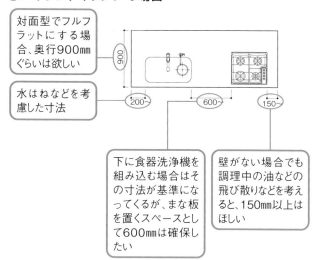

対面型でフルフラットにする場合、奥行900mmぐらいは欲しい

水はねなどを考慮した寸法

下に食器洗浄機を組み込む場合はその寸法が基準になってくるが、まな板を置くスペースとして600mmは確保したい

壁がない場合でも調理中の油などの飛び散りなどを考えると、150mm以上はほしい

③ハイカウンター付きのキッチンの場合
　　（1人で作業する場合）

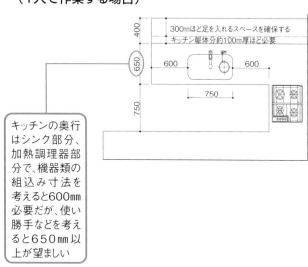

300mmほど足を入れるスペースを確保する
キッチン躯体分約100mm厚ほど必要

キッチンの奥行はシンク部分、加熱調理器部分で、機器類の組込み寸法を考えると600mm必要だが、使い勝手などを考えると650mm以上が望ましい

④ハイカウンター付きのキッチンの場合
　　（2人で作業する場合）

カウンター部分に足を入れるスペースとして300mmはほしい。キッチン構造体の壁厚なども考慮すると、400mm程度の奥行になる

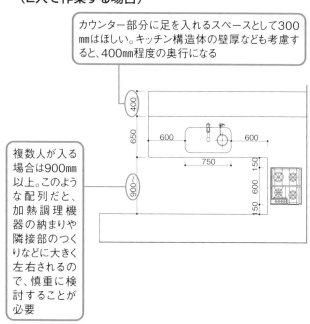

複数人が入る場合は900mm以上。このような配列だと、加熱調理機器の納まりや隣接部のつくりなどに大きく左右されるので、慎重に検討することが必要

キッチン収納家具の適切な配置例（S=1：60）

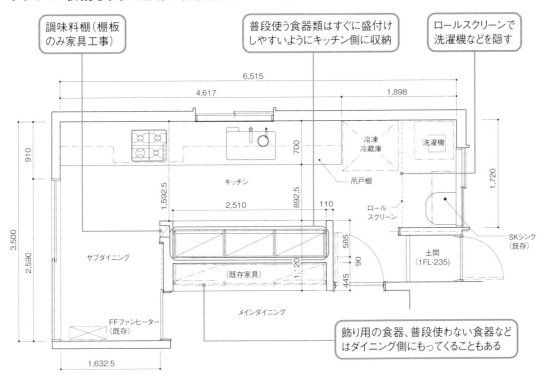

調味料棚（棚板のみ家具工事）

普段使う食器類はすぐに盛付けしやすいようにキッチン側に収納

ロールスクリーンで洗濯機などを隠す

飾り用の食器、普段使わない食器などはダイニング側にもってくることもある

冷凍冷蔵庫

洗濯機

キッチン

吊戸棚

ロールスクリーン

SKシンク（既存）

土間（1FL-235）

サブダイニング

メインダイニング

（既存家具）

FFファンヒーター（既存）

6,515
4,617
1,898
910
3,500
2,590
1,592.5
2,510
700
892.5
110
585
90
445
1,720
1,632.5

使いやすい吊戸棚の寸法目安（S=1：30）

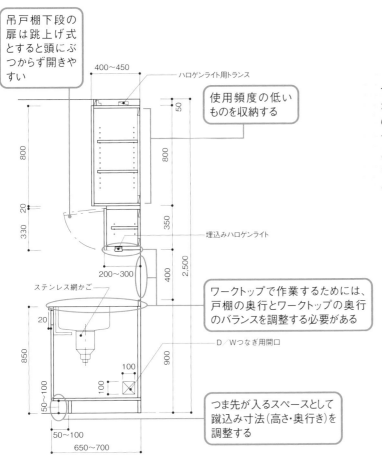

吊戸棚下段の扉は跳上げ式とすると頭にぶつからず開きやすい

使用頻度の低いものを収納する

ワークトップで作業するためには、戸棚の奥行とワークトップの奥行のバランスを調整する必要がある

つま先が入るスペースとして蹴込み寸法（高さ・奥行き）を調整する

一般的な吊戸棚は取付け位置が高く、ものが取り出しにくいので、棚の下端を床レベルから1,300mm以下程度にまで下げることができる。その分、棚の奥行きを2段階に分け、頭にぶつかりそうなところは浅くする

ハロゲンライト用トランス
埋込みハロゲンライト
D/Wつなぎ用開口
ステンレス網かご

400～450
50
800
800
20
330
350
200～300
400
2,500
20
850
900
100
100
50～100
50～100
650～700

見積りしやすい図面の描き方のポイント

設計意図を正確に伝えるには部分詳細図も添付して、必要最小限の情報は必ず明記されているのが見積りしやすい図面

工務店が図面を受け取った際、まずやらなければならないのは、建物の概要を知ることである。特に初めて一緒に仕事を組む設計事務所が相手の場合は、その設計事務所が何をテーマとして設計に取り組んでいるのかを把握する。設計意図を知るためには、場合によっては進行中の現場や過去の竣工物件を見学させてもらうことも必要で、それが見積りを正確に完了させる早道となる。イメージすることで積算もしやすくなる。

図面から見積りまでの流れ

図面から見積りを行う際の手順としては、下図の流れが一般的だろう。設計初期の段階で施工者が具体的に決まっているケースなどでは、早い段階から施工者との詳しい打ち合わせを行い、工務店による建材の在庫情報などを加味したうえで設計を進めることもある。この場合、設計者、施工者の双方がコストについての情報を共有しているので、再見

● 見積り
図面をもとに使用される部材、人工などを積算して工事費を算出する作業のこと

見積書作成のフロー（設計事務所の設計による場合）

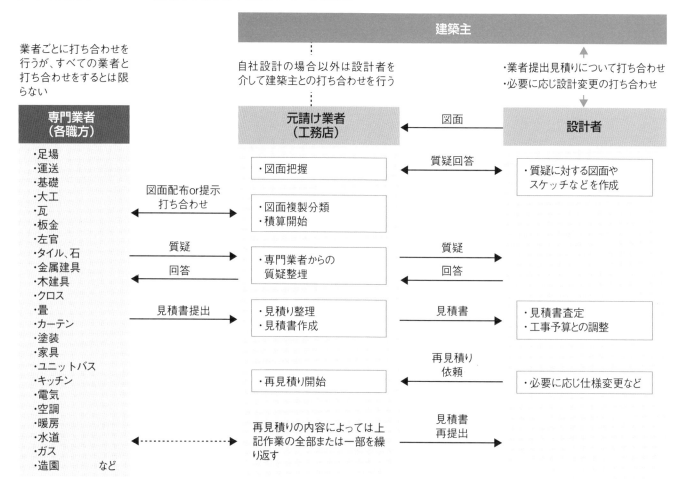

注1　図は一例を表す　注2　作業手順は前後することがある

積りを行うにあたっても最小限の変更で済むことが多い。同時に、工務店側がどのような工事が得意で、どうすれば無駄な費用が発生しないかを設計段階で十分煮詰められるので、さらにコストを適正化できる。

具体的な見積りに際して、図面を見る順番はおおよそ次のとおりである。

①図面の全体構成→どこまで読み取れるかを把握

②用途、構造、規模などの建物概要→建物の全体をイメージ（この段階でどの職方に依頼するかをある程度決めている）

③建設地周辺や配置の物理的環境→駐車は可能か、資材搬入に支障はないかなど

④詳細な図面の読込み

⑤不足情報の抽出

⑥拾出しの開始

このうち、④の段階では、構造がどのように計画されているか、屋根の構成、壁、床の構成、架構や耐力壁の配置などを理解しながら、下地類の構成まで把握する。実際に建物を建てる際の施工手順を頭のなかでシミュレーションすることもある。この段階に及ぶとさまざまな疑問や意見が生じてくるため、一定のボリュームごとに質疑書で設計者に質問することとなる。その後、回答を受け図面をスケールアップしながら積算をして具体的な見積りが始まる。

● 拾出し
設計事務所が作成した図面から、その建物が構成されるのに必要な材料を割り出す作業のこと

● 呼び寸法
製図に関する用語の1つで、対象物の大きさや、向かい合う材の基準面間の距離寸法など、実寸を近似した寸法のこと

意匠図

（表）各図面から読み取る内容と、見積りのために明記されるべきこと

	図面の種類	読み取る内容	見積りのために明記されるべきこと
意匠図	案内図	建設地の位置、隣接地の状況、道路状況、空地や駐車スペースの確認	住宅地図レベルの詳細な内容、地番
	配置図	道路との高低差、足場のスペース、資材搬入経路	敷地高低差、敷地寸法面積、塀、隣接建物位置
	仕様書	各種工事の詳細内容	材料と工法
	外部仕上表	外部の仕上げおよびその下地	下地材、仕上材、外部設備、別途工事の有無
	内部仕上表	床・壁・天井の仕上げおよびその下地	下地材、仕上材、家具、設備機器、別途工事の有無
	平面図	建物形状、柱位置、壁の納まり、家具の配置、高低差	耐力壁位置、壁のチリ、床仕上げ、建具記号
	立面図	外部の仕上げ、窓の位置、屋根の仕上げ、屋根勾配、樋位置、換気口位置	窓記号、外部設備、雪止め、庇類、板金水切
	矩計図	各部高さ、架構の組み方、床・壁・天井・屋根の構成	床・壁・天井・屋根構成材料の記載、軒先や手摺などの断面
	断面図	各居室の天井高など（矩計図で代用可）	
	展開図	壁面仕上げの様子、家具類の配置、壁面	開口部の高さ、建具記号、設備の配置
	天井伏図	天井仕上げの様子	設備の配置
	建具表	建具の姿、ガラスの種類、規格品か、製作か、建具記号との照会	サッシの呼び寸法、特別寸法かどうか、必要な金物
	各詳細図（部位、家具）	材料と工法、規格材で納まるか	部材寸法を厳守するのか、近似寸法でよいのか、仕上げの程度
構造図	基礎伏図	材積、必要金物類、工法、手順、残土量	断面詳細、鉄筋サイズ・ピッチ、既存GL位置
	1階床伏図	基礎とのつながり、部材の構成	部材の高低差、継手・仕口位置
	2階床伏図	架構の構成、柱との取合い	部材の高低差、継手・仕口位置
	小屋伏図	架構の構成、屋根との取合い	部材の高低差、継手・仕口位置
	軸組図	架構の構成、耐力壁との関係、補助構造材	耐力壁位置や部材、間柱、通し貫
設備図	電機設備図	配線ルート、平面や木下地との取合い、弱電ルートおよび工法	引込み方法、配線ルート（特記でも可）
	給排水設備図	給水、排水ルート、平面や木下地との取合い、工法	—
	設備機器リスト	機器の仕様	電気設備、空調設備、給排水設備の明細

見積りのための平面詳細図の描き方（原図S＝1：50をS＝1：100に縮小）

見積りに関して平面詳細図に必要な情報
　平面図は見積りや工事をする際に基本となる図面であるため、水平断面で切断した面の内容を正確に記入したい。平面図に記載できない内容は、詳細図や展開図などで表現すればよいが、床面、壁面および開口部に関する一定の情報を記載しておくと、図面の理解が早まる。なお、窓番号や家具番号などほかの図面とリンクする情報も記載しておきたい。設備に関するものは設備図面で表現するが、木造作に関係するような器具は正確な位置に記載し、寸法およびどちらで逃げをとるかも記載があれば工事もスムーズに進む。

　なお、以下の図面では、構造材はすべて化粧構造材のため、斜線のハッチング表記をしていない。詳細図についても同様

番付
見積り段階の質疑に便利。
組立て順序や建方クレーンの設置位置により決めることが多い

1階平面詳細図

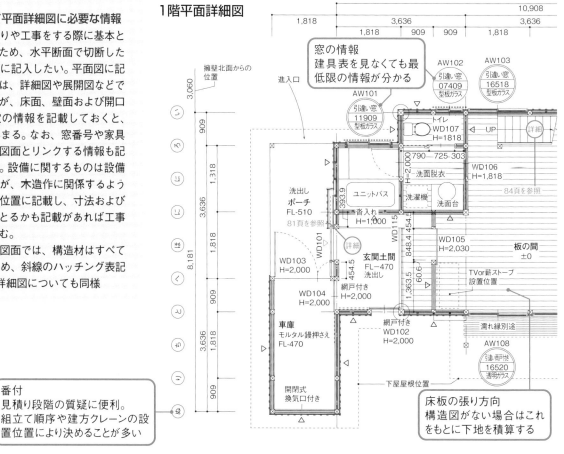

2階平面詳細図

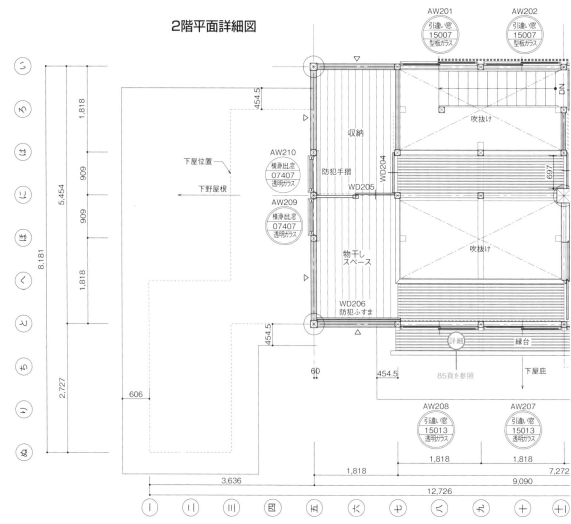

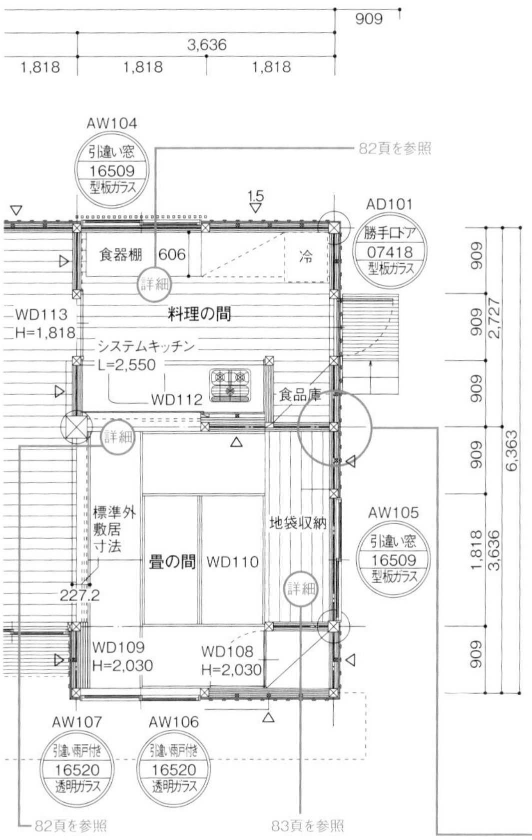
909
3,636
1,818
1,818
1,818
AW104
引違い窓
16509
型板ガラス
82頁を参照
1.5
AD101
勝手口ドア
07418
型板ガラス
食器棚
606
冷
詳細
WD113
H=1,818
料理の間
システムキッチン
L=2,550
WD112
食品庫
詳細
標準外
敷居
寸法
畳の間
WD110
地袋収納
AW105
引違い窓
16509
型板ガラス
詳細
227.2
WD109
H=2,030
WD108
H=2,030
AW107
引違い雨戸付き
16520
透明ガラス
AW106
引違い雨戸付き
16520
透明ガラス
82頁を参照
83頁を参照
909
909
2,727
909
909
6,363
1,818
3,636
909

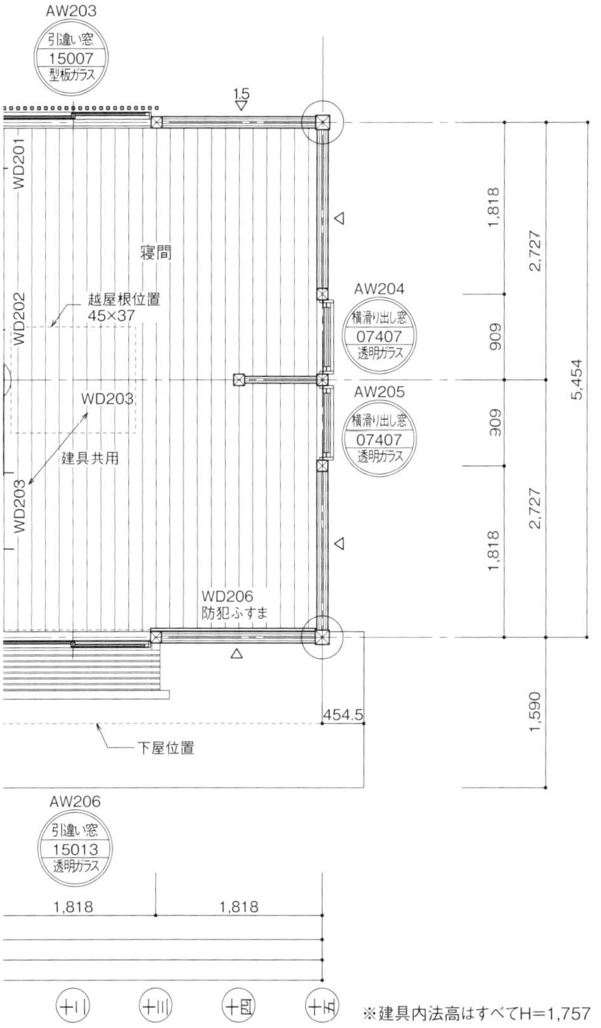
AW203
引違い窓
15007
型板ガラス
1.5
WD201
寝間
越屋根位置
45×37
WD202
WD203
建具共用
WD203
AW204
横滑り出し窓
07407
透明ガラス
AW205
横滑り出し窓
07407
透明ガラス
WD206
防犯ふすま
454.5
下屋位置
1,818
2,727
909
5,454
909
2,727
1,818
1,590
AW206
引違い窓
15013
透明ガラス
1,818
1,818
十一
十三
十四
十五

※建具内法高はすべてH=1,757

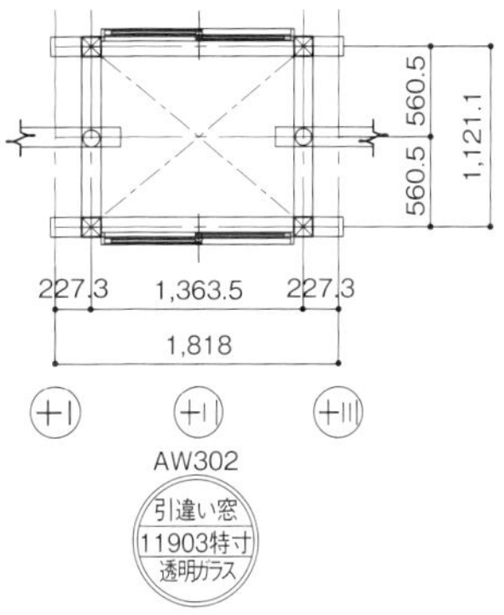
AW301
引違い窓
11903特寸
透明ガラス
560.5
560.5
1,121.1
227.3
1,363.5
227.3
1,818
十一
十二
十三
AW302
引違い窓
11903特寸
透明ガラス

凡例

窓の情報

[窓種 / 呼び寸法 / ガラス種]：シングルガラス（一重）　[引違い窓 / 16509 / 型板ガラス]：ペアガラス（二重）

[詳細]：詳細図参照

1.5 ▽：▽部は耐力壁を示し、数値は倍率（複合倍率）を示す
1.5：木摺り（0.5）＋土塗り壁片面塗⑦5.5以上（1.0）

注1　棚類の高さ関係は展開図を参照
注2　1階床面は高さをすべて統一しGL＋19.8寸（600㎜）とする
注3　OPは別途工事を表す
注4　ポーチおよび玄関の水勾配は現場指示
注5　耐力壁の詳細については、構造図を参照（耐力壁とそれ以外の土壁仕様は同様）
注6　出入については標準詳細図参照
注7　窓・建具については建具表参照

面積
1階床面積：住宅61.14m²、車庫6.61m²、軒下9.92m²
2階床面積：住宅38.84m²
建築面積：61.14＋6.61＋9.92＝77.67m²
延床面積：61.14＋38.84＝99.98m²

別図でもよいが面積は記載したい

壁チリ標準詳細図（S=1：10）

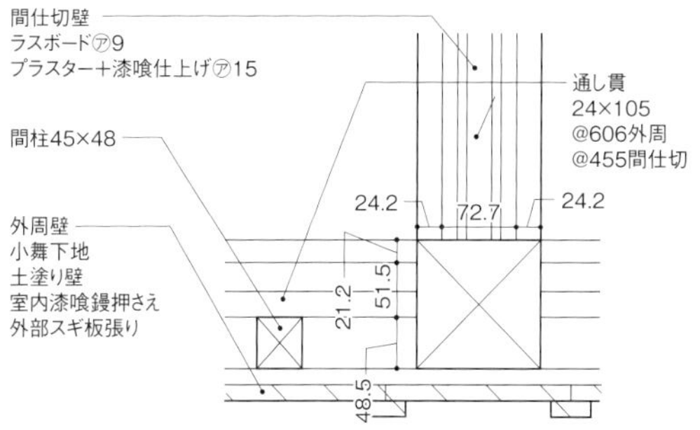
間仕切壁
ラスボード⑦9
プラスター＋漆喰仕上げ⑦15
通し貫
24×105
@606外周
@455間仕切
間柱45×48
24.2
72.7
24.2
外周壁
小舞下地
土塗り壁
室内漆喰鏝押さえ
外部スギ板張り
51.5
21.2
48.5

壁の詳細情報
標準的な壁の納まりを表記しておくと図面を把握しやすい。壁の仕様が増える場合は、別図で表現してもよい

玄関廻り詳細図（原図S＝1：20を1：30に縮小）

玄関廻り平面詳細図

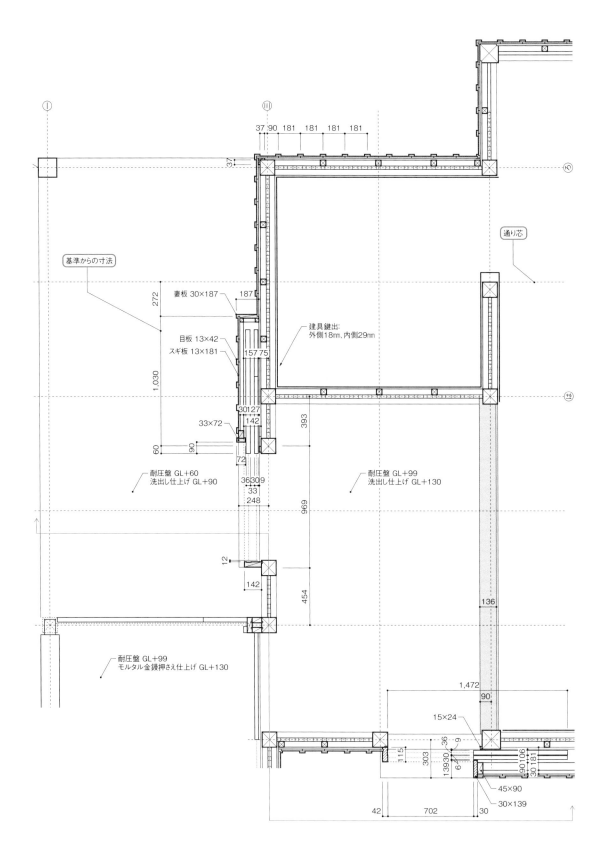

基準からの寸法

通り芯

妻板 30×187

建具鍵出：
外側18mm、内側29mm

目板 13×42

スギ板 13×181

33×72

耐圧盤 GL＋60
洗出し仕上げ GL＋90

耐圧盤 GL＋99
洗出し仕上げ GL＋130

耐圧盤 GL＋99
モルタル金鏝押さえ仕上げ GL＋130

15×24

45×90

30×139

玄関廻り断面および立面図

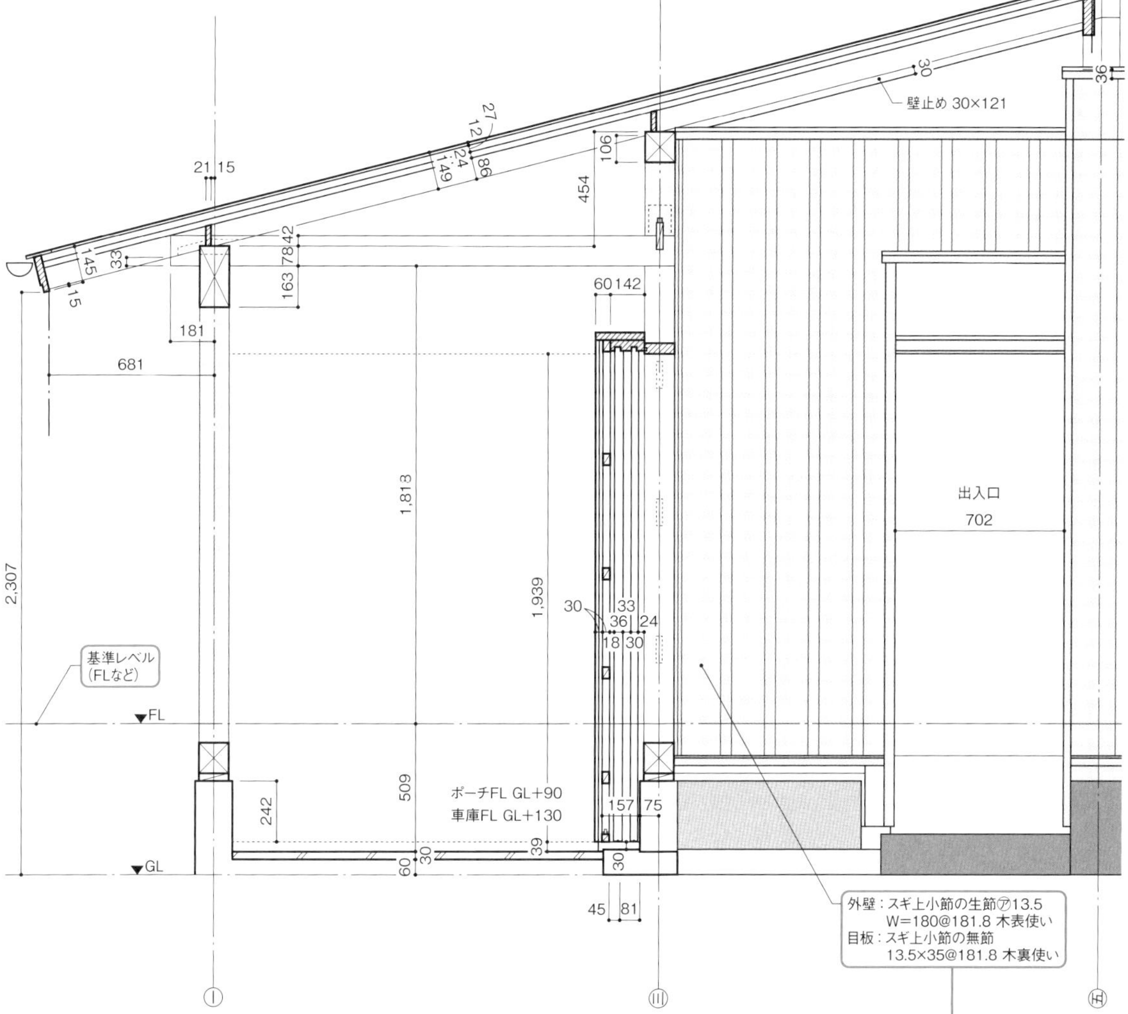

壁止め 30×121
出入口
702
基準レベル（FLなど）
FL
GL
ポーチFL GL+90
車庫FL GL+130
外壁：スギ上小節の生節㋐13.5
W=180@181.8 木表使い
目板：スギ上小節の無節
13.5×35@181.8 木裏使い
2,307
1,813
1,939
681
181
509
242
454
106

この図面は造作材の拾いと大工手間の算出のためにあると便利で、見積りと現場作業の食い違いを防ぎ、スムーズな工事進行に役立つ。構造材に対して、造作材がどのように取り付いているかを把握できるとよい。できれば、施工手順が分かるように表現するとより分かりやすい

節板の中から節の少なめの板、きれいな板を選んで玄関廻りに使用するように指定すると、上小節を指定するよりも安価にすむケースが多い

注　表現したい寸法のみ描き入れている

見積りしにくい図面とは?

設計事務所の図面のなかには見積りしにくい図面が多いのも事実である。

(1)文字の読めない図面

文字が読めない図面は非常に見積りしにくい。最近はほとんどの設計図がCADで描かれているが、CADの画面上では図面を自由に拡大できるため、情報量を増やすために文字を小さくする傾向にある。そのため、実際にプリントしたものを見ると、虫眼鏡を使わないと読めないほどの小さい文字になっている図面もときどき見かける。

データでやり取りをしているのであれば拡大すれば読めるが、見積りに際して各職方にFAXで図面を送る場合も多く、潰れて読めないということも少なくない。見積りを行うのは、職方のなかでもベテランの方が多いため、文字の見やすい図面を心掛けたい。

(2)1枚では内容の分からない図面

内容に関して、まるで法令集を読んでいるのかと錯覚するような、数枚の図面を見ないと1つの事柄が理解できない図面もある。これは、必要な情報が平面図や断面図などに記載されていないことなどによる。図面は施工をするために必要になるのだから、それぞれの図面が何を表現する

1階キッチン廻り詳細図(原図S=1:20をS=1:40に縮小)

カウンター上面A−A'断面図

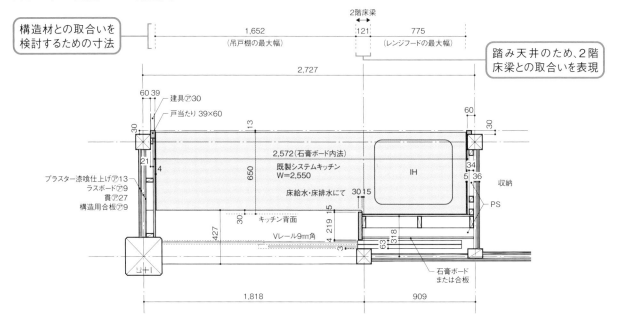

カウンター下面B−B'断面図

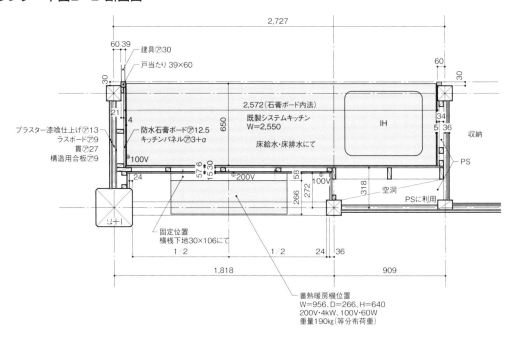

ためのものかを正確に理解し、描くことが大切である。見積りしやすい図面は、施工しやすい図面でもある。

(3)描き込みの多すぎる図面

　描き込みの多い図面も、たくさんの情報のなかから必要な情報を拾い出すのに時間を要する。描き込みが多い図面の情報は統一が図られていないことも多く、仕様書や仕上表と平面図や展開図などの内容が一致しないこともある。また、建物の仕様からある程度は理解ができても、金額的に変動する場合が多いので質疑をすることになり、見積りに多くの時間を要してしまう。

(4)整合性の低い図面

　図面相互の整合性がとれていない場合は積算がスムーズ

縦断面図

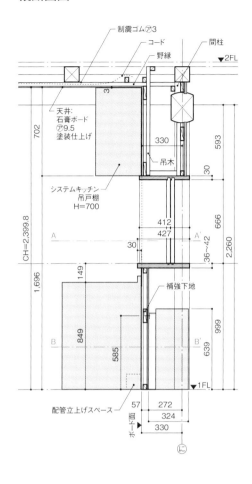

1階和室地袋詳細図（原図S＝1：20をS＝1：30に縮小）

造付け収納は、平面図だけでは表現しにくい。そのため、この図面のように地袋に必要な材料の算出と手間の算出を行うことができる情報をまとめる。どのようなつくりの地袋となっているかも確認できる

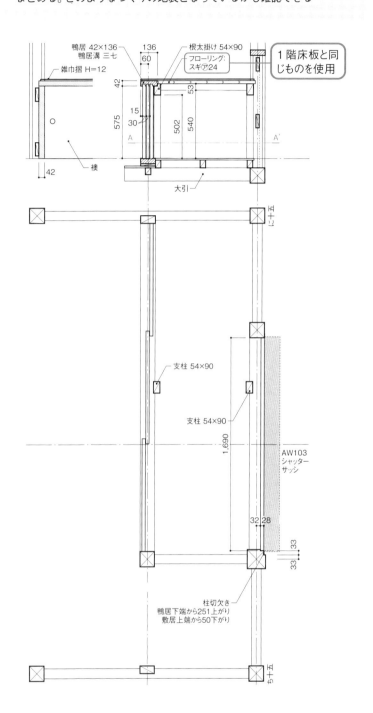

キッチンと構造材との取合い

このキッチンはカウンターを介して畳の間への料理の出し入れを行うため、また、蓄熱暖房機の設置位置を兼ねているため、納まりが複雑である。設計段階で納まりの詳細を検討しておけば、見積りや現場のスムースな進行に役立つ。システムキッチンとの取合い部分は、造作工事で美しく納める必要があるため、構造材とキッチンとの取合い部の造作材やその寸法を明記しておくと、より正確な拾出しや大工手間の算出が可能となる

に進まないほか、余分に費用を見込んでしまう恐れがある。たとえば平面図を優先するなど優先順位を設定する方法もある。

図面に必要な情報

見積りしやすい図面とは、必要な情報が最小限に描かれている図面である。必要な情報については77頁表のとおりである。しかし、見積りは図面の内容が完全に決定する前に行われることが多く、不確定な図面の情報からできるだけ正確な情報を把握できるような工夫も必要だ。たとえば、開口部や見切、壁など

● 標準納まり詳細図
ここでは、その建物の各部位における標準的な納まり詳細図のことを指す

階段詳細図(S=1：30)

断面図

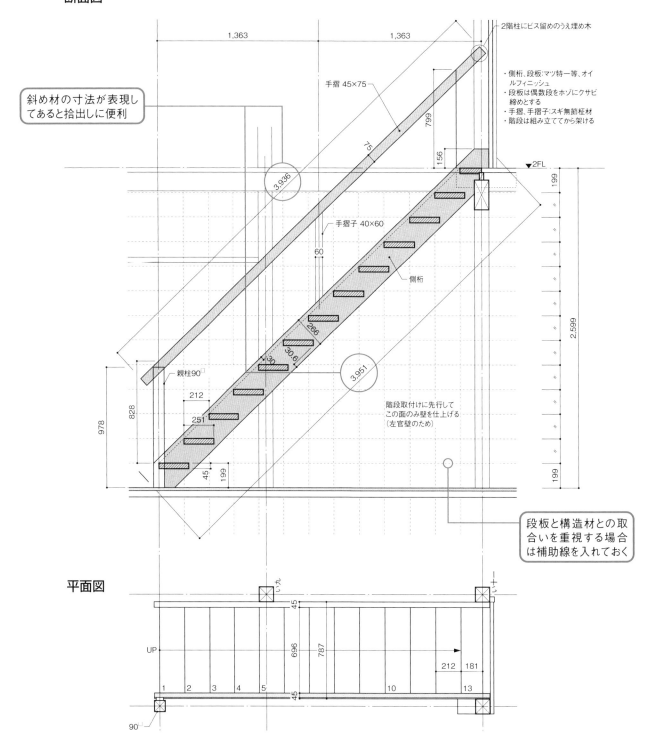

斜め材の寸法が表現してあると拾出しに便利

2階柱にビス留めのうえ埋め木

・側桁、段板:マツ特一等、オイルフィニッシュ
・段板は偶数段をホゾにクサビ締めとする
・手摺、手摺子:スギ無節框材
・階段は組み立ててから架ける

手摺 45×75

1,363　　1,363

799

75

156

▼2FL

199

3,936

手摺子 40×60

60

側桁

2,599

266

親柱90

30.6

36

3,951

212

251

階段取付けに先行してこの面のみ壁を仕上げる(左官壁のため)

978

828

45　199

199

段板と構造材との取合いを重視する場合は補助線を入れておく

平面図

UP

45

696　787

212　181

45

1　2　3　4　5　　10　　13

90

階段の使用部材の拾いから手間の算出に使える図面とする。手摺や側桁など斜め材なので、長さ寸法を入れておくとよい。描けるなら詳細図と一緒に立面図をつけておくとよい。また、側

桁との留め方など施工手間に影響する項目は入れておきたい。たとえば、クサビ締めなのかビス留めのうえ埋め木なのかなど

縁台詳細図 (S=1:30)

平面図

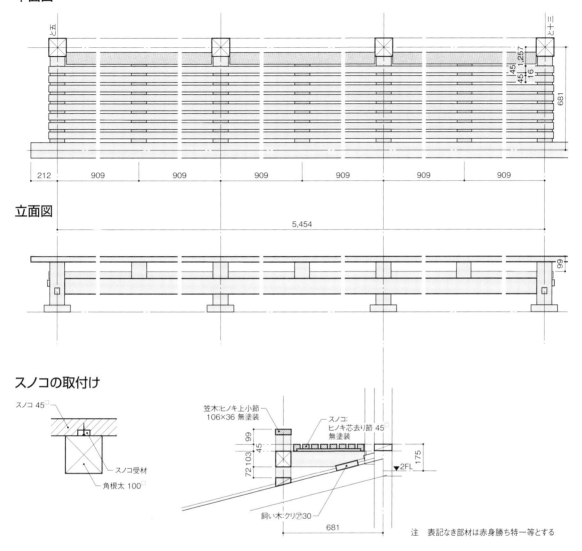

立面図

スノコの取付け

笠木:ヒノキ上小節
106×36 無塗装

スノコ:
ヒノキ芯去り節 45□
無塗装

スノコ 45□

スノコ受材

角根太 100□

飼い木:クリア30

注　表記なき部材は赤身勝ち特一等とする

意匠図

木組みの縁台の詳細図。使用する部材の拾いと大工手間の算出をする。雨掛かりのため、ヒノキの赤身勝ちの材料を使いたい。等級は金額に影響するので、部材等級も記入しておきたい。

また、スノコの取り付け方も説明しておく(ここでは、スノコの上から釘を打たないように、あらかじめスノコ受材をスノコに取り付けたうえで角根太にステンレスビスで取り付けている)

の標準納まり詳細図を添付するなどである。

　また、図面の詳細を読み込む場合、建物をつくっていく手順に従って内容を理解していくのが普通なので、その順番を理解しやすいようにする必要がある。

　たとえば木造住宅は、建方後、屋根、開口部、外壁、床、出入口、間仕切壁、造作家具といった順につくっていくことが多いため、その順番を理解した作図になっていたほうが、見積り、工事ともにスムーズである。下屋壁際の屋根瓦雨押さえの納まりは、大工下地→板金捨谷→瓦葺き→大工雨押さえ下地→板金雨押さえの順で施工が行われるが、

壁の通気の位置や、屋根の通気層との取合い具合、手順をどうするかなどについて、特記欄などに解説文が記載されていれば理解はより深まる。

　また、住宅であれば20種近い職方がかかわるが、相互の工事区分や工事工程などが明快に理解できる図面であれば、迷いのない金額が算出できる。たとえば、外部の水切を板金で行うのか、木製とするのか、あるいはシール材で済ますのかなどを明記または図示すると見積りに反映されるなどである。機械図面では一般的な組立図などを多用してもよいだろう。

複数の図面に対応できるレイヤー整理法

効率よく図面を作成できるCADの利点を活かすためにはルールと規則性を徹底する

ルールと規則性を徹底させる

昨今、図面の作成にはもっぱらCADが用いられるが、だからといって手描き図面と表現方法が異なるわけではない。図面を作成する目的が同じであれば、作図上の基本ルールも当然同じになってくるはずだ。

そこで、常に重要となるのがその「ルール」と「規則性」である。これを徹底することで、規則的で見やすい図面となる。ときにそのルールから逸脱したものがあれば、それこそが設計者が注意喚起したい点、あるいは強調したい点であると判別できるようになる。

これらを踏まえ、誰にとっても「読みやすく、分かりやすく、使いやすい」図面作成のためのルールについて、AutoCADを例に説明する。また、併せてCADの最大の利点である「作業を省力化できる」「同じ情報を2度描かずに済む」ことを念頭に置きながら、実務のなかで一般図と詳細図を兼用するための工夫についても考えてみたい。

レイヤーの活用

(1)線の太さで分類

作図で最も重要なのがレイヤー分けである（表）。市販のマニュアルでは「部材ごと」、「階ごと」の分類を推奨しているものが多いが、それではレイヤー数が膨大になる。そこで、ここでは「線の太さ」を基本に分類していく。

具体的には、基本レイヤーにCADの基準色であるColor001〜009を割り当て、建築物・造作物のラインに用いる。Color010以降は補助レイヤーとして、文字や寸法、心線、置き家具など、建築物以外のラインに用

いる。さらに彩度・明度の高いものに太ラインを割り当てることで、紙面のみならず背景色が黒の画面上でも、メリハリのある図を作成することが可能となる。なお、図面中で使用するペンの太さは細・中・太・極太のうちの3〜4種類を基本とする。これ以上増やすとメリハリがなくなり、意図の曖昧な図面になってしまう。出力するプリンタ、用紙、縮尺によって、どのようにペンを使い分けるか、あらかじめ決めておくとよい。

(2)一般図と詳細図の兼用

設計図には目的に合ったスケール、またはスケールが意味する図面内容などが暗黙の了解として存在する。重要なのは「目的・スケール・情報量」の相対関係である。しかし、CADでは仮想の「原寸の世界」での作図となるため、出力スケールに合わず情報過多になり、図面が見にくくなることも多い。

一般的な住宅における1/100の平面図と1/50の平面詳細図を比較した場合、両者の情報の決定的な違いは、①壁の仕様、②文字、③寸法、であり、意匠設計において重要になるのは「外形ライン（空間の形状）」とその「中身（仕様）」であることが多い。

そこで、たとえば建物の外形ラインは極太（04-CYAN）、壁の中身は中（05-BLUE）と細（09-GRAY）で描き、そのほかのテキスト、寸法などは「-sub」レイヤーとして分類する。そうすることで、出力の際は限られたレイヤーのオン・オフを切り替えるだけでスケールに合った情報量の制御が可能となり、詳細図が一般図へ、ときにはプレゼン用の基本図面にも、いつでもスムーズかつ敏速に対応可能なものとなる。

● レイヤー
一般的には「画層」を意味するが、CADでは「描画用の透明なシート」を示す用語として用いられる

(3)線種の基本

　線種の基本は「1レイヤーに1色・1線種」。原則として個別設定は行わず、すべて「ByLayer」にて作図することがポイントである。こうしておけば出力尺度によって「_LTSCALE」を変えるだけで、図面全体の破線が尺度に対応したピッチになる。ただし、線種を個別に設定すると「_LTSCALE」が適用されないので注意が必要である。

　1/100で描いた破線を1/20にそのまま拡大して出力した場合、ピッチまでもが拡大され、非常に間抜けな図面になる。だからといって、尺度によって同じ内容の図面を描き直すのではCADのメリットが活かせない。そうならないためにも、ぜひともこの基本を死守していただきたい。

スタイル設定

(1)文字スタイルと基点

　文字を記入する際は、まず初めにサイズ・フォントを割り当てた各自の「Standard」スタイルを作成する。図面上で使用する文字のスタイルはせいぜい2～3種類であるから、筆者は「TEXT」レイヤーに「Standard」スタイル、「TEXT-sub」レイヤーに「Standard-sub」スタイルを作成して割り当てている。図面上の文字すべてをこれらのスタイルによって記入する。これにより、たとえば「_TEXT-STYLE」の尺度を変えるだけで、図面全体の文字スタイルが尺度に対応したものとなる。原則として線種同様、個別設定は避ける。個別にフォントやサイズ、基点を設定

意匠図

(表)縮尺ごとのレイヤーの分類とペン設定(S=1：50とS=1：100の比較)

		S=1：50	S=1：100	レイヤー名	適用Color	線の太さ(1/100)		主な適用個所
基本レイヤー	実線	＊	＊	01-RED	Color 001	細	0.03mm	引出し線、矢印など
		＊	＊	02-YELLOW	Color 002	太	0.15mm	断面線—2(建具など)
		＊	＊	03-GREEN	Color 003	中	0.13mm	見え線—1
		＊	＊	04-CYAN	Color 004	極太	0.25mm	断面線—1(壁)
		＊		05-BLUE	Color 005	中	0.13mm	詳細—1(躯体・間柱など)
		＊	＊	06-MAGENTA	Color 006	中	0.15mm	断面線—3(サッシ)
		＊	＊	07-WHIITE	Color 007	太	0.20mm	(TEXTに使用するColor)
		＊	＊	08-GRAY	Color 008	細	0.03mm	見え線—3
		＊	＊	09-GRAY	Color 009	細	0.03mm	見え線—4(予備)
	点・破線	＊	＊	L01-DASHDOT	Color 001			吹抜け・建具軌跡など
		＊	(＊)	L08-HIDDEN	Color 008			隠れ線—1など
		＊		L09-HIDDEN	Color 009			詳細—2(壁仕様など)
				(…適宜追加)	(適宜)			
補助レイヤー		＊	＊	TEXT	Color 007	太	0.20mm	テキスト
		＊		TEXT-sub	(適宜)			テキスト(詳細図用)
		＊	＊	GRID	(適宜)			心線
		＊		GRID-sub	(適宜)			心線(詳細図用)
		＊	＊	DIM	(適宜)			寸法線
		＊		DIM-sub	(適宜)			寸法線(詳細図用)
		＊	(＊)	FURNITURE	(適宜)			家具・可動物など
		＊	(＊)	HATCH	(適宜)			ハッチング
				(…適宜追加)	(適宜)			(適宜)
		＊	＊	WORKSHEET	(適宜)			図面枠

注1　＊印は各スケールごとの表示レイヤーを示す
注2　適用Color欄の「適宜」とは基準色以外を示す

すると、「_TEXT-STYLE」が適用されないので注意する。

次に、作図時に重要なのが基点をそろえることである。「TEXT」に分類する部屋名・部位名であれば、基点を常に「中央」にし、部屋・部位の中央に配置する。たったこれだけのことだが、たとえばスケールを変更した場合、

それに合わせて「Standard」スタイルの文字サイズを変更すれば、どのスケールにおいても常に部屋・部位の中央に文字が存在するため、非常に規則的な図面となる。そのようなルールを徹底することで、スケールを変えるたびに文字が偏り、一つひとつ修正するといった手間をなくすことができる。

縮尺で比較した同一ファイルのデータ

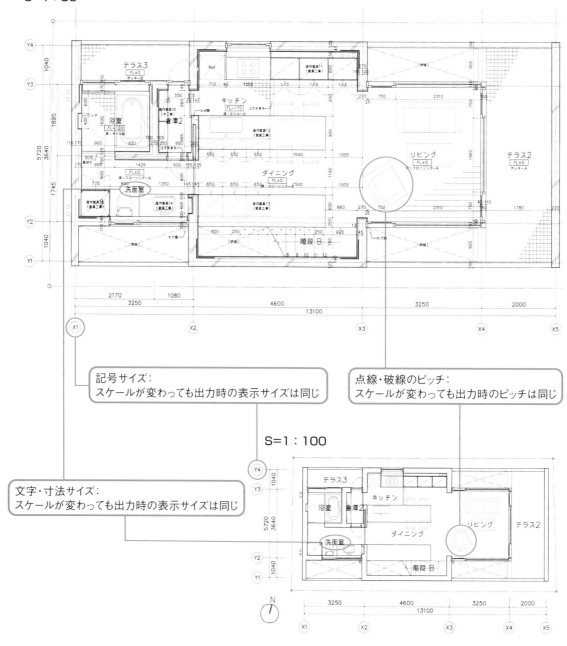

S=1:50

記号サイズ：
スケールが変わっても出力時の表示サイズは同じ

点線・破線のピッチ：
スケールが変わっても出力時のピッチは同じ

文字・寸法サイズ：
スケールが変わっても出力時の表示サイズは同じ

S=1:100

徹底したレイヤー分類とそのオン・オフによって、S=1:50とS=1:100それぞれの尺度に対応した情報制御が可能となる。一方、出力時の文字サイズ、破線のピッチなどを統一することで見やすい図面にもなる。室名については文字の基点を

「中央」にし、常に部屋の中央に配置することで、あらゆる尺度において規則的な配置となる（この図面はそれぞれ50%のS=1:100と1:200に縮小したもの）

（2）寸法スタイル

　手描き図面で文字を記入する場合は、ガイドとなる線を上下に2本描き、その間に文字を記入する。当然そのサイズ・ピッチには規則がある。この概念をもとにCAD上で寸法スタイルを設定する際、たとえば文字の出力サイズを2mmとした場合、その行間が4mmになるように設定する。また、図面全体のテキストと統一する意味で、文字スタイルについては「Standard」を、文字の色については「WHITE」を選択する。文字スタイルと寸法スタイルは密接な関係をもっている。そのため、同じ図面上では使用する文字サイズ・ピッチなどのスタイルを統一し、同じルールに沿って記述することが、読みやすい図面の基本といえる。

縮尺と文字のサイズ（出力時2mmを想定）

尺度	倍率	文字サイズ
S＝1：1（出力時）	→	2 mm
S＝1：20	×20	40 mm
S＝1：50	×50	100 mm
S＝1：100	×100	200 mm
S＝1：200	×200	400 mm

「原寸の世界」で作図する場合、S=1:100で出力する図面では、その文字サイズは100倍にして描く。つまりS=1:100の図面で2mmの文字であれば、作図上は100倍の200mmにすることを覚えておきたい

文字の基点

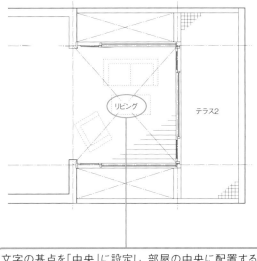

文字の基点を「中央」に設定し、部屋の中央に配置する

リビング

テラス2

寸法スタイル例

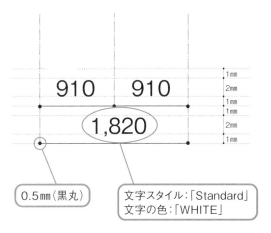

0.5mm（黒丸）

文字スタイル：「Standard」
文字の色：「WHITE」

910　910

1,820

1mm
2mm
1mm
1mm
2mm
1mm

注　文字サイズを2mm（出力時）に設定した場合

実施設計図の図面リンク法

さまざまな種類の図面間をスムーズに相互参照できるよう
通し番号などでのリンクを徹底することがポイント

情報の混同、誤読を回避する

　実施設計図では、施工者など図面を読む側に、設計された内容を的確に伝えられるものでなければならない。しかし、実施設計図は複数の図面で構成されるだけでなく、多量の情報が埋め込まれているため、情報の混同や誤読によるミスが発生しやすい。そしてそれらを回避し、修正するために現場監理で予想外の時間を費やすこともある。

　アメリカでは、合理的なシステムを利用することで、各図面間でスムーズに相互参照ができるような方法を実践している。

アメリカの表記法を活用

　実施図面の表記方法が設計事務所ごとにやや異なる日本と違いアメリカでは一定の標準的図法にもとづいて実施設計図が描かれる。転職社会のため、設計事務所間の人的異動が頻繁に行われるという背景もあるが、『AIA

Architectural Graphic Standards』という解説書の存在が大きい。

　これは、アメリカ建築家協会（AIA）が編集しているもので、建築計画や構法の基礎とともに、図面表記の方法などを解説したものである。そこには、工事区分の分類法や各部位の表記方法、図面情報のリンク方法などについての標準的方法が詳述されている。これをアレンジしたものが以下の方法で、図面の整理やリンクが非常に合理的となる。

番号、記号によるリンク

（1）通し番号で全体をリンク

　実施設計図の各図面には工事や設計の区分ごとの通し番号を振る。建築図は「A-01」から番号を振り、確認申請図には「A-01〜10」、実施設計図には「A-11〜」を割り当てる。

　平面図には、たとえば「305 室2」といった具合に、各部屋名称として3桁の通し番号を付ける。初めの1桁が階数を、残りの2桁

● AIA Architectural Graphic Standards
アメリカ建築家協会の監修で、1932年から発行されている建築設計にかかわる基礎的知識と図面表記の標準的方法を解説した本（最新版は2016年wiley刊の第12版。現在は印刷された書籍版に加えてオンラインでデータの提供や閲覧を可能とするサービスもある）。多岐にわたる分野や工事区分に分散する建築工事に関わるさまざまな情報を、統合的に設計図書にまとめるために必要な情報が網羅されている。アメリカでは、この本に記されている描画・表記方法が、どの事務所でも標準的に用いられている

● アメリカ建築家協会（AIA）American Institute of Architectsのこと。米国における建築家資格者の専門職能団体を指している。ワシントンDCに本部を置き、職能教育、アドボカシー、地域活動など建築家職能の社会的持続のための活動を行うほか、建築家の実務面を支援する各種サービスを提供。米国

システム化することで明確になるリンク法

　図面がドラフターを使った手描きによるものから、パソコンの普及によってCAD化されて久しいが、設計者の意図をどのように施主や現場管理者、作業員に伝達するかという問題は、いつまでたってもぬぐえないもの。誰しも「そこは納まりが違う」「その仕上げは別の場所だ」というトラブルを、経験したことがあるのではないだろうか。朝から晩まで、現場に付きっきりで事細かに指示ができるのであれば、そうしたトラブルや失敗もなくなるのだろうが、実際問題として、なかなかそうできないところが設計者のジレンマでもある。

　すべてのことが一目瞭然な図面さえあればという設計者の思いに、少しでも近づけられたらということを踏まえて、システム化により効率的に情報伝達する工夫をしたのが、このリンク法だといえる。各種の図面や表の情報を、図面番号とその枝番号、そし

て部屋番号を活用して相互にリンクし、情報の混同や誤読を最小限にしている。現場監理者は、このシステムに則って仕上表や詳細図から情報を取り出すため、効率的に情報共有を図ることができる。また、図面の修正も、改訂番号をルール化することで、どこが変更になっているかが瞬時に判明するため、ミスを防ぐ意味でも効率的な方法だろう。

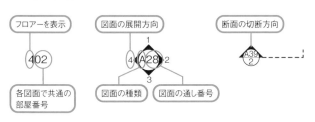

が部屋番号を示している（図１）。この部屋番号は仕上表や展開図でも表記を連動させ、トイレや寝室など同じ名前の部屋が複数ある場合に起こりやすい混同を避けることができる。

また、図１のように平面図には、床、幅木、壁、天井の仕上げの概略を記入する。さらに詳しい情報は、仕上表で部屋ごとに提供する。

(2)仕上表と展開図のリンク

仕上表は、前述の部屋番号によって整理し、各部屋・各部分ごとに仕上げを表記する。それぞれの仕上げには、床（F–）、壁（W–）、天井（C–）、幅木（B–）のように通し番号を付け、これらは、展開図の仕上表記にも用いる（92

頁表）。

これで仕上材料の種類の分類、整理が簡単にできる。また、展開図の各部位に仕上番号を併記・表示するので、誤読を避けることにもなる。着工後、仕上材料の変更などが出た場合、仕上表の番号に該当する内容記載のみの変更ですむため、意匠的な材料の切分けなどは番号を生かしてそのままの表記で行える。

なお、通常行われていることだが、窓や建具にはすべて通し番号を振って整理し、仕上表、建具表と相互参照できるようにしておきたいものだ。

（図１）平面図（S＝１：80）

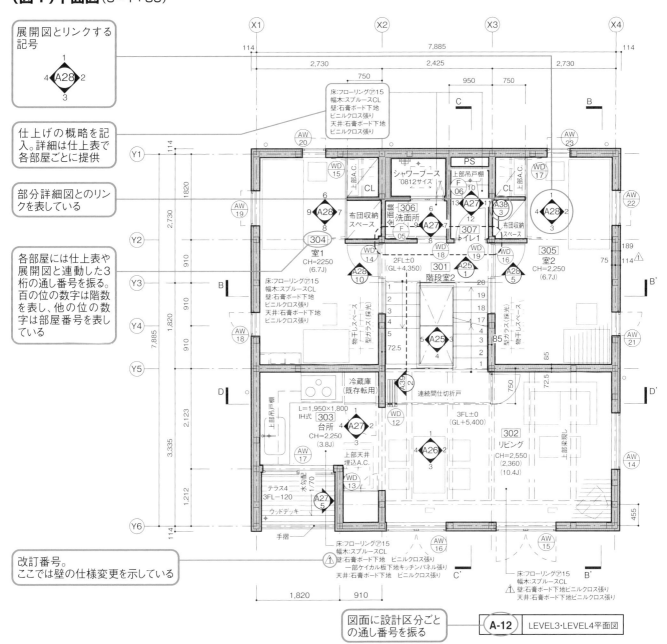

展開図とリンクする記号

仕上げの概略を記入。詳細は仕上表で各部屋ごとに提供

部分詳細図とのリンクを表している

各部屋には仕上表や展開図と連動した3桁の通し番号を振る。百の位の数字は階数を表し、他の位の数字は部屋番号を表している

改訂番号。ここでは壁の仕様変更を示している

図面に設計区分ごとの通し番号を振る

A-12 LEVEL3・LEVEL4平面図

(3)展開図と平面図のリンク

展開図では、各部屋のすべての展開面を表記しているが、どの面がどの部分を表しているのかが分からなくなることも多い。そこで、各図面の枝番号の脇に、前述の部屋番号と方位を必ず明記するとともに、平面図に展開図とリンクできるようにした展開図用シンボル記号を埋め込んでいる。

これには、①中央円内に図面番号、周囲の四方に枝番号の付いた展開記号を入れるもの、②中央円内の上部に図面番号、下部に枝番号を付け矢印表記したものの2種類を使用している。これによりすべての展開図の位置が平面図にも表示されることがお分かりいただけると思う。

たとえば「A-28-1」「A-28-④」のように、展開図の場所が平面図をキープランとして明示されるので、両者を見比べることで、もれなく展開面の場所が分かる仕組みとなっている(図2)。

(4)平面図・展開図と詳細図のリンク

同様のリンク記号は、平面図や展開図と詳細図を相互参照するためにも使用している。たとえば、「A-38-3」の平面詳細図や「A-38-4」の断面詳細図の位置と部位を明示するために、平面図と展開図それぞれにリンク記号を埋め込み、詳細図の描画位置を示している。「A-39」の詳細図も同様に関係づけられている。

また、それぞれの詳細図には前述の部屋番号と部屋名、各建具記号を併せて記入することにしている。このことで、各部の関係が混同しないよう配慮している。ぜひとも活用していただきたい。

(表)内部仕上表

部屋名	304 室1 FL=2FL±0 CH=2,250	305 室2 FL=2FL±0 CH=2,250	306 洗面所 FL=2FL±0 CH=2,200
床	F-2 ⚠フローリング㋐14.5 フォレストプランニング 3層タイプ メープル 同等品	F-2 ⚠フローリング㋐14.5 フォレストプランニング 3層タイプ メープル 同等品	F-2 ⚠フローリング㋐14.5 フォレストプランニング 3層タイプ メープル 同等品
壁	W-3 石膏ボード下地㋐12.5 ビニルクロス張り サンゲツ ファイン 同等品 界壁部:石膏ボード12.5+12.5の上 グラスウール㋐25 充填	W-3 石膏ボード下地㋐12.5 ビニルクロス張り サンゲツ ファイン 同等品 界壁部:石膏ボード12.5+12.5の上 グラスウール㋐25 充填	W-3 石膏ボード下地㋐12.5 ビニルクロス張り サンゲツ ファイン 同等品
天井	C-3 石膏ボード下地㋐9.5+9.5 ビニルクロス張り サンゲツ ファイン 同等品	C-3 石膏ボード下地㋐9.5+9.5 ビニルクロス張り サンゲツ ファイン 同等品	C-3 石膏ボード下地㋐9.5 ビニルクロス張り サンゲツ ファイン 同等品
幅木	B-2 スプルースCL程度 H=60 ㋐9	B-2 スプルースCL程度 H=60 ㋐9	B-2 スプルースCL程度 H=60 ㋐9
廻り縁			
扉	WD14 片開戸シナベニヤ両面フラッシュ WD15 折戸4枚シナベニヤ両面フラッシュ	WD16 片開き戸シナベニヤ両面フラッシュ WD17 折戸4枚シナベニヤ両面フラッシュ	WD18 片開き戸シナベニヤ両面フラッシュ
物入れ			F05 洗面台 カウンター:人工大理石 W750×D600 扉:シナベニヤフラッシュ㋐25 内部:ポリ合板(白) 洗面器、水栓金具、他一式
備考	壁掛エアコン: ダイキン S25ETHDS-W 同等品 物干し竿吊り金物(2本): 杉田エース 243-393 同等品 カーテンレール:タチカワ 住宅用火災警報器: 松下電工 煙式 埋込型 床下点検口(予定) 棚:シナランバーコア加工 CL	壁掛エアコン: ダイキン S25ETHDS-W 同等品 物干し竿吊り金物(2本): 杉田エース 243-393 同等品 カーテンレール:タチカワ 住宅用火災警報器: 松下電工 煙式 埋込型	全面鏡:W750×H1,350 シャワーユニット: TOTO 0812 Lタイプ 同等品

A-32	内部仕上表

平面図とリンクする部屋番号

改訂番号

区分ごとの図面番号

（図2）展開図 (S=1：60)

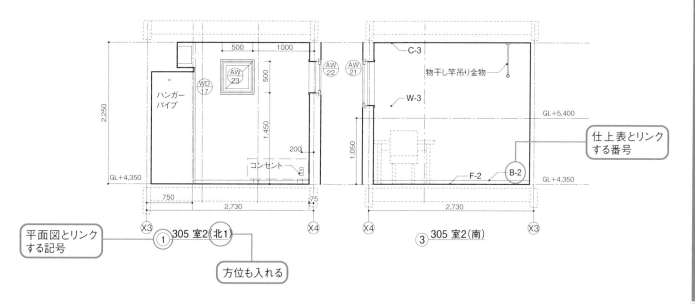

ハンガーパイプ

500　1000

AW 23

WD 17

AW 22　AW 21

コンセント

200

GL+4,350

2,250

750

2,730

75

X3　1　305 室2（北1）　X4

C-3

物干し竿吊り金物

W-3

GL+5,400

F-2　B-2

GL+4,350

1,050

2,730

X4　3　305 室2（南）　X3

仕上表とリンクする番号

平面図とリンクする記号

方位も入れる

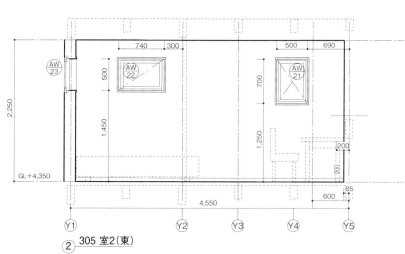

AW 23

740　300

500　690

AW 22

AW 21

500

700

2,250

1,450

1,250

200

GL+4,350

4,550

600

85

Y1　Y2　Y3　Y4　Y5

2　305 室2（東）

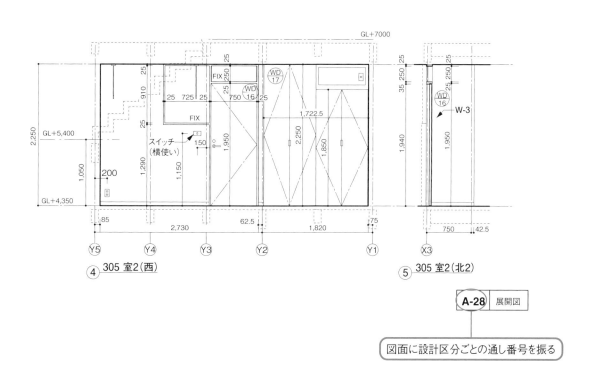

GL+7000

25

FIX 25 250

WD 17

WD 16

910

25　725　25

750　25

FIX

1,722.5

2,250

GL+5,400

スイッチ（横使い）

150

1,950

2,250

1,850

1,290

1,150

200

GL+4,350

85

2,730

62.5

1,820

75

Y5　Y4　Y3　Y2　Y1

4　305 室2（西）

35　250　25

25　250　25

WD 16

W-3

1,940

1,950

750　42.5

X3　5　305 室2（北2）

A-28　展開図

図面に設計区分ごとの通し番号を振る

意匠図

93

改訂番号で履歴を確認

　各図面には三角形のなかに数字を記入した改訂番号を振っている。91頁図1・92頁表には、見積り修正時に変更した個所についての改訂番号が振られている。仮に、この後図面を変更し、差し替えた場合には改訂番号が振られることになる。現場が進行する過程で、施工者が改定前の古い図面しかもっておらず情報が噛み合わない場合があるが、こうすることで、電話などの問合せでも、改訂番号の有無や数字を確認すれば瞬時にその問題が発見できる。記号でも表記し相互に参照で

きるようにすることで、よりシステマティックに設計内容を伝達するためのものである。副次的には、図面を描く設計者が各部位の序列や関係を整理できるというメリットもある。

　ただし、相互にリンクできるよう図面を用意しなければならないので、五月雨式に図面を出したり、頻繁に変更を行うようだったりすると、混乱してしまうという欠点もある。

　この方式は施工者からは分かりやすいと好評であり、若干手間はかかるが、情報の混乱による手戻りなどを最小限に抑えられるという意味でも、さまざまな面においてメリットがある方法だと考えている。

● 改訂番号
2回目以降に発行する設計図書には、三角形のなかに数字を記入した改訂番号を振る。たとえば、見積図に対して実施設計図などで修正・変更した個所やその履歴が分かるようになっている

部分詳細図

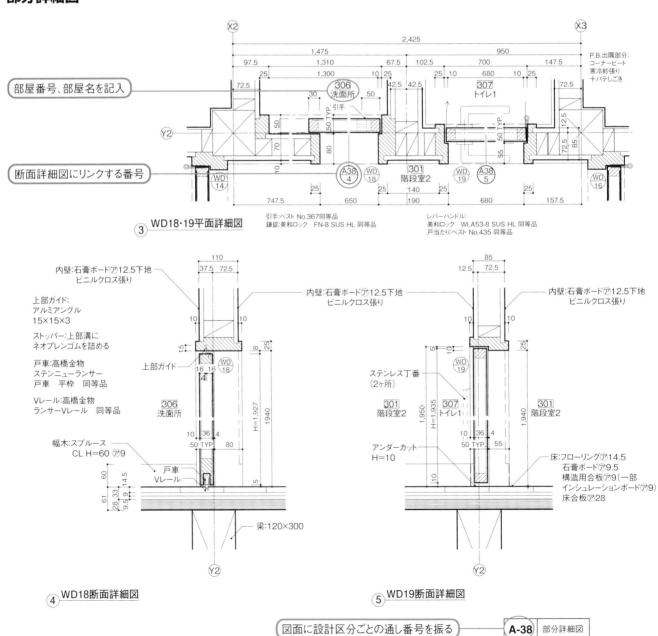

③ WD18・19平面詳細図

④ WD18断面詳細図

⑤ WD19断面詳細図

図面に設計区分ごとの通し番号を振る　→　A-38　部分詳細図

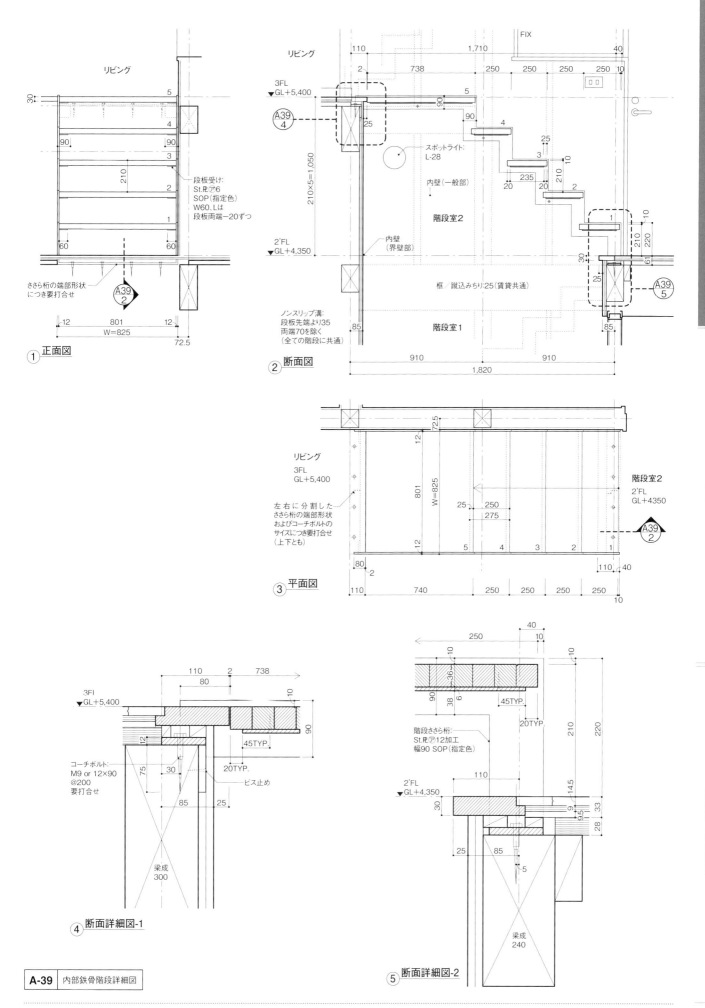

リビング

30
5
4
90 | 90
3
210
2
1
60 | 60

段板受け:
St.仄ア6
SOP（指定色）
W60, Lは
段板両端−20ずつ

ささら桁の端部形状
につき要打合せ

A39
2

12 | 801 | 12
W=825
72.5

① 正面図

リビング

3FL
▼GL+5,400
A39
4

FIX
110 | 1,710 | 40
2 | 738 | 250 | 250 | 250 | 250 | 10

90
5
25
90
4
25
3
235 | 210
20 | 10
20 | 20
2
30
1
210 | 220 | 10
61
25
85 | 85

スポットライト:
L-28

内壁（一般部）

階段室2

内壁
（界壁部）

框／蹴込みちり:25（賃貸共通）

2'FL
▼GL+4,350

A39
5

階段室1

ノンスリップ溝:
段板先端より35
両端70を除く
（全ての階段に共通）

910 | 910
1,820

② 断面図

リビング
3FL
GL+5,400

左右に分割した
ささら桁の端部形状
およびコーチボルトの
サイズにつき要打合せ
（上下とも）

72.5
12
801
W=825
25 | 250
275
12
5 | 4 | 3 | 2 | 1
80
2
110 | 40
10
110 | 740 | 250 | 250 | 250 | 250

階段室2
2'FL
GL+4350

A39
2

③ 平面図

3Fl
▼GL+5,400

コーチボルト:
M9 or 12×90
@200
要打合せ

110 | 2 | 738
80
10
90
12
45TYP.
75
30
20TYP.
85 | 25
ビス止め

梁成
300

④ 断面詳細図-1

40
250 | 10
10
36
90
38 | 6
45TYP.
20TYP.
210 | 220

階段ささら桁:
St.仄ア12加工
幅90 SOP（指定色）

2'FL
▼GL+4,350
110
14.5
30
9
9.5
33
28
25 | 85
5

梁成
240

⑤ 断面詳細図-2

A-39 　内部鉄骨階段詳細図

施工図の考え方と業者打ち合わせの要点

施工図は工程にそって、適切なタイミングで確認することが大切。作成期間と提出期限は厳密に打ち合わせておく必要がある

適切な時期までに未決定部分を調整

本来、契約図面においてにすべて調整がついていることが望ましいが、新しい工法を採用したり、複雑な形状が組み合わさる部分があったりと、請負契約時にすべてを把握することは、なかなか難しい。

したがって、工程などに支障をきたさないように、適切な時期までに設計図書の未決定部分を調整する必要がある。そこで、表では、工程の流れと設計図書の関係を簡単にわかり

やすく解説する。

施工図に必要なルールづくり

設計者が作成する設計図書とは別に、工程に関係する図面として施工図があり、これはある程度のレベルの工務店であればこちらに提出される。

施工図は工程表に沿い、工事の進捗状況に伴って作成される。施工の基本となる図面なので、制約された日程のなかで正しく工程を進めるためにも、的確なタイミングで施工図

● 契約図面
工事請負契約に添付する図面のことをいう。設計事務所が完成させた実施設計図面一式を契約書に添付する。実施設計を完了する前に契約する場合は、一般的に仕様書と一般図、設備位置図が契約図面として扱われる

● 施工図
設計者が作成した図面・仕様書などの設計図書にもとづき、施工するために必要な材質、形状、寸法、具体的な納まりを表示した詳細な図面のこと。施工図は各工種で作

（表）工程と施工図面の対応関係

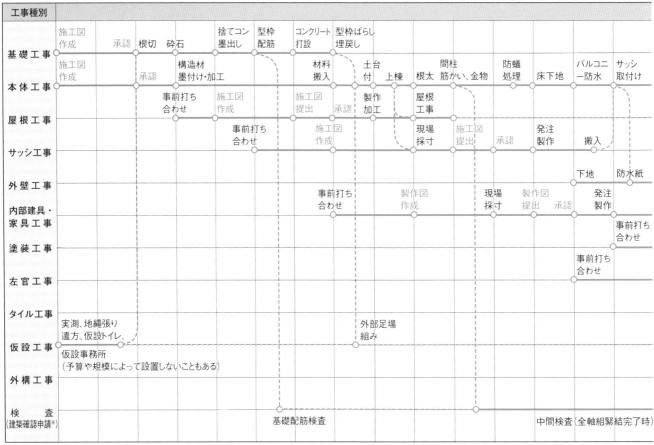

注　この工程表は、木造住宅における全体の流れを大まかに把握するために簡略化したものであり、現場の状況により工事項目は前後することがある
※　検査の内容については各自治体（確認検査機関）によって異なるので事前に確認しておく必要がある

の作成・承諾を行う必要がある。施工図については、必要となる種類と質・量、作成順序、作成期間と提出期限、チェックと承認の期限などについて、あらかじめ、一定のルールを決めておくことが望ましい。

工事別・図面調整のポイント

各施工業者のほとんどは、見積り図面や実施図面から得た情報をもとに施工図を起こしていく。

(1)サッシ、ガラス、建具

これらの施工図は、建具表をもとにサッシ工、ガラス工、建具工などにより作成される。特にサッシやガラスに関しては、防火性・耐風圧性・気密性・水密性・遮音性などの各性能も重要な要素であり、そのグレードがコストにも大きく影響するので、仕様を決定する際には注意して検討したい。また、現場では実際の躯体寸法とその納まりについて微調整が必要になってくる。設計者は、必ず現場で

採寸したうえで、それを施工図に反映させ、より精度の高い納まりを目指すことにより、性能と意匠の両立を図りたい。

(2)タイル、石

タイル工、石工によって作成される。目地の割付けや水勾配など、ある程度設計図面で検討することも可能だが、施工状況などの理由から現場での納まりが優先される場合もあるので、施工図でも意匠上の調整を行う必要がある。

(3)板金

板金工などによって作成される。軒先やけらば、笠木の処理は、意匠のみならず雨仕舞の面からも重要なので、施工図での検討や職人との施工前の打ち合わせが欠かせない。瓦屋根については、施工図を作成することがほとんどないため、現場で打ち合わせることになる。

(4)左官・塗装

左官、塗装に関しては、施工要領書が提出

意匠図

成され、施工はこの図面にもとづき行われる

● 目地の割付け
タイルや石などは目地の割付けを決めることが重要。張り始めをどこにするか、半端サイズをどこにもってくるか（または出さないようにするか）などの配慮が必要

● 水勾配
屋根、ベランダ・浴室の床、土間床や配管などで水が自然に流れるように設置する必要最小限度の傾きのことをいう。1/100より勾配をとりたい。ただし、面積が広い場合には適宜強くするのが望ましい

● 雨仕舞
雨水が建物内に浸入しないようにする措置のこと。雨押さえ、水返しなどがそれにあたる。また、その施工方法のこと。雨漏りがあると「雨仕舞が悪い」などという

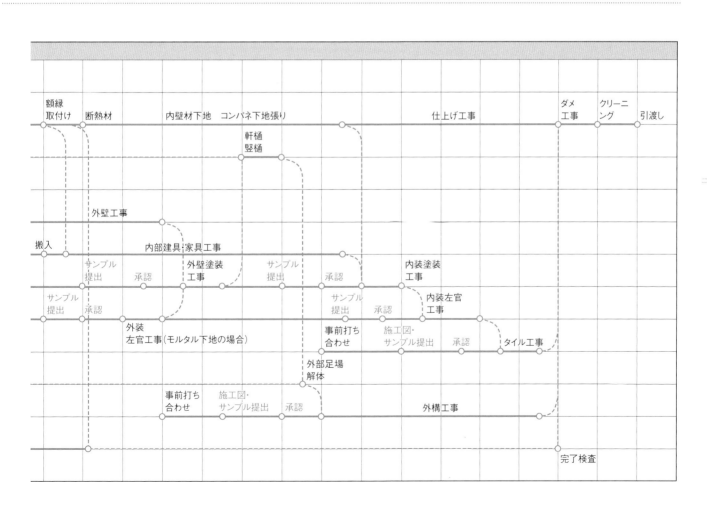

されることがあっても施工図が描かれることはほとんどない。そのため立面図、展開図などの設計図やサンプル(塗り見本)などをもとに施工が行われる。

ただし、複雑な部分の見切、ほかの部材との取合いなどは、部分詳細図をもとに現場で実際に検討したほうがよい結果を得られることもある。なお、塗装に関しては耐候性、防汚性などの性能にかかわる成分表なども、必要に応じてメーカーから提出してもらうとよい。

(5)給排水設備

給排水設備工事では、設備業者が平面図をもとに作成した設備図で配管ルートをチェックする。汚水、雑排水、雨水の水勾配についても検討する。スリーブの位置は、基礎伏図と照らし合わせながら調整する。また、給湯器やエアコンの室外機は、隣家の玄関前や開口部下を避けるなどの配慮も必要なので、配置図などと照らし合わせて確認する。

(6)電気設備

電気設備工事については、電気業者などから経路図、電灯・コンセント図などが提出される。特に照明器具やコンセント、スイッチの位置は、使い勝手や意匠の面からも重要な

要素なので、意匠図の展開図や天井伏図などでその位置を調整する。天井仕上材を目透し張りにする場合は、その割付けを検討するとともに、照明などの位置のバランスにも十分留意する。

(7)換気設備

24時間換気をはじめとする換気設備については、換気扇のような単純なタイプは、電気設備業者が設置を行うことも多く、換気用に別途図面が作成されることはほとんどない。しかし、集中換気設備のような大型のタイプであれば、メーカーや代理店である専門業者によって図面や換気量などの各種データが作成される。いずれにしても、データや設計図などを参考に、正しく換気が行われるか、給排気経路などを確認する。

また、各給排気口の位置がほかの造作、家具などに干渉していないかを、立面図、展開図、天井伏図などで確認する。

ただ、施工図のチェック以前に、施工図が正しく描かれ、またチェックの参考となるような正確な設計図面が描いてあることが何よりも重要である。性能・意匠の両面から美しい納まりにするためには、さまざまな角度から図面をチェックする必要がある。

● 見切
仕上げの終わる部分や仕上げが切り替わる部分の納まり。その部材を見切材という

● スリーブ
給排水管が壁や床・基礎などを貫通する場合に、その開口を確保するためのさや管のことをいう

● 24時間換気
ファンなど機械を使って給気口から空気を取り込み、室内の空気を常時強制的に入れ替えるシステムのこと

浴室・床タイル割図(S=1：100)

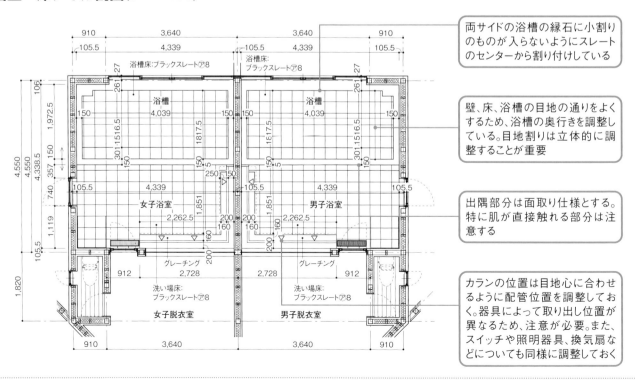

両サイドの浴槽の縁石に小割りのものが入らないようにスレートのセンターから割り付けしている

壁、床、浴槽の目地の通りをよくするため、浴槽の奥行きを調整している。目地割りは立体的に調整することが重要

出隅部分は面取り仕様とする。特に肌が直接触れる部分は注意する

カランの位置は目地心に合わせるように配管位置を調整しておく。器具によって取り出し位置が異なるため、注意が必要。また、スイッチや照明器具、換気扇などについても同様に調整しておく

アルミサッシ・平面図(S＝1：6)

外壁が板張りや、金属板葺きの場合、サッシ枠の納まりは、モルタル壁などの納まりとは異なるため、金属板の曲げ加工や、その他の見切り材による防水上の納まりを十分検討しておく必要がある。サッシメーカーによっては技術担当者が、過去に担当した物件の技術資料を持っていることもあるので、問い合わ

せてみるのもよいかもしれない（社外秘の場合もあり。また、担当者の個人的情報の場合もある［責任の所在の問題等］。いずれにしてもサッシ廻りの漏水の問題は現場サイドと十分検討しておく必要がある）

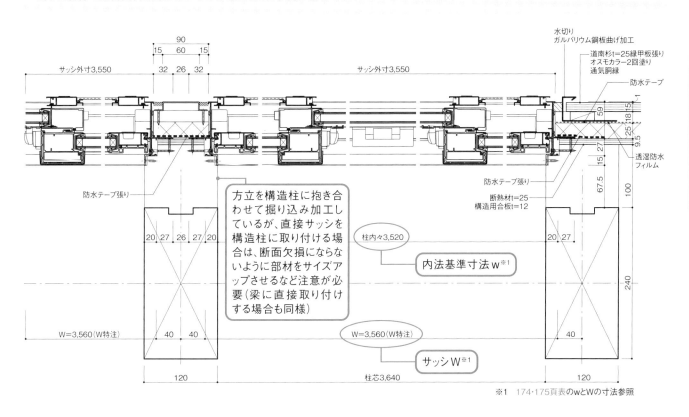

方立を構造柱に抱き合わせて掘り込み加工しているが、直接サッシを構造柱に取り付ける場合は、断面欠損にならないように部材をサイズアップさせるなど注意が必要（梁に直接取り付けする場合も同様）

内法基準寸法w※1

サッシW※1

※1　174・175頁表のwとWの寸法参照

アルミサッシ・断面図(S＝1：6)

土間納まりのタイプの図面であるため、階上床の納まりの場合は、サッシ下の梁のレベルを下げるなどして調整が必要になる場合が多い。特にバルコニー等で、サッシと床面のレベル差を±0にしたい場合は、下階の天井懐や下屋の納まり等、注意が必要である

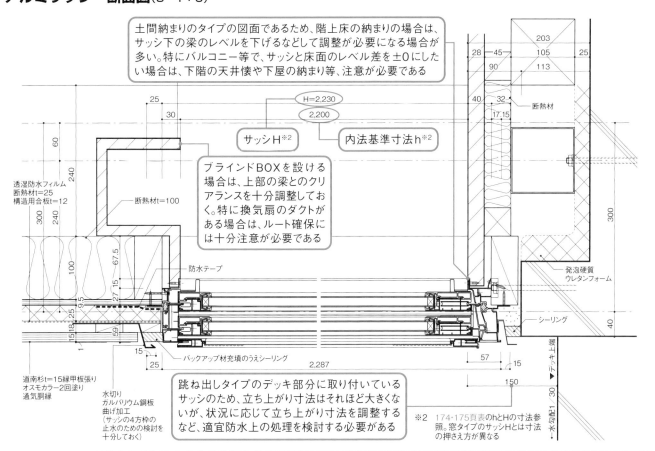

サッシH※2

内法基準寸法h※2

ブラインドBOXを設ける場合は、上部の梁とのクリアランスを十分調整しておく。特に換気扇のダクトがある場合は、ルート確保には十分注意が必要である

跳ね出しタイプのデッキ部分に取り付いているサッシのため、立ち上がり寸法はそれほど大きくないが、状況に応じて立ち上がり寸法を調整するなど、適宜防水上の処理を検討する必要がある

※2　174・175頁表のhとHの寸法参照。窓タイプのサッシHとは寸法の押さえ方が異なる

Column

大工の寸法 番付の考え方と設計への応用ポイント

■ 番付の考え方

「番付」は、現場で材料に寸法を写していく作業である。通り心の基準は柱心とし、3尺刻み（909または910モジュール）で横番に「い、ろ、は」、縦番に「一、二、三」と明記していく。それらに当てはまらない1尺、2尺など端数の番付は「叉通り」として表現する（複数ある場合は「叉叉通り」）。通常の座標軸的な番号の振り方とは異なり、図面上の右上から番号を振り始めるので、墨付けのための図面をチェックする際は注意する。地方によって番付方式が異なる場合もあるが、通り心の名称と寸法の押さえさえしっかりしていれば問題はない。

■ 三角形敷地の番付の考え方

下図は、三角形となった敷地に合わせ、建物も変形とした事例である。

この例で、道路境界線と平行に設定されている建物のL1通りに接する部分では、番付できる3尺刻みが維持されなくなるため、長手方向であるY方向ではできるだけ番付できるように、3尺グリッドを生かしながらプランニングしている。一方で、X方向は、畳が納まる部分までは3尺刻みとしているが、そこから先は、図中のらせん階段の有効寸法など空間構成を重視した不規則な寸法にしている。

■ 三角形敷地の1階平面図の例 (S＝1：100)

洗面の壁面はらせん階段の寸法から押さえている

X方向は、畳が納まる部分までは3尺刻みとしているが、そこから先は図中のらせん階段の有効寸法など空間構成を重視した不規則な寸法にしている

道路境界線と平行に設定されている建物のL1通りに接する部分では、番付できる3尺刻みが維持されなくなる

本来は右上から始まるが敷地の都合上番付位置を下並びに設定している。順序は右上からの順に従っている

長手方向であるY方向ではできるだけ番付できるように、3尺グリッドを生かしながらプランしている

設計の通り番号

大工の番付（3尺刻み）

CHAPTER **2**

構造図

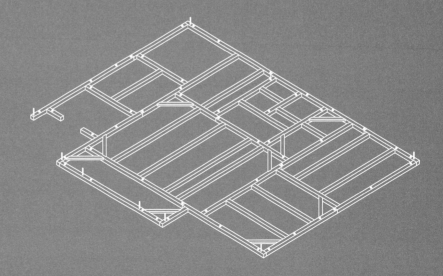

構造図を描く前に知っておきたい注意点

場当たり的な架構設計は構造に無理を生じやすいので、
架構と間取りの合一を考えるのが原則

基本設計時に架構の設計を検討する

「基本設計は同時に架構設計することである」という根本的な部分を勘違いしている設計者を見かけることがある。基本設計では、単に間取りを考えればいいと思っているとしたら、大きな間違いだと理解していただきたい。間取りをすっかり描き終えてから、屋根型やその材料や材質を検討し、架構は実施設計を始めて、伏図に取り掛かる段階で描けばいいということでは困る。

たとえば屋根では、その材料を何にするかによって勾配が絞られる。勾配によっては梁間長さに影響を及ぼし、家の一辺の長さを決定する要素となる。結果として、間取りも左右されることが分かるだろう。つまり、連動するものなのだ。

したがって間取り図だけの基本設計であっても、屋根型や架構の選択肢は決まってくる。

設計者の頭のなかには、屋根材、屋根形、勾配、高さ、架構デザインが、間取りと同時に存在していなければならないのだ。

間取りだけを先に考えるようなやり方で進めると、必ず架構設計で苦労することになる。場当たり的な梁組では、インテリアに露すことなど、到底できないと思って間違いない。

架構を露した設計をする

木造の構造設計がなおざりにされてきたのは、柱、梁を見せずに仕上げるのが主流になってしまったことと無縁ではない。構造体が即仕上げとなり、意匠としての要素に満ちていると前に述べたが、これは、架構を露しにした場合にこそ生きてくる概念だ。この場合、堅牢で経済的な構造計画を目標にすることはもとより、同時に架構が美しく整理され、オリジナリティに富んだものでありたいという意識が高まる。架構をかたちにするこうした

● 架構設計
柱・梁・土台・基礎などの木造の構造体となる軸組をどのように架けるかを、構造上安全に設計すること。架構設計は意匠設計と同時に行うことが基本だが、最近は分離して行われるケースもある

架構と間取りの関係について考える

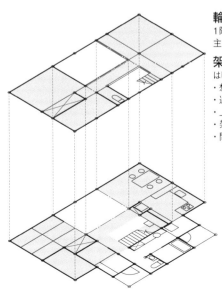

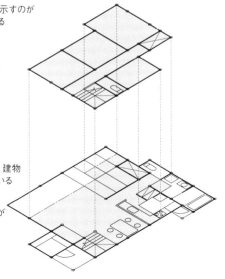

輪郭内に割り込んだ間取り
1階、2階の輪郭や間仕切位置にずれがない。点線・鎖線が示すのが主要な柱と梁の位置で、規則正しく配置されているのが分かる

架構に即した間取りでは…
はじめに矩形の輪郭を描き、部屋を割り込んでいく方法なら、
・想定床面積にあった輪郭から始めるので大きな増減がない
・通し柱位置が自ずと決まる
・上下の柱位置がそろい、床梁に無理がかからない
・架構が整理され、露しのデザインに対応する
・間取りを終える段階で大まかな架構配置が決まる

部屋を並べた間取り
1階と2階で、柱や壁の位置がずれている個所が多く、建物の外郭出隅に必要なはずの通し柱も3カ所で欠けている

架構と無関係に間取りをつくると…
ほしい部屋を、希望の畳数にして、つながりを考えながら並べていく方法がよく見られるが、
・想定していた床面積をオーバーしがち
・輪郭が複雑になり、自ずと架構も複雑に
・思わぬ集中荷重や大スパンが生じやすい

技術は、それを意匠でもあるととらえることでこそ磨かれる。

架構を意識した基本設計の実例

基本設計時から架構設計を、と述べたが、そのための具体的な方法を1つ紹介しておきたい。ひとことでいうなら、初めに大きなマス目からなる輪郭をつくり、そこに間取りを納めていくというものだ。間取りを考えてからその上に載る架構を考える方法とはまったく逆の発想だ。

マス目の大きさは、1.5×2間の6畳大や2×2間の8畳大、ほかに4.5畳大なども考えられる。この大きさの意味するところは、日本の家における生活空間の基本寸法であり、同時にマス目の線は梁位置、マス目の交点は柱位置を想定している。つまり架構の配置を先に決めてしまうのだ。なお1辺の長さを2間以下とするのは、梁材の定尺4mを想定してのことである。

このマス目を、向きをそろえいくつかを合わせてできた枠が建物の輪郭となる。下図の建物では、6畳大のマス目を6つ並べてかたちづくっており、18坪の輪郭だ。床面積のおおよその見当は基本設計にかかる前につけてあるので、どのマス目をいくつ並べればよいか、何案か考えてみるとよい。そうして決めた輪郭からはみ出ないように間取りを行

う。1階と2階は同じマス目と輪郭で考えるのがミソ。1階が2階より大きい場合は、この輪郭の総2階に下屋を足すように考える。通し柱の位置に悩むこともないし、上下の柱位置がそろうので、床梁に無理な負担をかけることもない。後は母屋や根太を受ける小梁を、1間間隔以内で梁に架け渡せばよい。この方法なら間取りと架構位置がおおよそ整合し、梁組を露しにするデザインにも耐えられる。間取りを終える段階で架構の大まかなところが決定しているという便利な方法だ。

木造住宅の構造図を再考する

詳細な見積り作成と工事実施のもととなるのが実施設計図であり、その一部である構造図も「施工者に伝える」ことを第一義とする。しかしその伝えるべき事柄と伝達の方法は、木造特有の事情が働き、RC造、S造と比べると、指標を欠いた、内容の貧弱なものが多いのが実状のようだ。構造図を省いてしまう設計者もいる。

木造特有の事情とは、材自体が自然素材という、ばらつきを内包するものであること、多くの部分を現場がリードして設計が行われてきたことなどだ。現場で本当に必要としている情報を伝えるには、「大工さんに任せておけば何とかなる」的な体質を改め、木を知り、現場を知ることが鍵になるはずである。

● 下屋
本屋の外壁に接して設けられた片流れの屋根、またはその下にある空間を指す

構造図

架構と整合した間取りのプロセス

①2階から始める
上に載る2階の荷重をストレートに1階が受けるかたちにすることが最も無駄のない構造である。2階のかたちを想定してから1階を決めるのがスムーズな流れ

★2階の輪郭を決める
　決めている延床面積のうち、2階の面積を割り出し、四角に当てはめる。これが2階の輪郭となる。たとえば床面積がおよそ15坪なら、3間×5間など

②屋根型を想定する
切妻屋根が基本。棟の位置が決まることで、小屋架構の基本となる梁間・桁行の方向が、自ずと決まる

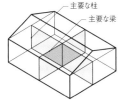

主要な柱
主要な梁

③大きなマス目で割り込む
四角内に部屋を取っていく際、1マスが6畳や8畳、4.5畳など大きなマス目となるよう分割したラインをガイドとする

★マス目の意味するところ
　このマス目のラインが主要な梁位置、交点が主要な柱位置を意味する

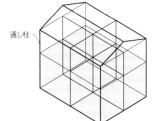

通し柱

⑤下屋を足す
1階が2階より大きい場合は、別架構で下屋を配して面積を調整する

★1階だけ、もとになる四角を大きくしてしまうと、通し柱が隅にこない、2階の外周壁や耐力壁の下に柱がないなど、不都合が生じやすい

2階→1階→2階→…と繰り返す
外郭は共通なので、2階と1階で直接の整合が求められるのは階段と吹抜け。具合よく納まるまで、四角の設定の見直しを含め行きつ戻りつが必要

④2階の輪郭を
そのまま1階に下ろす
1・2階とも同じ四角、同じマス目で考える

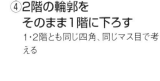

総2階
部分

下屋

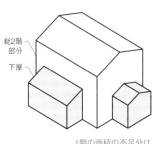

1階の面積の不足分は、下屋を足すことで調整する

基礎伏図の目的と作成のポイント

基礎伏図では、人通口の位置や区画ごとの強度を検討することが大切。壁の真下に基礎の立上りがあるかも確認すること

建物の足腰ともいえる基礎

基礎とは、建物の荷重を地盤に直接伝える役割を担う重要な部位である。特に、その構造性能に留意しながら、基礎伏図を作成することが大切だ。この基礎が役割を果たさなければ、建物自体を支えることができない。

立上り部と人通口の位置

基礎の立上りは、壁の直下に設けることが基本である。プランと見比べながら、壁の下には間違いなく立上りがくるように作図しなければならない。

また、立上り部には、幅やアンカーボルト、人通口の位置も明記する。人通口は、床下全体を人が移動できるように計画されていなければならない。人通口による立上り部の欠損、いわゆる断面欠損は基礎の強度低下につながるため、直下の耐圧盤の鉄筋を補強する必要がある。そうすることで強度の低下を防ぐことになる。

区画ごとの強度の検討

耐圧盤全体で建物荷重を支えられるよう、立上り自体を連続した部分に区画し、配筋の補強を検討する。大きすぎない程度に、矩形になるよう区画することが大切だ。矩形にならない場合は、必要に応じて立上りを追加する。このとき、設定した区画線以外の立上りは、連続させる必要はない。

基礎リストの作成

1つの建物でも、基礎の配筋は複数になることが多い。そのため基礎伏図には、基礎リストを忘れずに付ける。基礎の仕様は国交省の告示などを参考にして決める。この基礎リストは、基礎工事業者が現場で確認するものである。間違いがないよう、鉄筋の種類・径・間隔、立上りの幅、底盤の厚さなど、現場作業に必要な事項をすべて記入する必要がある。複数の断面がある場合は、断面の種類を記号化して図面に明示しておく。

● 基礎伏図
建物の基礎の水平面を表したもの。基礎の配置や寸法、土間コンクリート、束石、床下換気口、アンカーボルトの位置などが描かれており、基礎工事には欠かせない図面

● 断面欠損
本来あるべき姿の構造体が、貫通部などによって欠落している状態のこと。開口補強など鉄筋による補強をして構造強度を保つようにする

● 基礎リスト
基礎の構造や仕様をまとめた断面図。1つの建物でも複数の基礎断面があるので、それらの仕様をリストにまとめる必要がある

基礎・断面リストの例 (S＝1：20)

内部フラットタイプ標準基礎

【FG-c1】上下 1-D13

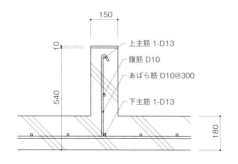

内部フラットタイプ基礎梁補強 (主筋量による分類)

【FG-c2】上 2-D13 下 2-D13
【FG-c3】上 2-D13 下 D13+D16
【FG-c4】上 2-D13 下 D13+D19

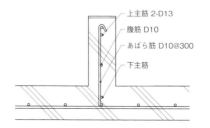

基礎伏図の描き方手順

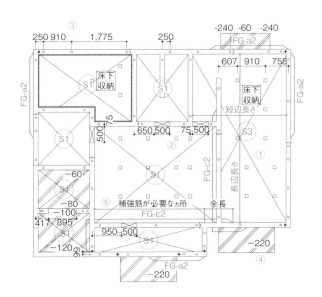

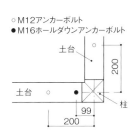

○ M12アンカーボルト
● M16ホールダウンアンカーボルト

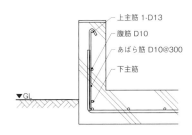

立上り補強筋を検討する個所

- 出隅部に耐力壁がある場合
- 柱間隔が2.5mを超える開口部がある場合

基礎の設計手順

1：耐圧盤区画を設定する
　耐圧盤は、立上りで囲まれた区画ごとに配筋を決めるため原則として長方形で区画するが、やむを得ず雁行する場合は短辺と長辺の最大値をとることで配筋を決定する

2：耐圧盤区画線上の立上りにある人通口の位置と補強筋を設定する

3：アンカーボルト、ホールダウンアンカーボルトを記入する
　アンカーボルトは耐力壁両端、土台端部、長さ2.7m以内ごとに設置するが、基礎伏図では柱や耐力壁の位置などは記載されないので、基準線からの距離を明記する必要がある

4：玄関ポーチ土間やテラス土間などの高さを指示する

5：立上りの補強筋位置を指示する

外周部標準基礎梁

【FG-a1】上下　1-D13

150
10
540
410
130
180

▼GL

上主筋 1-D13
腹筋 D10
あばら筋 D10@300
下主筋 1-D13

外周部基礎梁補強（主筋量による分類）

【FG-a2】上　1-D13　下　2-D13
【FG-a3】上　1-D13　下　D13+D16
【FG-a4】上　1-D13　下　D13+D19

▼GL

上主筋 1-D13
腹筋 D10
あばら筋 D10@300
下主筋

注1　外部掃出しサッシ直下の場合は、開口両端部の柱ー柱間で上主筋2-D13とする

注2　リスト中のFGの番号は106・107頁「基礎伏図」と対応している

基礎伏図の例(S=1：50)

作図のポイント

- 直上壁の開口部や耐力壁の有無で基礎梁に用いる鉄筋に補強が必要かどうかを判断する。補強筋を配置する範囲と補強方法は図面上に明示すること
- アンカーボルト位置を記入する際、通り心や土台継手位置からの離れ寸法などを標準化して明示するか、もしくは、図面上に通り心からアンカーボルトまでの距離を記入する。そうしないと、正確な位置に取り付けられないおそれがある
- 宅地が道路面より高い場合などで、基礎に隣接してカーポートなどを設置するときは、通常、基礎の下にあらかじめ切下げ基礎を施工する必要がある。施工範囲を図面に明示しておく
- 勝手口に設けるたたき土間やテラス土間などを基礎施工時に打設する場合は、高さなどの情報を明示しておく
- 基礎工事業者の多くは基礎伏図のみを見て施工するので、必要な情報は図面に記入するようにしたい
- アンカーボルトの設置は、耐力壁端部柱付近・土台端部・間隔2.7m以内とする

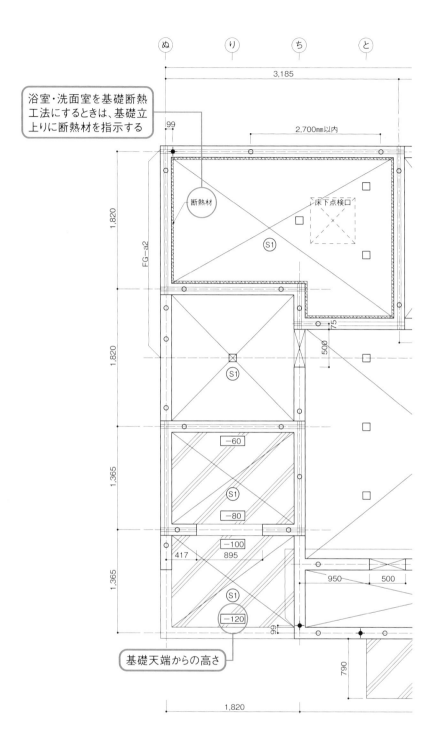

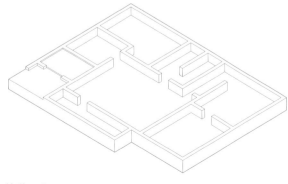

基礎アイソメ

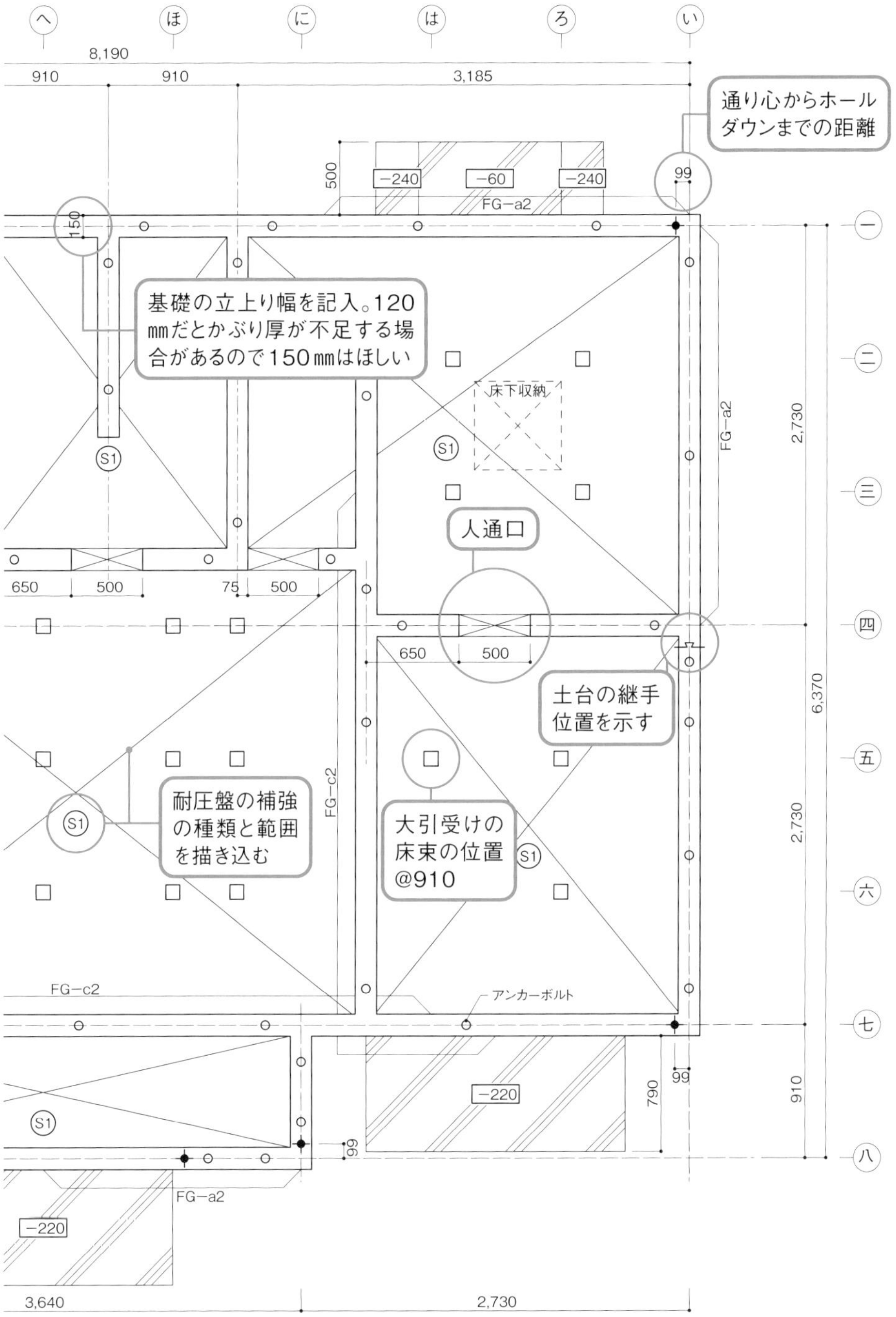

へ
ほ
に
は
ろ
い
8,190
910
910
3,185
通り心からホールダウンまでの距離
500
−240
−60
−240
FG−a2
99
150
一
二
三
四
五
六
七
八
基礎の立上り幅を記入。120㎜だとかぶり厚が不足する場合があるので150㎜はほしい
床下収納
S1
FG−a2
2,730
人通口
650
500
75
500
650
500
6,370
土台の継手位置を示す
耐圧盤の補強の種類と範囲を描き込む
大引受けの床束の位置@910
FG−c2
2,730
FG−c2
アンカーボルト
99
−220
790
910
99
FG−a2
−220
3,640
2,730

凡例

- ○ アンカーボルト
- ◆ HD金物用アンカーボルト
- □ 鋼製束

※ 特記なき場合、ホールダウン金物用アンカーボルトの1／2モジュールからの離れ寸法は84㎜とする

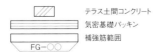

- テラス土間コンクリート
- 気密基礎パッキン
- 補強筋範囲 FG−○○

記号	スラブの種類
S1	D13@300　縦横同配筋 ㋐180

基礎リストは104・105頁を参照

土台伏図の目的と作成のポイント

1階床組の基本構成を把握し、土台・大引・根太が適切な間隔か確認する。この土台伏図は1階床伏図を兼ねている

床組を理解することが土台伏図の基本

土台伏図は1階の床伏図を兼ねる場合が多い。作図にあたっては、まず1階床組の構成を理解する必要がある。

1階床組の一般的な特徴

根太組では、根太寸法によって土台や大引の間隔が変わってくる。一般的な間隔は、根太が45×60mmならば土台・大引は910mm間隔、45×105mmならば1,820mm間隔程度に納まるよう、伏図に描き込む。この寸法以上の間隔にした場合、床が荷重に耐えられなくなるので厳守する数値といえる。

ほかには、剛床のケースを知っておきたい。この場合は、隣り合う合板接合部の留め方で受け材の有無が決まる。実付き合板なら受け材は必要ないが、合板どうしの突付けの場合、45mm角以上の受け材が必要だ。大引の間隔はどちらも910mm以下が望ましい。

いずれの場合も、この寸法は厳守すべきものなので、注意して設計に取り組むようにし

たい。

根太の架け方には、①大入れ落し込み、②土台・大引に半落し込み、③載せ架け、の3種類がある。各特徴を、右頁表に整理したので参考にして使い分けるとよいだろう。

火打ち材の設置

火打ち材は、建築基準法施行令46条3項で設置が義務付けられている。

火打ち材とは、組まれた構造材が揺れなどによって、ひずまないようにした補強部材のことを指す。建物の隅角部や壁の交点に配置するとバランスがよい。軸材だけでなく、構造用合板などの面材も火打ち材として認められている。

2007年に改訂発行された『建築物の構造関係技術基準解説書』(監修・国土交通省住宅局建築指導課)によれば、1階床組で厚床合板を土台に直接釘打ちした場合や、根太を用いる場合でも土台に落とし込んだうえに構造用合板などを土台に直接釘打ちしたものは、火打ち材とみなせる。

● 土台伏図
基礎の上に配置した土台の水平面を表したもの。そのほかに大引、根太、火打ち土台などが描かれた床組の図面

● 根太組
床の下地合板を受けるために、幅45mm高さ60mm程度の根太をピッチ303mmごとに設ける床組みのこと

● 剛床
床下地材となる構造用合板を直接釘で床組材に打ち付け、水平剛性を高めた床組みのこと。構造用合板を、梁および根太のすべてにN50釘を用いて、外周部・中間部ともに150mm間隔で直接打ち付けて固定する(ほかにも仕様がある)

大引と根太による床組の種類

床組の種類

大入れ落し込み

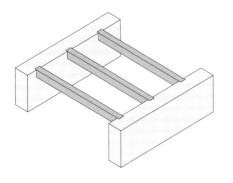

半落し込み

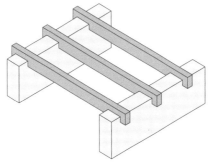

載せ掛け

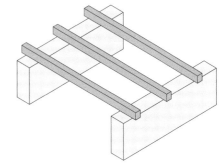

火打ち材の設置場所の目安

基礎の立上りで囲まれた区画ごとに、その隅角部に設置するのが基本

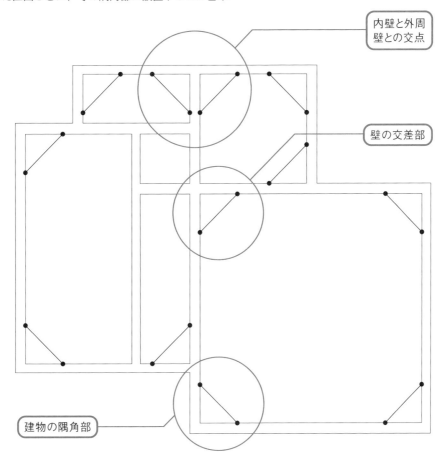

内壁と外周壁との交点

壁の交差部

建物の隅角部

①火打ち土台
　　建物外周の出隅・入隅部土台と土台の交差部
②2階床火打ち
　　建物外周の出隅・入隅部1階壁上の梁の交差部1階内壁と外壁の交差部
③小屋火打ち
　　建物外周の出隅・入隅部2階壁上の梁の交差部2階内壁と外壁の交差部

(表)根太の架け方と注意点

取付け方法	メリット	注意点
大入れ落し込み	・床の水平構面として有効（火打ち土台を兼用できる場合がある） ・1階床高が抑えられる	・基礎・土台の水平精度がそのまま床の水平精度となるので、施工精度の高さが要求される
半落し込み	・床の水平精度を調整できる ・床根太の転びを防止できる	・土台と床板との間に隙間ができるので、通気止めが必要 ・火打ち土台として兼用できない
載せ架け	・床の水平精度を調整できる ・長尺ものの根太が使える	・土台と床板との間に隙間ができるので、通気止めが必要 ・火打ち土台として兼用できない ・根太サイズによっては転びやすい

土台伏図の作成手順

土台の配置

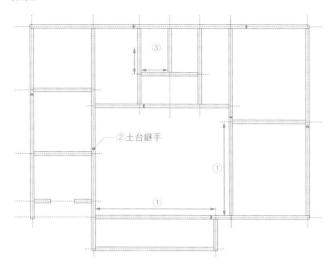

平面図上に構造区画方針を記入しておくとよい

①この間の上部には間仕切壁が存在しないが、ベタ基礎においては耐圧盤の構造区画を適当な面積に区切るために、基礎と土台を設置した

②土台継手位置は通常プレカット加工図で指定されるが、アン

カーボルトや柱の位置を考慮して設計者が指示したい

③構造区画上に間仕切壁がないため直下に基礎がない場合でも、土台と大引を途中で継ぐのは納まりがよくないので、土台を延長する場合がある

大引の配置

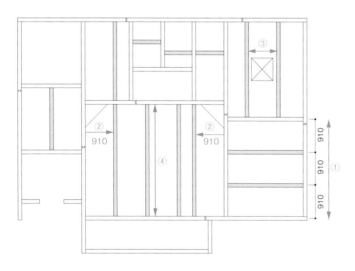

①大引の設置間隔は、根太の断面寸法や根太なしの場合は構造用合板の厚さにより決まるが、通常は1P（910mm）を基準とするとよい

②プランが間崩れしている場合、大引の配置を片側から910mmで並べると、反対側の土台との間隔が狭くなり、根太落とし込みなどの場合には火打ち土台が設置できなくなるので、土台からは910mm離すよう注意する

③台所や洗面所などで床下収納庫や点検口を設ける場合には、サイズを確認して大引間隔に注意すること

④大引は床束で支えられているため、できるだけ継手を設けない方向に設置する

STEP 3
火打ち土台の配置

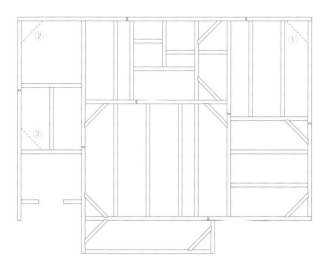

火打ち土台は建物の隅角部や土台と土台の交点を中心に記入する。

① 台所では床下収納庫が設置できるように大引間隔を調整したため、土台との間隔が910mm確保できない場合があるので注意したい。できるだけ土台と大引の間隔を確保するように努める
② ユニットバスが設置されるため、火打ち土台は入れられない
③ ここは玄関框見切用の土台なので、火打ち土台を設置しても効果は限定される。ここには配置しないものとし、その代わりアンカーボルトをしっかり入れる

STEP 4
アンカーボルトなどの配置

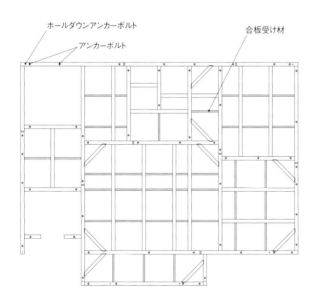

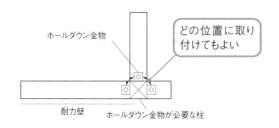

床下地の合板受け材、アンカーボルト、ホールダウンアンカーボルトを記入する。

根太レス床とする場合には、床合板の継目の直下に受け材を設ける。これにより、合板の割付けが決まる。受け材の断面寸法によっては火打ち土台と干渉するので、火打ち土台を避けて設ける。

アンカーボルトは、土台端部および耐力壁端部柱付近、アンカーボルト間隔2.7m以内となるように設置する

ホールダウンアンカーボルトは、平成12年建設省告示第1460号またはN値計算により求めた柱の接合金物のうち、10kNを超えるホールダウン金物となる柱の側近に設ける。このとき、ホールダウン金物を耐力壁の方向とそろえる必要はない

土台伏図の例(S=1:50)

作図のポイント

- 土台伏図で特に注意が必要な情報は、土台・大引の位置・方向と、根太または合板受け材の位置・方向、火打ち材の位置などである
- 根太工法で根太を落とし込みにした場合や、根太を使わず構造用合板を選択した場合、土台と大引の断面寸法は同じものを使ったほうが床断熱工法における床下断熱材の取付けがしやすい。特に、発泡プラスチック系断熱材を用いる場合、土台と大引の寸法が異なると、施工精度によっては土台と大引と断熱材との間に隙間が生じやすくなる
- 床下地を土台・大引に直張りする場合、火打ち材も断熱材設置の支障となるが、その場合は床下地材に構造用合板を用いることで火打ち土台を省略できる

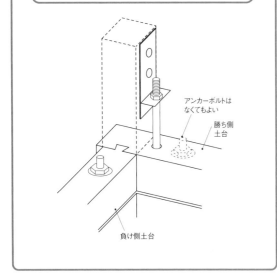

勝ち側土台にホールダウン金物用ボルトを設置する場合は、土台端部のアンカーボルトを省略してもよい

アンカーボルトはなくてもよい

勝ち側土台

負け側土台

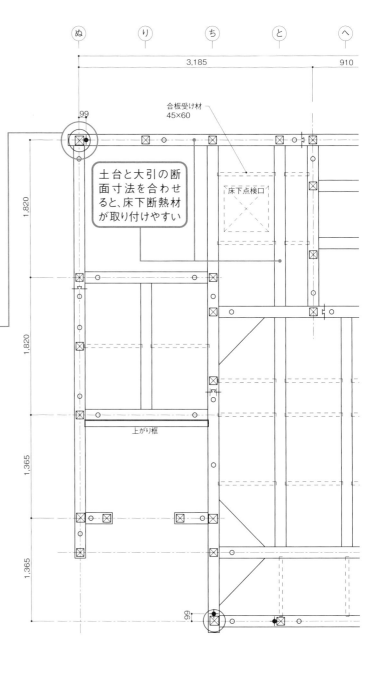

合板受け材
45×60

土台と大引の断面寸法を合わせると、床下断熱材が取り付けやすい

床下点検口

上がり框

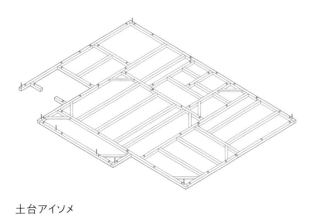

土台アイソメ

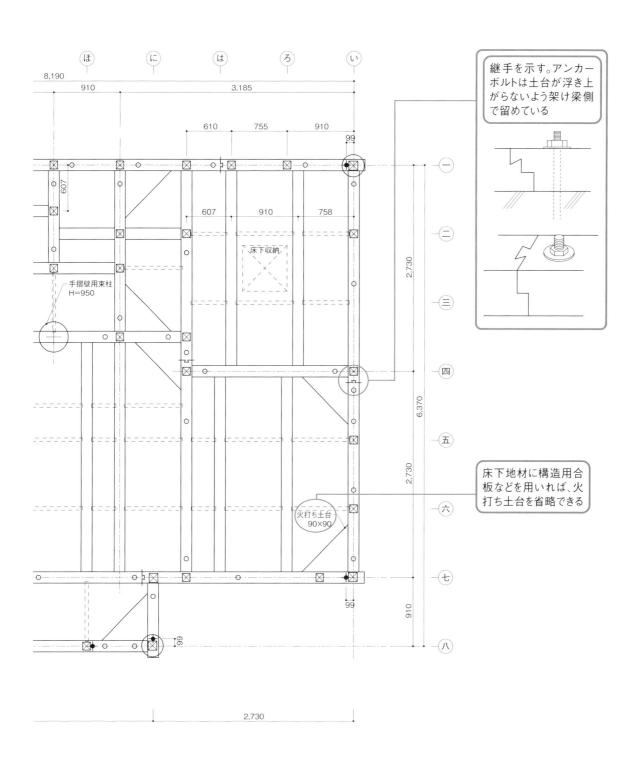

継手を示す。アンカーボルトは土台が浮き上がらないよう架け梁側で留めている

床下地材に構造用合板などを用いれば、火打ち土台を省略できる

床下収納

火打ち土台
90×90

手摺壁用束柱
H=950

凡例
○ アンカーボルト
◆ HD金物用アンカーボルト
⊠ 管柱
☐ 通し柱
╱ 火打ち土台

部位	材種（樹種）	寸法	
		幅（mm）	せい（mm）
土台	JAS構造用製材（ヒノキ）	105	105
大引	JAS構造用製材（ヒノキ）	105	105
合板受け材	JAS構造用製材（ベイマツ）	45	60

2階床伏図の目的と作成のポイント

2階床伏図では、梁の架け方や断面寸法に無理や問題がないか十分に確認すること

2階床伏図は、胴差や梁の架構情報などを描く。床梁上部の柱・床根太の位置、床梁下部の1階柱位置も記載する。

梁の架け方

2階床伏図は、建方の手順をイメージし、梁の架け方に無理がないかを確認しながら作成する。プレカットで一般的な腰掛け鎌継ぎや腰掛け蟻継ぎなどの仕口は、受け梁が架け梁以上の梁せいでないと納まらない。梁せいが途中で変わる部分は仕口の向きを確認する。卍組(卍の形で組まれた梁。梁を入れ違いに組むため、施工が困難)などは、図面では描けても実際の施工はできない場合もあるので注意する。

梁を架ける方向で材積や加工手間は変わる。余裕があれば比較検討したい。

断面の決定

梁の断面は、応力とたわみで検討する。特

● 2階床伏図
1階と2階の間に架ける横架材の水平面を表したもの。1階と2階の柱の位置を描き、胴差、大梁、小梁、根太、火打ち梁などが表されている

3次梁のたわみのモデル

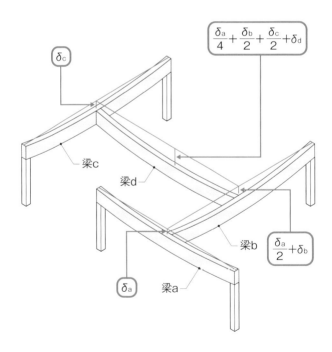

$$\frac{\delta_a}{4} + \frac{\delta_b}{2} + \frac{\delta_c}{2} + \delta_d$$

$$\frac{\delta_a}{2} + \delta_b$$

δ_c　梁c　梁d　梁b　梁a　δ_a

梁dの実際のたわみ量は、梁dだけのたわみ量δ_dに梁aのたわみ量δ_aの1/4、梁bと梁cのたわみ量δ_bとδ_cの各1/2を加えた値となる。木造軸組構法では、梁の架け方に関する法規はな

いが、竣工後に床のたわみのクレームにならないためにも、このような架け方にならないよう床伏図の段階でチェックしておくべきである

にたわみ量は、梁の支持点の位置で変化する。3次梁（2つの梁を1つの梁で受けている状態）があれば、梁の架ける方向を変えるか、断面を大きくする。

梁の断面を構造計算すると個々の最適な数値が得られるが、部材数が多い木造では、すべての部材を構造計算するのは、合理的ではない。いつも使う木材があれば、手があいたときに構造計算し、スパン表にまとめておくとよい。

水平構面としての役割

高倍率の耐力壁を用いる場合は、水平構面の剛性を高めること。火打ち梁だけに頼らず、剛床など床下地材で剛性が確保できる仕様のほうが安全だ。

2階床伏図の描き方

実際に2階床伏図を描くときには、まず外壁の線と間仕切り線と1階の外壁、間仕切り線を重ねることから始める。つぎに横架材を、外周と間仕切りの位置に描き込む。最後に床梁を追加して、火打ち材を記入するというのが全体の流れとなる。正しい手順で描くことがミスを減らす。このとき注意したいのは、スパンが1,820mmを超える場合。このようなケースでは、必ず特記事項として記入をしておくこと。

● 水平構面
木造軸組構法では屋根・床・火打ち構面の3つから構成される、外力に抵抗する水平方面の骨組のことを指す

材積の比較

①梁を長辺方向に架けた場合

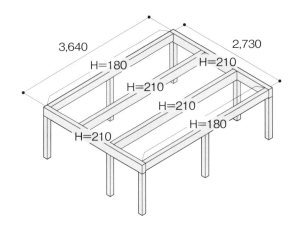

②梁を短辺方向に架けた場合

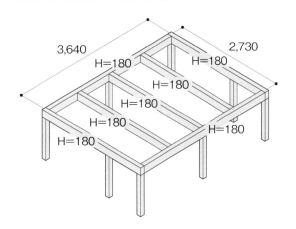

短辺方向と長辺方向での材積の比較

	材積					仕口数
	幅（m）	長さ（m）	高さ（m）	数量（本）	材積（m³）	
長辺方向	0.105	3.64	0.21	2	0.1605	⑧
	0.105	3.64	0.18	2	0.1376	
	0.105	2.73	0.21	2	0.1204	
	合計			6	0.4185	
短辺方向	0.105	2.73	0.18	5	0.2580	⑩
	0.105	3.64	0.18	2	0.1376	
	合計			7	0.3956	

長辺方向の梁せいは短辺方向より30mm大きく、梁長さは心寸法としている。材積を比較すると短辺方向が少ないが、仕口数では長辺方向よりも多くなることが分かる。仕口数でプレカットの加工時間や加工点数は変わるため、加工賃に影響するケースも考えられる。どちらを選択するかは設計条件やプランからの判断になる

2階床伏図の作成手順

STEP 1
2階の外壁・間仕切り線と1階の外壁・間仕切り線を重ねる

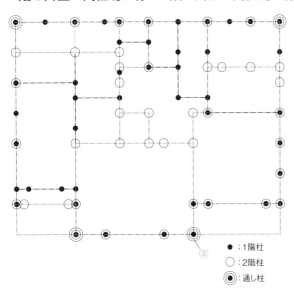

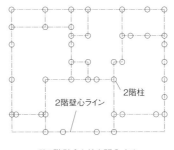

①2階壁心と柱を記入する

②1階壁心と柱を記入する

●：1階柱
○：2階柱
◎：通し柱

①2階の外壁線、間仕切壁線を記入し、2階の管柱を○で記入する
　（壁の交点、サッシ両端部、ドア吊元または両端など）
②1階の外壁線、間仕切壁線を記入し、1階管柱を●で記入する
③出隅の柱を通し柱に指定する

STEP 2
横架材を外周・間仕切壁位置に描き込む

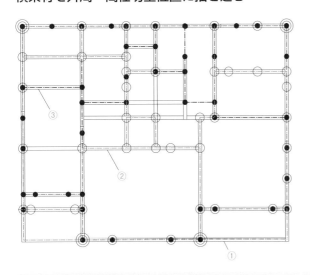

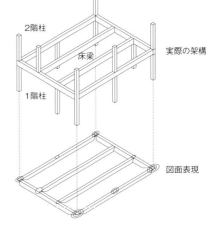

①外周壁およびバルコニー手摺位置に横架材を記入する
②2階間仕切壁位置に横架材を記入する
③1階間仕切壁位置に横架材を記入する

同一平面上に上下の柱を区
別して記載しなければならない
ため、1階柱と2階柱は識別で
きるように記号化する

STEP 3
床梁を追加で記入する

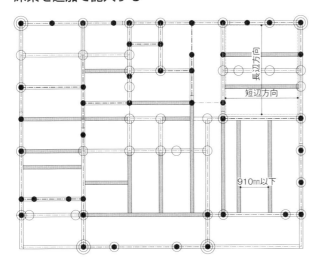

梁間隔が910mm以下になるような位置に
梁を追加記入する
（まだ梁の勝ち負けは検討しない）

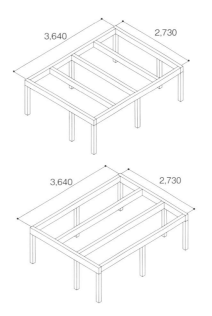

梁で囲まれた領域に910mm間隔となるように床梁を追
加する場合、長辺方向に架けるか短辺方向に架けるか
を検討する。部材点数を抑えるには長辺方向が有利
だが、床振動や受け梁、2階の柱を受けることを考え
れば短辺方向が有利になることもあるので、設計者が
総合的に判断しなければならない

STEP 4
火打ち材を描き込む

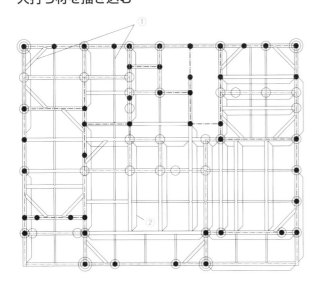

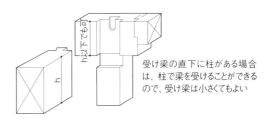

受け梁の直下に柱がある場合
は、柱で梁を受けることができる
ので、受け梁は小さくてもよい

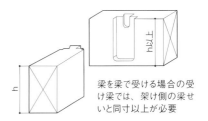

梁を梁で受ける場合の受
け梁では、架け側の梁せ
いと同寸以上が必要

① 火打ち材、合板受け材を記入する
　根太レス床とする場合には、床合板の継目の直下に受け材を設
　ける。これにより、床合板の割付けが決まる。受け材の断面寸法
　によっては火打ち材と干渉するので、火打ち材を避けて設ける。
　ただし、根太レス床として構造用合板を横架材に直接釘打ちす
　る場合は、その隅角部を火打ち材とみなすこともできる
② 横架材のうち、2階の柱を受けるものやスパンが1,820mmを超
　えるものは、梁として特記する。梁せいは構造計算やスパン表
　などから求める

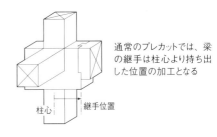

通常のプレカットでは、梁
の継手は柱心より持ち出
した位置の加工となる

2階床伏図の例(S＝1：50)

作図のポイント

● 梁はその梁が負担する鉛直荷重による曲げとたわみを考慮して断面を決める

● 受け梁は、架け梁と同サイズかそれ以上でなければ継手・仕口は納まらない。ただし、受け梁直下に柱がある場合は柱にも架け梁を受けさせることができる

● 機械プレカットでの加工を依頼する場合は、特殊な継手・仕口はできるだけ避けたほうがよい。特に台持継ぎ(だいもちつぎ)や追っ掛け大栓継ぎ(おっかけだいせんつぎ)などの継手や、渡り腮掛け(わたりあごかけ)などの仕口は、一般的には機械加工できないと考えたほうがよい。このような特殊な接合部とする場合は、プレカット工場と事前に相談しておく必要がある

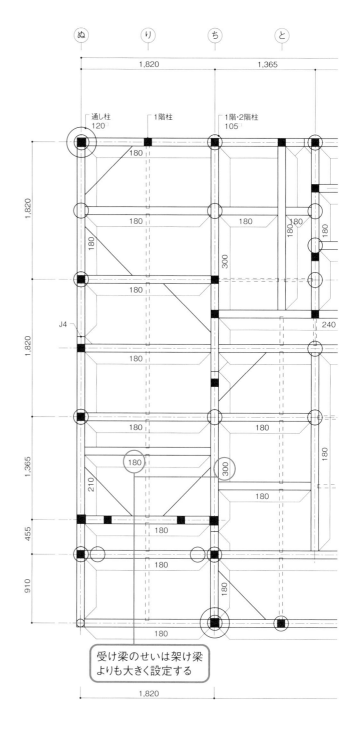

受け梁のせいは架け梁よりも大きく設定する

凡例
■ 1階柱
◉ 1階・2階柱
○ 2階柱
◎ 通し柱
✛ 手摺壁用束柱
／ 火打ち材

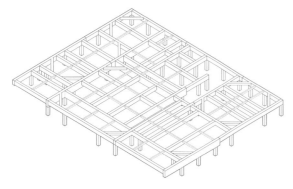

2階床アイソメ

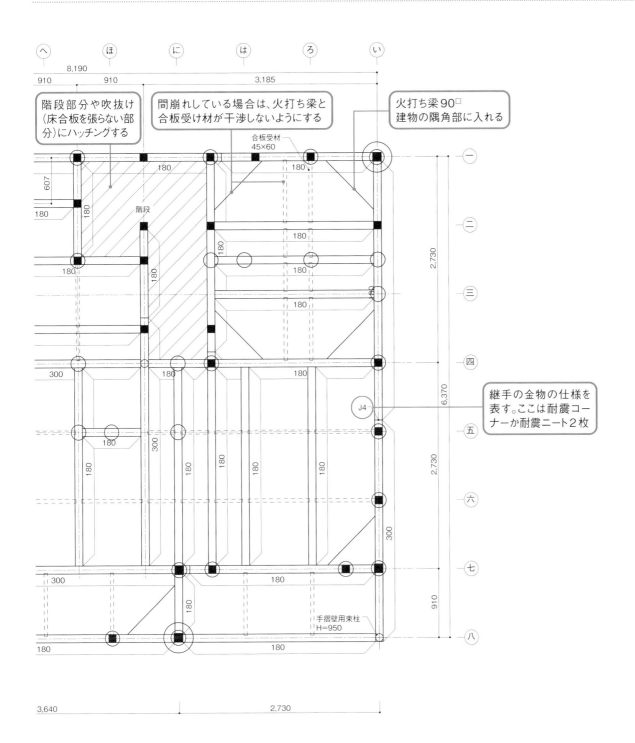

階段部分や吹抜け
（床合板を張らない部
分）にハッチングする

間崩れしている場合は、火打ち梁と
合板受け材が干渉しないようにする

火打ち梁90□
建物の隅角部に入れる

継手の金物の仕様を
表す。ここは耐震コー
ナーか耐震ニート2枚

記号	部位	材種（樹種）
———	梁・桁	105□以上 構造用集成材　E105-F300以上
- - - -	合板受け材	45×60（カナダツガ）

※上記以外は特記による

J1	羽子板ボルト
J2	羽子板ボルト2枚
J3	耐震コーナーまたは耐震ニート
J4	耐震コーナーまたは耐震ニート2枚

※継手・仕口の標準仕様は、J1・J3とする

構造図

小屋伏図の目的と作成のポイント

小屋組の形式はさまざまなものがあるので正しく把握し、部材の上下関係に注意して作図する

部材の位置関係を把握して描く

小屋伏図は、部材の上下関係を考慮して作図する必要がある。どこから下を見下げているのかを把握しないと、間違った図面を描いてしまうので注意が必要だ。

小屋組の形式

屋根は、切妻、寄せ棟、方形、入母屋、片流れ、越屋根、陸屋根などと、多様な形状をもつ。さらに、仕上材や勾配など意匠上の狙いによっても、選択する小屋組は変わるので、深い理解が求められる。

代表的な小屋組は、和小屋、母屋梁、登り梁である。最も一般的なのが和小屋で、小屋梁に小屋束を立てて母屋を載せ、垂木を架けて組む。屋根直下の天井を、屋根勾配を利用し露し天井としたいのであれば、母屋梁か登

● 小屋伏図
屋根の構造部の配置を示す図面のこと。棟木、垂木、梁、母屋、軒桁などを描き表しており、小屋組みの状態が一目瞭然となる

おもな小屋組の種類と小屋梁のスパン表

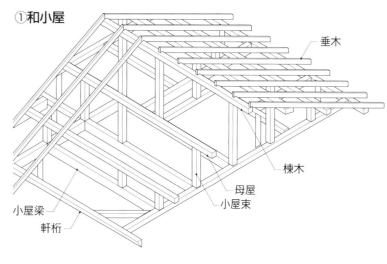

①和小屋 垂木 棟木 母屋 小屋束 小屋梁 軒桁

②母屋梁 垂木 棟木 母屋束 母屋梁

③登り梁 垂木 棟木 棟束 母屋梁 束柱 登り梁 軒桁

①は和小屋・寄せ棟の一部を切妻に変えたモデルである。②は小屋組の一部を母屋梁に、③は登り梁に、それぞれ変えたものである。②と③では小屋梁・小屋束がなくなり、天井面が開放された空間となる

小屋梁のスパン表

間隔(mm)	スパン(mm)		
	1,820	2,730	3,640
910	105×105	105×180	105×180
1,820	105×180	105×210	105×240
2,730	105×180	105×240	105×270
3,640	105×180	105×240	105×300

登り梁を受ける両端の軒桁と棟木は、登り梁より梁せいを大きくする必要があり、屋根勾配とスパンから断面の詳細な検討が必要だ。プレカット工場によっては、斜め梁が自動加工できない場合もあるので、あらかじめ工場に確認しておきたい

設定条件：左記の値は部材せいの最低寸法で、部材幅は105mmとする
断面A、断面係数Z、断面2次モーメントIは低減率20%で算出

り梁が適している。

母屋梁は、母屋が小屋梁の役割を兼ねるもので、直下の小屋梁・小屋束が省略でき、プレカットの加工手間がかからず、建方も比較的容易である。いっぽう登り梁は、軒桁から棟木まで、屋根勾配に従って梁をわたす架構である。豪快で、天井露しのデザインにも適している。

部材の選択

小屋組の構成部材は、野地板(合板)、垂木、棟木、母屋、隅木、谷木、小屋束、小屋梁、火打ち材などである。また、屋根材の種類や部材の断面寸法によって、各部材の配置間隔や最大スパンなどが異なるため、総合的な判断が必要である。

一例だが、屋根材に瓦(葺き土なし)、野地板が構造用合板厚さ12㎜、垂木の断面寸法が45×75㎜、母屋の断面寸法が90㎜角程度の小屋組では、垂木間隔は455㎜、母屋間隔は910㎜、小屋束間隔は1,820㎜程度が標準とされている。

小屋伏図(片流れ+登り梁)の例(S=1:80)

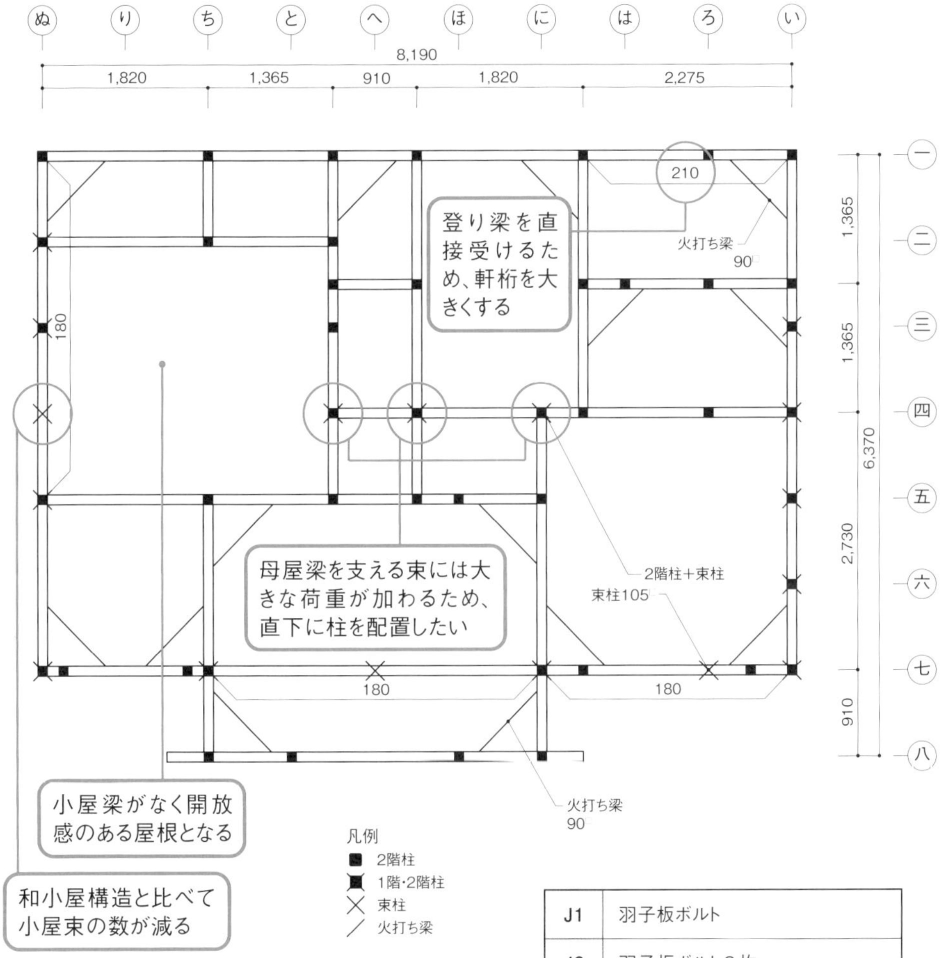

ぬ
り
ち
と
へ
ほ
に
は
ろ
い
8,190
1,820
1,365
910
1,820
2,275
一
二
三
四
五
六
七
八
1,365
1,365
6,370
2,730
910
210
火打ち梁 90
180
登り梁を直接受けるため、軒桁を大きくする
母屋梁を支える束には大きな荷重が加わるため、直下に柱を配置したい
2階柱+束柱
束柱105
180
180
火打ち梁 90
小屋梁がなく開放感のある屋根となる
和小屋構造と比べて小屋束の数が減る
凡例
2階柱
1階・2階柱
束柱
火打ち梁

描き方の手順

①2階の内壁・外壁の中心線を補助線として記入する
②小屋束を記入する
③2階管柱を記入する
④外周壁上部に横架材を記入する
⑤内部の耐力壁と間仕切壁上部に横架材を記入する
⑥小屋束を受ける横架材を記入する
⑦横架材のサイズを計算し、記入する
⑧火打ち材を配置する

作図のポイント

- 小屋伏図は屋根のかたちを決定するとともに、屋根からの荷重を下方へ伝えるための仕組みを示しているといえる。したがって、水平投影した屋根のかたちから順に、下の部材へ描き進めると間違いや手戻りを最小限に抑えることができる
- 登り梁構造では、小屋梁伏図と屋根伏図に分けて作図すると、高さと梁の大きさの関係が明確になる

J1	羽子板ボルト
J2	羽子板ボルト2枚
J3	耐震コーナーまたは耐震ニート
J4	耐震コーナーまたは耐震ニート2枚

※継手・仕口の標準仕様は、J1・J3とする

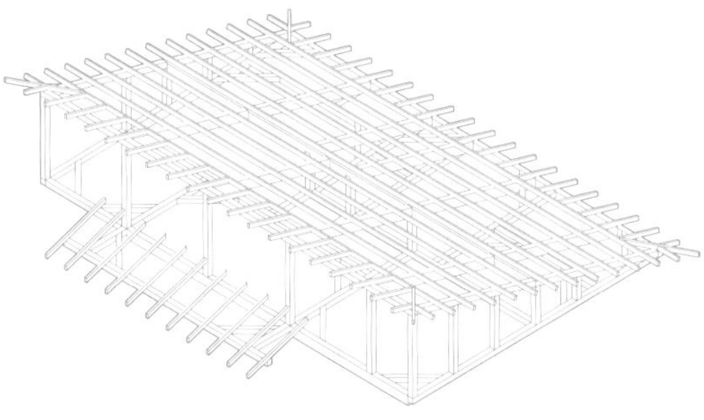

片流れアイソメ

部位	材種(樹種)	寸法	
		幅(㎜)	せい(㎜)
束	JAS構造用製材(ベイツガ)	105	105
小屋梁	JAS構造用集成材E105-F300	105	105～180

小屋伏図の作成手順

STEP 1
2階外壁心・軒先ラインを描き入れて小屋束を配置

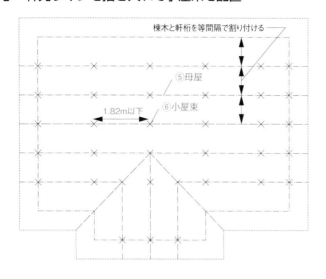

棟木と軒桁を等間隔で割り付ける

⑤母屋
⑥小屋束
1.82m以下

―・―：外壁
……：軒先
――：棟木・谷木
―・―：母屋
✕ ：小屋束

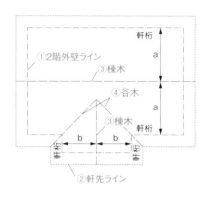

①2階外壁ライン
③棟木
④谷木
③棟木
軒桁
a
a
軒桁
軒桁
b
b
軒桁
②軒先ライン

① 2階外壁心を記入する
② 軒先ラインを記入する
③ 棟木は軒桁間隔の中央部に記入する
④ 谷木を記入する
⑤ 母屋は、水平投影長さで910㎜内外を目安に棟木と軒桁間を等分割する
⑥ 小屋束を1,820㎜間隔以下で配置する

STEP 2
2階外周壁・間仕切り壁位置に横架材を配置

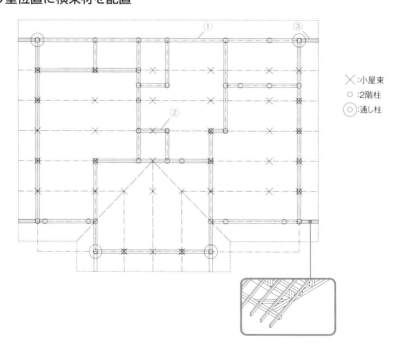

①
③
②

✕：小屋束
○：2階柱
◎：通し柱

① 2階外周壁位置に横架材を記入する
② 2階間仕切壁位置に横架材を記入する
③ 軒桁を軒先まで延長させる

STEP 3
束受けの小屋梁を記入

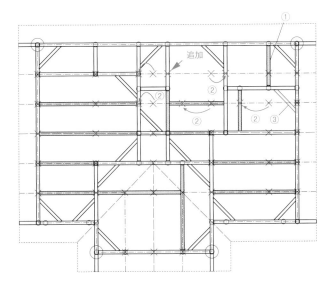

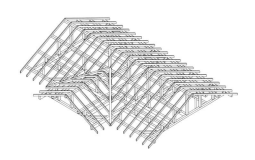

①束を受ける小屋梁を追加する
②追加した小屋梁によって受け梁に作用
する荷重が集中しないよう、適宜小屋
束を移動させる。このとき、小屋束間
隔が1.82mを超えないよう調整する
③火打ち梁を記入する

STEP 4
小屋梁スパン1.82mを超えるものは特記事項として記入

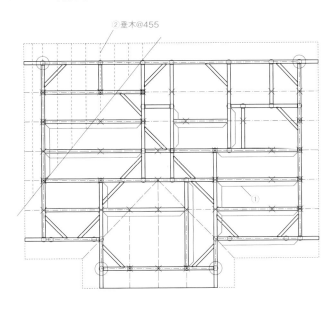

②垂木@455

①小屋梁スパンが1.82mを超える部分
を梁として特記する。梁せいは構造計
算やスパン表などから求める
②必要に応じて垂木を記入する

小屋伏図（切妻＋和小屋）の例（S＝1：50）

作図のポイント

● 小屋伏図は、屋根勾配に応じて段階的に高さの違う部材が水平投影されている。したがって、小屋梁上下の部材だけでなく、母屋どうしの高さ関係にも注意しなければならない

● それらの内容を同一図面上で表現すると、部材の重なりが多い部分では煩雑になり、分かりにくい図面となる。図面化するにあたっては、母屋や垂木などの同一断面部材はシングルラインで記載するなど、記号化する

● 小屋伏図は屋根のかたちを決定するとともに、屋根からの荷重を下方へ伝えるための仕組みを示している。したがって、水平投影した屋根のかたちから順に、下の部材へ描き進めると間違いや手戻りを最小限に抑えられる

● 切妻では、棟木と同じ方向に母屋を架ける。通常、母屋は棟木と軒桁間で910mm前後を目安に等間隔で配置するため、母屋束を通り心からずれた位置に配置しなければならない場合が生じる。2階に間仕切壁などがなければ、母屋束を受けるために小屋梁を配置することになるが、母屋と直交方向に小屋梁を架けると近接する梁や母屋間隔に左右されず、架構のバランスがとりやすい

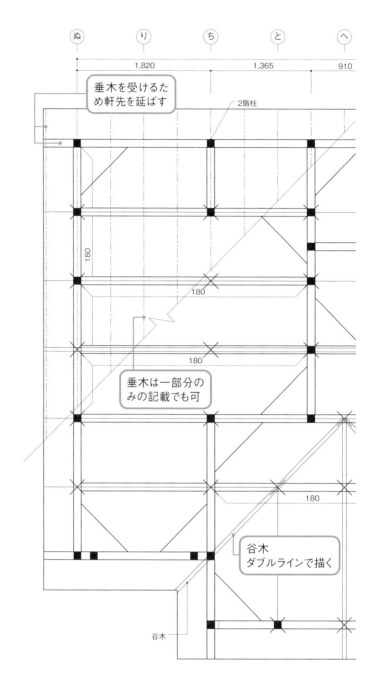

凡例
■ 2階柱
✕ 小屋束
╱ 火打ち梁
═ 棟木・谷木
─ 軒先ライン

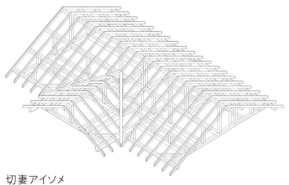

切妻アイソメ

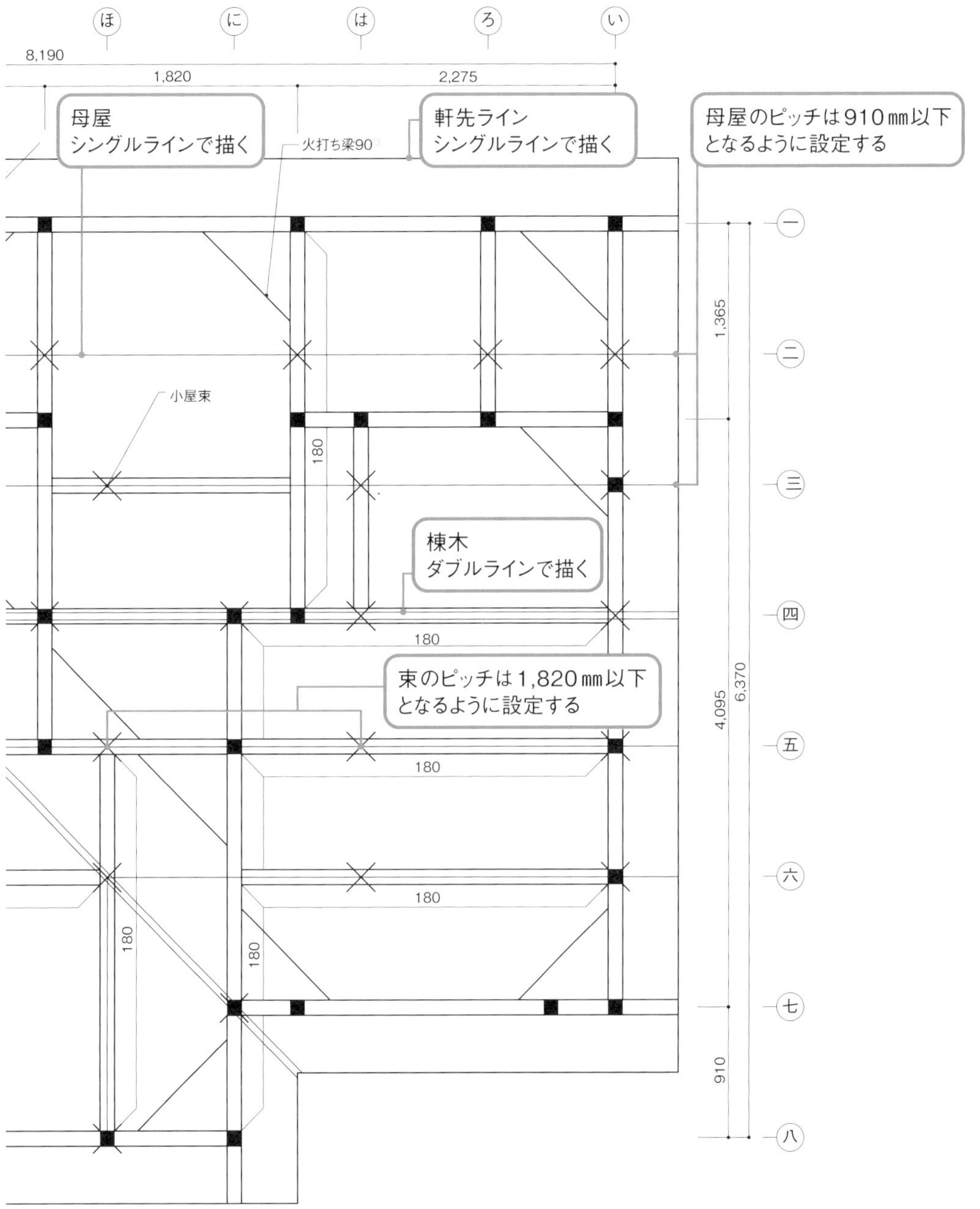

部位	材種（樹種）	寸法	
		幅（㎜）	せい（㎜）
垂木	JAS構造用製材（ベイツガ）	45	75
母屋	JAS構造用製材（ベイツガ）	90	90
束	JAS構造用製材（ベイツガ）	90	90
軒桁・小屋梁	JAS構造用集成材E105-F300	105	105～180
野地板	JAS構造用合板特類[ア]12	910×1,820	

J1	羽子板ボルト
J2	羽子板ボルト2枚
J3	耐震コーナーまたは耐震ニート
J4	耐震コーナーまたは耐震ニート2枚

※継手・仕口の標準仕様は、J1・J3とする

小屋伏図（寄せ棟＋和小屋）の例（S＝1：50）

作図のポイント

- 小屋伏図は、屋根勾配に応じて段階的に高さの違う部材が水平投影されている。したがって、小屋梁上下の部材だけでなく、母屋どうしの高さ関係にも注意しなければならない
- それらの内容を同一図面上で表現すると、部材の重なりが多い部分では煩雑になり、分かりにくい図面となる。図面化するにあたっては、母屋や垂木などの同一断面部材はシングルラインで記載するなど、記号化することで見やすくする工夫が求められる
- 小屋伏図は屋根のかたちを決定するとともに、屋根からの荷重を下方へ伝えるための仕組みを示しているといえる。したがって、水平投影した屋根のかたちから順に、下の部材へ描き進めると間違いや手戻りを最小限に抑えることができる。
- 垂木の間隔は、断面寸法・設置間隔とも一定のため、さほど注意する必要はない
- 母屋の間隔をどのように設定するかで小屋束の位置が決まり、小屋梁の位置にも影響する
- 母屋間隔は910㎜以下が望ましいが、棟木から軒桁までの水平投影距離が910㎜で割り切れない場合などは、小屋梁の架け方で工夫する

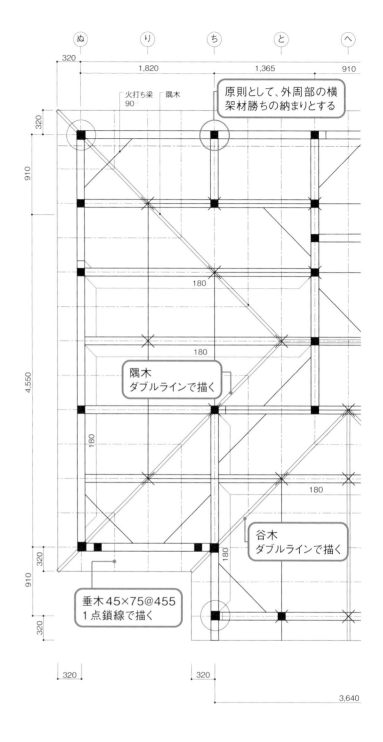

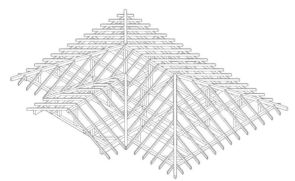

寄せ棟アイソメ

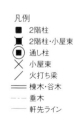

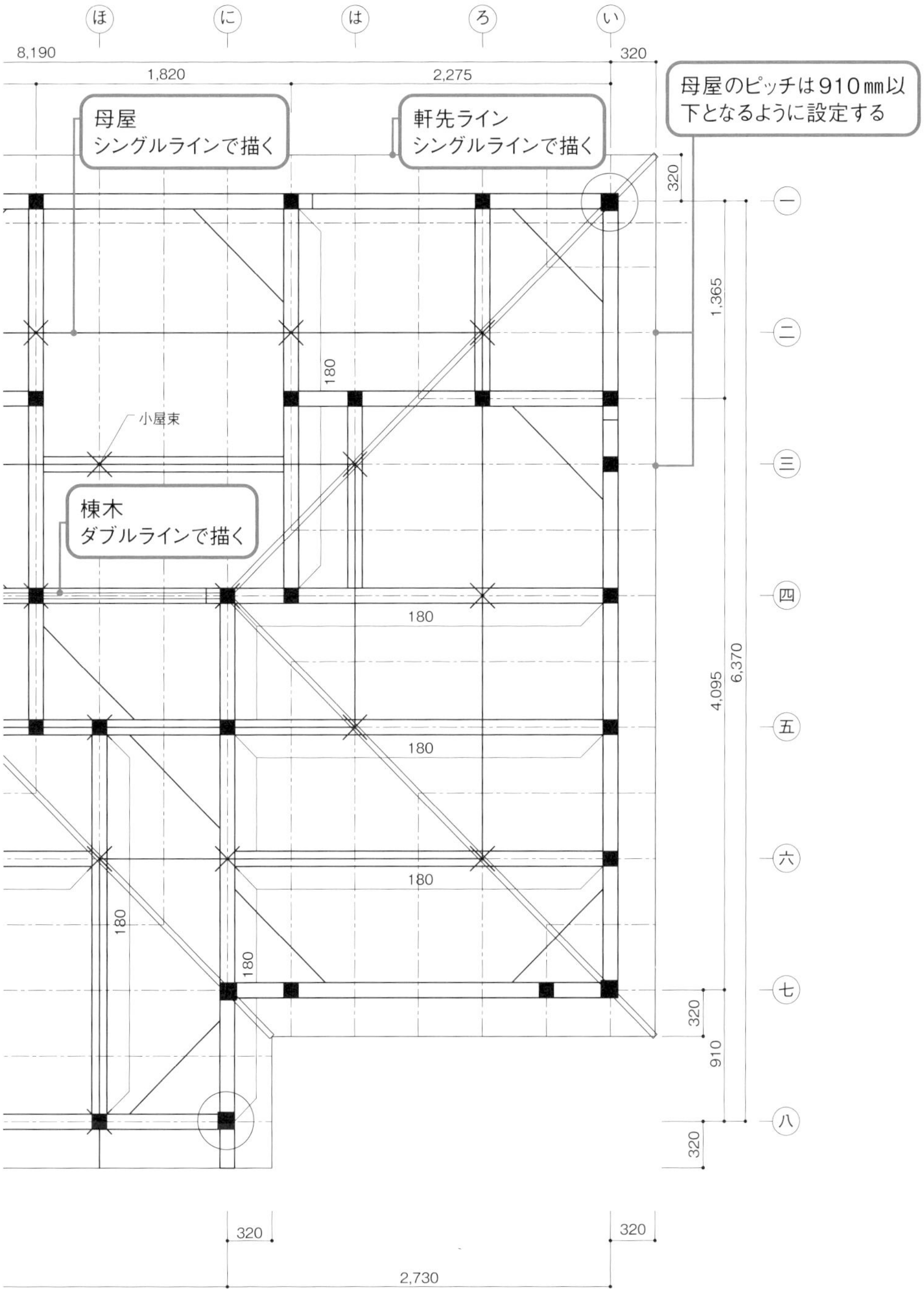
ほ
に
は
ろ
い
8,190
320
1,820
2,275
母屋
シングルラインで描く
軒先ライン
シングルラインで描く
母屋のピッチは910㎜以下となるように設定する
一
二
三
四
五
六
七
八
1,365
180
小屋束
棟木
ダブルラインで描く
4,095
6,370
910
2,730

部位	材種(樹種)	寸法	
		幅(㎜)	せい(㎜)
垂木	JAS構造用製材(ベイツガ)	45	75
母屋	JAS構造用製材(ベイツガ)	90	90
束	JAS構造用製材(ベイツガ)	90	90
軒桁・小屋梁	JAS構造用集成材E105-F300	105	105～180
野地板	JAS構造用合板特類㋐12	910×1,820	

J1	羽子板ボルト
J2	羽子板ボルト2枚
J3	耐震コーナーまたは耐震ニート
J4	耐震コーナーまたは耐震ニート2枚

※継手・仕口の標準仕様は、J1・J3とする

架構露しの構造図の作成ポイント

構造を見せることを意識した架構設計のポイントを、
架構露しの木造住宅の伏図をもとに紹介する

事例で学ぶ木造住宅の架構設計

架構露しとなる木造住宅では、特に伏図の作成には注意を払いたい。ここでは、そうしたケースの伏図作成例を紹介する。モデルとなる住宅は右頁図。この住宅は、6×3間の総2階建ての、シンプルな切妻屋根の建物だ。バルコニーやテラス、ポーチなどの外部空間も、この矩形のなかに納まるプランとし、下屋を一切設けていない。建物のかたちを単純にし、施工床面積をできるだけ小さくすることで、施工コストを抑えるためだ。

国産材を用いた骨太の空間がコンセプトのこの住宅では、木組みの構造部分に予算の多くを割いている。スギの柱、アカマツの梁など主要な材はすべてインテリアに露し、仕口・継手も大工の技を生かした伝統的な手法で組み、見せている。

6×3間＝18坪の輪郭は、1、2階とも6畳大のマス目×6つに分割される。この縦横の分割ラインには意味があり、即ちこれが建物の主要な骨格に相当する。骨格が大きなマス目をかたちづくり、そのマス目が部屋の区切りと符合していることが見て取れるかと思う。これは偶然そうなったのではなく、前に述べたとおり、間取りと架構を整合させるプランニング手法によるものである。

この建物構造では、もうひとつの特徴に、用いた材の長さがある。建物幅＝梁間3間に、継がずにそのまま1本で6mの梁材を架け渡し、ダイナミックな架構をつくっている。これは特別な例ともいえるのだが、あまり市場には流通することのない長物の太鼓梁を山に通じる材木業者から入手できることが事前に分かっていたので、設計に盛り込むことができた。

● 間
けん

木造在来工法で使用される尺貫法の単位。1間＝1,820mmで用いられる。ちなみにコンパネやプラスターボードにも、この寸法は用いられており建築では定尺寸法として使用される

2階吹抜けから寝室方向を見る。手前には客室があり、吹抜けを緩衝として寝室とつながっている。写真では6mの太鼓梁が架けられている様子が見える

（図）モデル住宅平面プランと立面図

2階平面図（S=1:100）

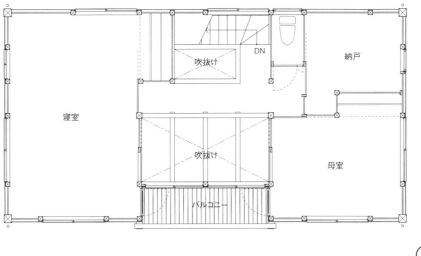

1階平面図（S=1:100）

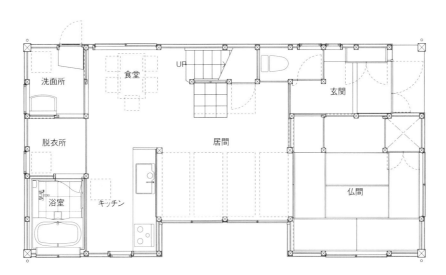

東立面図（S=1:150）

南立面図（S=1:150）

基礎伏図の例(S=1:50)

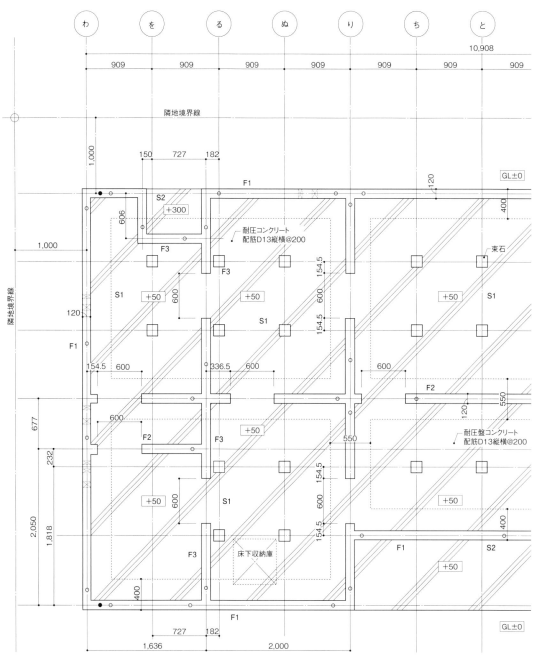

凡例

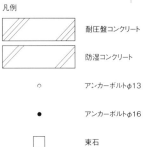

耐圧盤コンクリート

防湿コンクリート

○ アンカーボルトφ13

● アンカーボルトφ16

□ 束石

スケール／レイアウト

盛り込みたい情報を考慮すると、縮尺1/50で作成することが
望ましい。レイアウトは縮尺1/50の平面図と同じでよい

作成手順

1. 通り心と番付を置く
2. 基礎の立上り部分を描く
   →立上りの幅、床下換気口や人通口の位置や長さを表現、詳
   細な数値も書き入れる
   →アンカーボルト、ホールダウン金物の位置を明示し、鋼径
   や長さもうたう

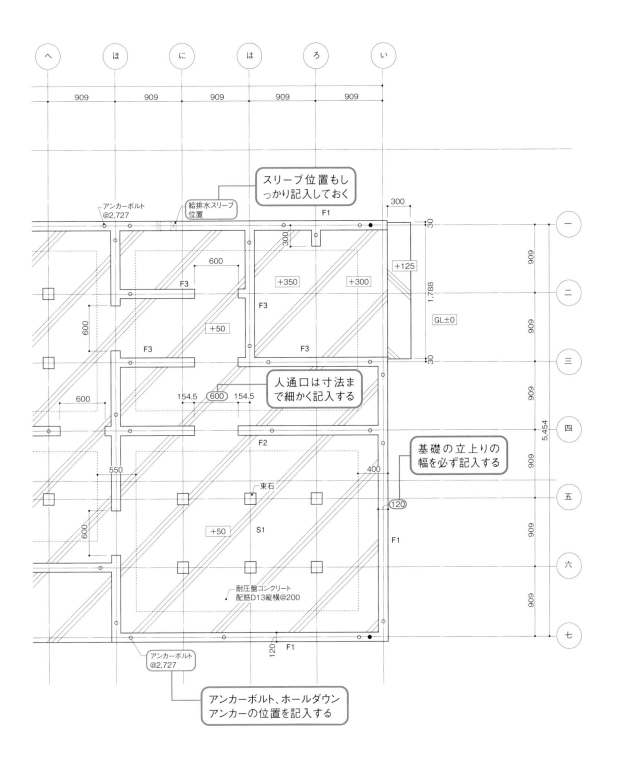

スリーブ位置もし
っかり記入しておく

アンカーボルト
@2,727

給排水スリーブ
位置

F1

300

30

30

+125

GL±0

909

909

909

909

909

909

1,788

5,454

600

F3

600

F3

+50

F3

+350

+300

F3

300

人通口は寸法ま
で細かく記入する

154.5 ⟨600⟩ 154.5

600

F2

基礎の立上りの
幅を必ず記入する

550

束石

+50

S1

400

F1

120

耐圧盤コンクリート
配筋D13縦横@200

120 F1

アンカーボルト
@2,727

アンカーボルト、ホールダウン
アンカーの位置を記入する

へ　ほ　に　は　ろ　い

909　909　909　909　909

一　二　三　四　五　六　七

意匠図　構造図　設備図と作図資料

　　→配管のスリーブが必要ならおおよその位置を入れておく
3. 束石を配置し、耐圧盤や土間コンクリート、防湿コンクリー
　ト位置を、ハッチングで表現する
　　→上記水平面のコンクリート部分には、区画ごとに仕上り
　レベルを書き込んでおく
　　→建物と敷地境界が接近している場合は、境界線も描き、離
　れ寸法も入れておくとよい

注意点

基礎伏図はもっぱら基礎工事業者が見る（大工が基礎伏図を見
ることは少ない）図面だが、アンカーボルト位置など基礎と1階
床組は重要な取合いが非常に多いので、図面相互のつじつまを
きちんと合わせておく

1階床伏図の例(S=1:50)

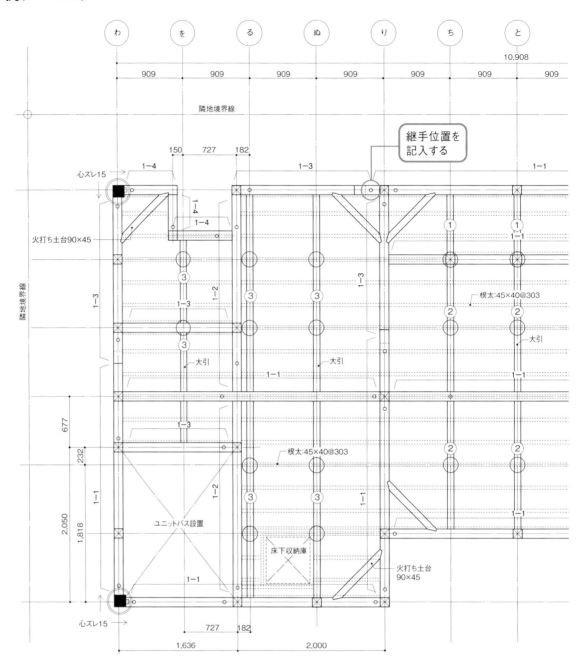

凡例

⊠	柱4寸
■	柱5寸
▭	半柱(120×55)
⬤	通し柱
◯	束4寸角

記号	部位	材料	幅	厚	長さ
1-1	土台	ヒノキ	120mm	120mm	4.0m
1-2	土台	ヒノキ	120mm	120mm	3.0m
1-3	土台	ヒノキ	120mm	120mm	2.0m
1-4	土台	ヒノキ	120mm	120mm	1.0m
③	大引	ヒノキ	90mm	90mm	3.0m
②	大引	ヒノキ	90mm	90mm	2.0m
①	大引	ヒノキ	90mm	90mm	1.0m
	束	ヒノキ	90mm	90mm	0.45m
	根太	スギ	40mm	45mm	―

定尺材を過不足なく用いた設計が望ましい

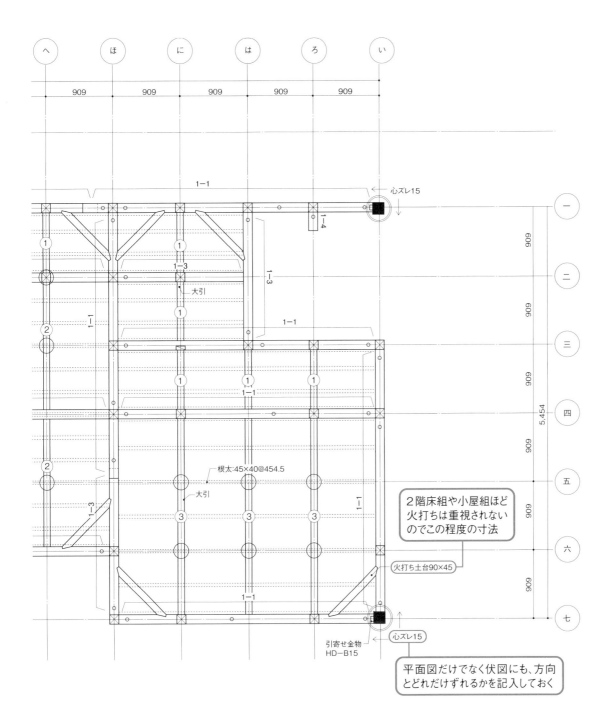

心ズレ15

2階床組や小屋組ほど
火打ちは重視されない
のでこの程度の寸法

火打ち土台90×45

引寄せ金物
HD-B15

心ズレ15

平面図だけでなく伏図にも、方向
とどれだけずれるかを記入しておく

根太:45×40@454.5

大引

スケール

縮尺は1/100または1/50が適切である

作成手順

1. 通り心と番付を描く
2. 土台を描く
   → 基礎の立上り上には必ず載せる。そのほか間仕切下や階段などの荷重がかかる部分にも配置する
3. 大引を3尺間隔で描く
   → 大引は長手方向に継ぐことはないので、定尺の4mを超えないようにする
4. 大引を支える床束の位置を3尺間隔で描き込む

5. 火打ち土台を配置する
6. 根太を大引と直交方向に1〜1.5尺間隔に描く
   → 1/100ならシングルの1点鎖線で、1/50ならダブルの点線で描く

注意点

建物にかかる外力が、柱、土台を経て、有効に基礎に伝達されるように表現されているか。引抜き力のかかる柱脚がきちんと土台に緊結され、その土台もしっかりと基礎に緊結されていることが表現されているかが肝要だ。したがって基礎伏図との整合が鍵となる

2階床伏図の例（S＝1：50）

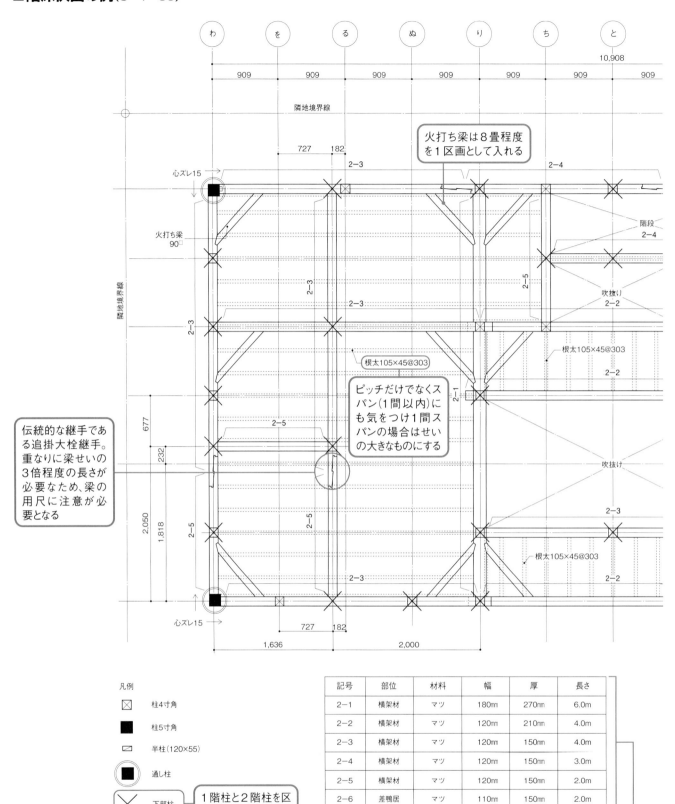

火打ち梁は8畳程度を1区画として入れる

伝統的な継手である追掛大栓継手。重なりに梁せいの3倍程度の長さが必要なため、梁の用尺に注意が必要となる

ピッチだけでなくスパン（1間以内）にも気をつけ1間スパンの場合はせいの大きなものにする

根太105×45@303

凡例

記号	柱4寸角
■	柱5寸角
◰	半柱（120×55）
◉	通し柱
✕	下部柱
○	束4寸角

1階柱と2階柱を区別できるように表示

記号	部位	材料	幅	厚	長さ
2-1	横架材	マツ	180mm	270mm	6.0m
2-2	横架材	マツ	120mm	210mm	4.0m
2-3	横架材	マツ	120mm	150mm	4.0m
2-4	横架材	マツ	120mm	150mm	3.0m
2-5	横架材	マツ	120mm	150mm	2.0m
2-6	差鴨居	マツ	110mm	150mm	2.0m

横架材はリスト化しておくと木捨いや材積計算に役立つ

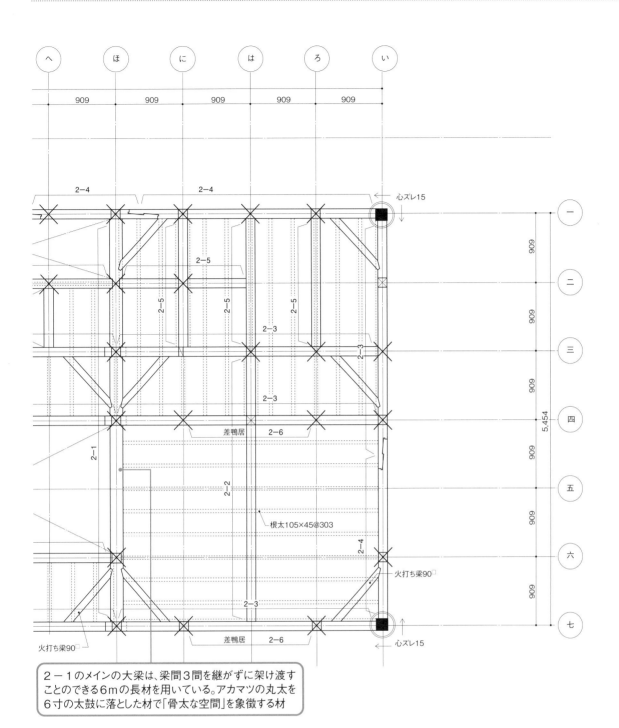

へ　　ほ　　に　　は　　ろ　　い

909　　909　　909　　909　　909

2−4　　　　2−4　　　　　←心ズレ15

2−5

2−5　2−5　2−5

2−3

2−3

差鴨居　　2−6

2−1

2−2

根太105×45@303

2−4

火打ち梁90□

2−3

火打ち梁90□　　差鴨居　2−6　　←心ズレ15

一　909　二　909　三　909　四　909　五　909　六　909　七

5,454

2−1のメインの大梁は、梁間3間を継がずに架け渡すことのできる6mの長材を用いている。アカマツの丸太を6寸の太鼓に落とした材で「骨太な空間」を象徴する材

スケール

縮尺は1/100または1/50が適切である

作成手順

1. 通り心と番付を置く
2. 2階柱を記入する
3. 梁や胴差しなどの横架材を描く
　→梁が交差したりT字形に接する場合など、どちらの材を伸ばすか、上にするかなども表現する
4. 1階の柱位置を凡例に沿い落とす
　→こうすると梁のスパンや集中荷重の状況が一目で分かり、材断決定が早い
5. 火打ち梁を出隅部やT字部に斜めに入れる

　→8畳程度を1区画と考える
6. 根太を描き入れる
　→間隔は1.0〜1.5尺で床板の厚みにより決定される。材断はスパンが3尺なら45×40㎜、1間スパンと混在する場合は、105×45㎜

注意点

2階以上の床組は水平力に対して粘ることが求められる。垂直荷重への対処だけでなく、梁配置や材断、レベルなどの設定が必要となる。たとえば、梁と根太を天端ぞろえで架けて構造用合板や厚板をベタ張りする、梁を井桁状に3間間隔に組む、甲乙梁の方法で水平構面を固める、など。どのような水平構面の考え方をするのか伏図に示しておくとよい

意匠図

構造図

設備図と作図資料

小屋床伏図の例(S=1:50)

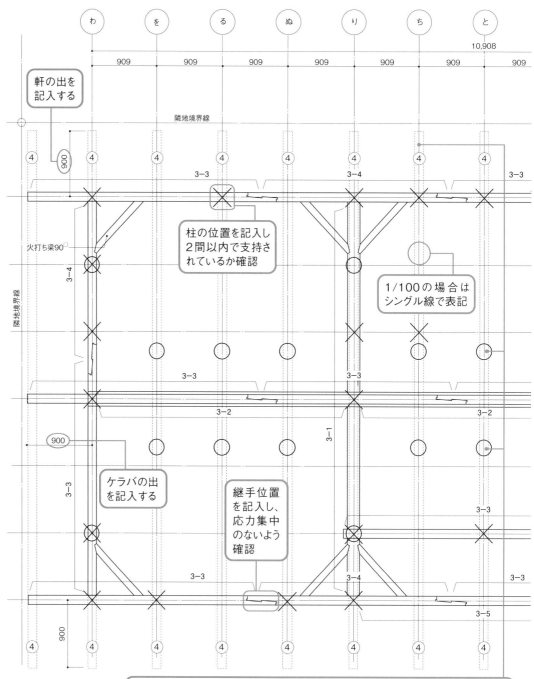

露しの垂木の材断を4寸角、ピッチを909mmとし、登り梁構造とも呼べる架構としている。垂木の勾配分の伸びを考慮した支点間距離を小さくする工夫として、2本の小屋束をV字に配しており、これが特徴あるデザインとなっている(139頁の軸組図参照)

凡例

⊠ 柱4寸角

■ 柱5寸角

▱ 半柱(120×55)

✕ 下部柱

○ 束4寸角

記号	部位	材料	幅	厚	長さ
3-1	横架材	マツ	180mm	270mm	6.0m
3-2	横架材	マツ	180mm	240mm	4.0m
3-3	横架材	マツ	120mm	150mm	4.0m
3-4	横架材	マツ	120mm	150mm	2.0m
3-5	横架材	マツ	120mm	120mm	4.0m
3-6	横架材	マツ	120mm	120mm	2.0m
④	垂木	スギ	120mm	120mm	4.0m

棟木は4寸角以上、桁材のせいは5寸以上とする

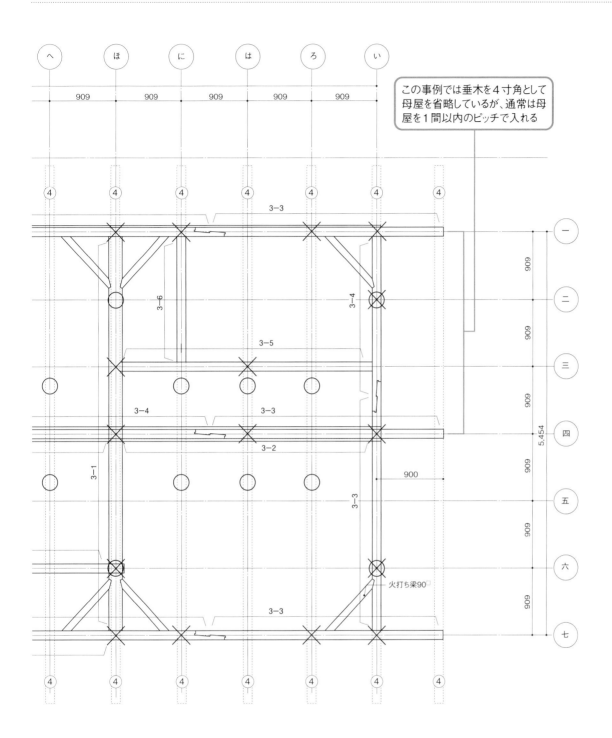

この事例では垂木を4寸角として母屋を省略しているが、通常は母屋を1間以内のピッチで入れる

スケール

縮尺は1/100または1/50が適切である

作成手順

1. 2階平面図を下敷きに、桁行と平行に母屋を3尺間隔で置く
2. 母屋を受ける小屋束を1間間隔でマーキングする
3. 大まかに想定した梁が、その束をもれなく受けているか確認
4. 2階の柱をプロットし、梁が2間以内で支持されているか確認
   →以上はまずスケッチにより確認する
5. 通り心と番付を置き、ガイドラインとして屋根の軒とケラバの出を引く
6. 桁、母屋、棟木、梁と描き進む
   →母屋は桁行方向の梁と平面的に同位置に入ることが多い。

桁の下部に差鴨居を入れる場合など図面表現に配慮する

7. 垂木を描く
   →1/50なら実寸でダブル線、1/100ならシングル線で表示（母屋も同様）
8. 隅部に火打ち梁を入れる
9. 小屋束、2階柱位置を、凡例に従い描く

注意点

継手の位置と種類を図示し、応力集中を確認するとともに、小屋組を露した場合の見え方も検討。また、小屋組は床仕上げがないため、地廻りで水平剛性を高める。火打ち梁を入れる、縦横にクロスさせ渡りあごで梁を組む、桁と梁の仕口を剛性の高い折置組とする、などの対策がバランスよくとられているかを、小屋伏図で確認する

軸組図の目的と作成のポイント

建物の軸組を立面で表すのが軸組図。軸組材の継手・仕口や梁の断面寸法などを表現するのに最も適する

軸組図の目的と位置付け

建物の軸組を平面で表した図が伏図なら、立面で表すのが軸組図である。この図面では、軸組に使われる材料の継手や仕口、梁の断面寸法が表現される。3次元の軸組を正確に伝えるためには、平面的な伏図だけでは十分な情報を伝達することはできない。梁の上下関係や開口部位置などの情報を表現し、施工業者の空間の理解を助けること、それが軸組図の目的と役割である。

伏図では同じように表現されていても、十字に組まれる梁の上下関係が逆であれば空間のイメージは異なり、木取りもまったく違うものになる。木造軸組構法では、線材の木材を部分的に切り欠いて組む。さまざまな断面寸法の横架材や柱を、継手や仕口により接合する。また、梁の断面寸法や上下関係によって、柱の長さや梁の仕口形状が決定される。これらの情報を伝えるには、軸組図が最も適した図面といえるだろう。

また設計段階において、軸組の構造計画に破綻がなく、適切に納まっているか否かを全体にわたって確認することも、軸組図の目的だ。梁間方向、桁行方向それぞれに主要な通りをすべて描くことで、断面寸法に無理はないか、耐力壁の力がうまく流れているかなどを確認し、見落としを防ぐことがこの図面の意図するところとなる。

真壁で梁露しの設計においては、その見え方を検討できる図面でもある。構造的に問題さえなければよしとして軸組の整理を怠ると、美しいインテリアにはならない。真壁づくりにおいては、軸組図はそのまま展開図に連動していることを意識しておきたい。また、軸組図は躯体の拾い図面に準ずるものとしても役立つ。間柱や貫を描き入れるので、これらの長さや本数をカウントすることができる。つまり、材料の拾い落としが減ることになり、見積りの金額もシビアに算出できることになるのだ。

軸組図の描き方

縮尺は1/100で描かれることが多いが、図1・2の例では1/50で作成している。梁の断面寸法の違いや、仕口の勝ち負け、継手位置などについて設計者がどう考えているかを、瞬時にかつ感覚的に、刻みを行う大工に理解してもらうためだ。1/100の図面では、4寸と5寸の違いはなかなか読み取れないものである。

梁間・桁行それぞれにおいて、外壁面、主要な間仕切面、耐力壁が存在する面は最低限描きたい。ほかにも微妙なレベル設定や、芯ズレのある面に関して適宜拾う。端から順に、後退していく要領で次の面に移っていくのがルールだ。

まず、通り芯と番付を置き、高さ方向の基準線としてGL、1FL、2FL、桁レベルを引く。各種伏図の情報に従い、柱も入れながら構造部材を描き、断面として表れる横架材も表現しておく。事例の桁行側の軸組図では垂木の断面も表現しているが、これは柱と同寸の大きな材を用いたためで、一般的には表現しなくともよい。また、各層において、束、火打ち、筋かいも忘れずに表現する。

次に開口部位置を描き入れる。具体的には、鴨居、敷居、縦枠を表現する。さらに間柱や

● 軸組図
建築物の土台、柱、梁、小屋束、母屋などの位置や形状、寸法、継手・材料を表す図面で、各通り心の骨組みを横から見た姿図のこと。縮尺は1/100程度

● 木取り
木材を建築部材として使用するために、1本の丸太から、いかに無駄なく採材するかを決めること。また、丸太のどの位置を取るかによって材の特徴が変わるため、最適な使用部位も異なってくる。その点も木取りの際に見極めることになる

(図1)軸組図の例 1(梁間方向。S=1:50)

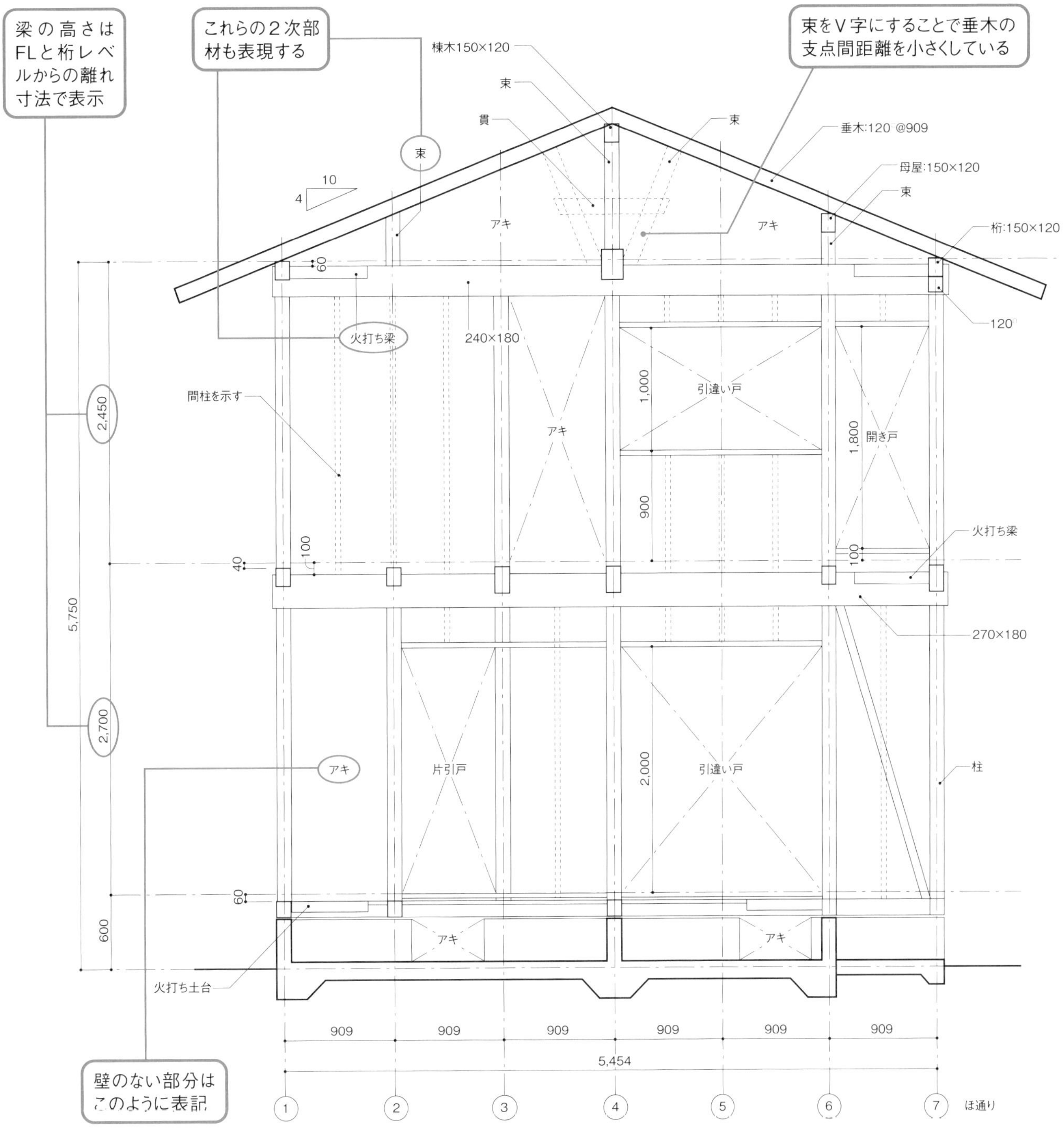
梁の高さはFLと桁レベルからの離れ寸法で表示
これらの2次部材も表現する
束をV字にすることで垂木の支点間距離を小さくしている
棟木150×120
束
貫
束
垂木:120 @909
母屋:150×120
束
桁:150×120
120□
10
4
アキ
アキ
60
火打ち梁
240×180
間柱を示す
1,000
引違い戸
2,450
アキ
1,800
開き戸
900
火打ち梁
100
40
100
5,750
270×180
2,700
アキ
片引戸
2,000
引違い戸
柱
60
600
アキ
アキ
火打ち土台
909
909
909
909
909
909
5,454
壁のない部分はこのように表記
1
2
3
4
5
6
7
ほ通り

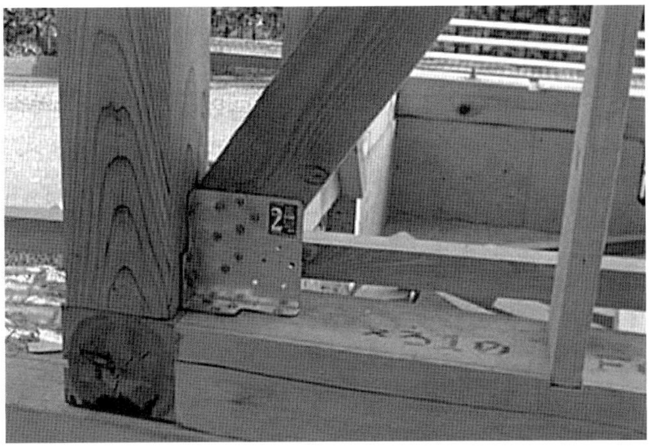

写真1　筋かい端部を2倍金物で固定した例。軸組図にも固定方法を表現しておきたい

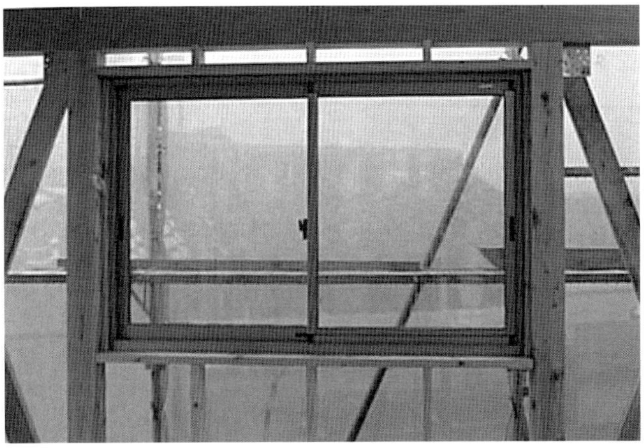

写真2　開口部廻りの施工は造作工事となるが、これらの情報は軸組材の刻み時にも必要となるので軸組図に記入する

貫を破線で描く。壁のない部分は「アキ」と表現しておく。開口部を構成する部材の施工は、造作工事の範疇だが、これらの情報は刻み時にも必要だ。柱や梁の小穴の要・不要や、イレギュラーな貫のレベルなどを知ることで、効率よく下ごしらえが行える。

最後に数値などを書き込む。階高や桁高を書き、梁の高さ位置は、FL、桁レベルからの離れ寸法で表現する。梁の材断も入れておくと分かりやすい。

軸組図作成の注意点

（1）横架材のレベル

主な梁レベルは断面図や矩計図で表現されることが多いが、軸組図では構造材に絞って描き、ほとんどの接合部を表現できることに大きな意味がある。ここで、仕口の欠損の具合や、梁の上下関係を漏れなく知ることができる。また、化粧梁と天井位置の関係や、横引き設備配管との兼ね

（図２）軸組図の例 2 (桁行方向。S＝1：50)

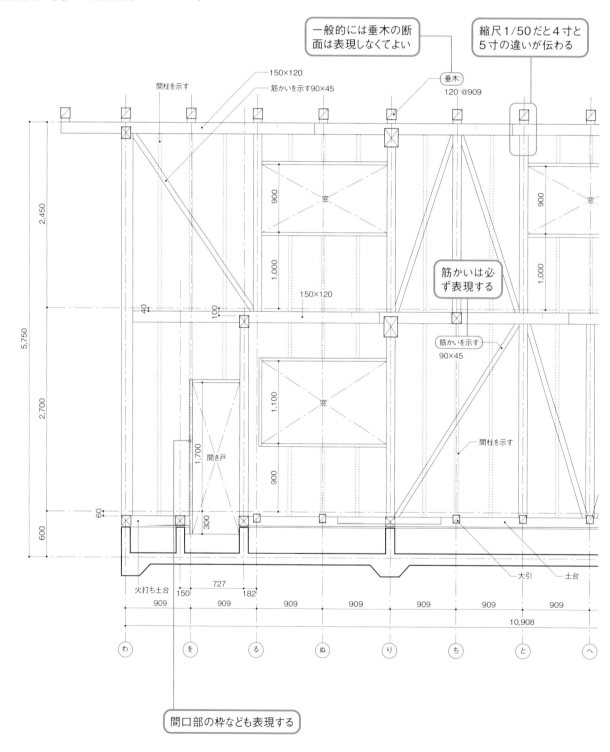

合いも軸組図で検討しておきたい。

　一般的に大工というのは、伏図に相当する独自の「板図」を作成して現場に臨むが、板図には、伏図だけでなくこの軸組図でうたわれた内容を必ず盛り込んでいる。それだけこの軸組図の占める位置づけが重要だということが分かるだろう。

（2）筋かいの表現

　現在、軸組構造の耐力壁には構造用合板などの面材や筋かいなどさまざまな種類が認められている。なかでも筋かいを用いる場合は、位置と方向、固定方法を軸組図では必ず表現しておきたい。

　筋かいは梁間方向、桁行方向ともバランスよく入れる。2組の筋かいがV字や八の字をなすように、またはおのおのたすき掛けに配置する。ただし、位置に関しては軸組図ですべて網羅できるとは限らないので、平面図や筋かい配置図で示す。

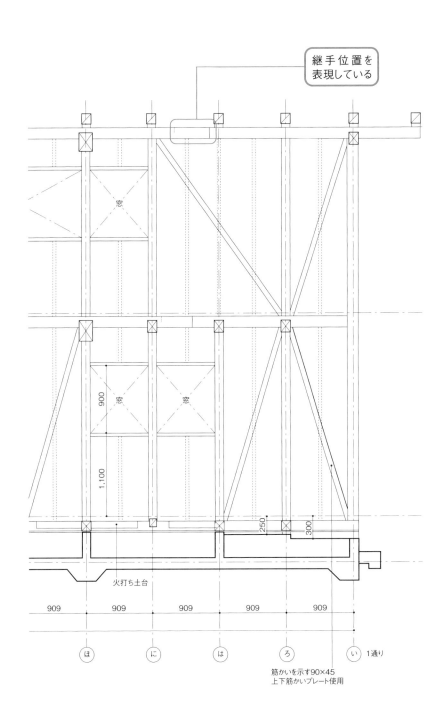

構造図には継手・仕口の詳細図を添付する

詳細な架構設計の検討には、継手・仕口の詳細を指定する必要がある

軸組図に添付すべき継手と仕口の詳細図

より詳細に、架構設計を検討するためには、軸組図、伏図などの構造図だけでなく、継手・仕口の詳細図を添付したほうが分かりやすくなる。

ここに掲載されている軸組図を見ればお分かりと思うが、この建物は伝統構法で設計されている。軸組材はすべて大工による手刻みで加工するため、あらゆる個所における継手・仕口形状の種類を指定したほうが設計意図伝達に有効である。

そこで、分かりやすいように構造図に継手・仕口の詳細図を添付するようにしている。これにより図面の理解が深まり、錯誤は減少する。納まりのバリエーションが多い継手・仕口は、納まりの種類を記号に置き換えて構造図に振っているため、継手・仕口の納まりも一目瞭然である。多少の手間は増えるが、こうすることで意思疎通が図れるのであれば、設計者としては着目すべき手法といえるだろう。

● 手刻み
大工の手で木造の継手・仕口の形状を加工することをいう。機械では対応できない複雑な加工も可能

● 継手・仕口
柱や梁、桁や土台などの構造部材の接合部の総称。材を長手方向に接合する場合を継手、直角または斜めに接合する場合を仕口という。木造であれば、構造材を削り出し、相互に組み合わせて接合する

軸組図の例(S=1：100)

軸組図にサッシ寸法を表す記号を入れているのは、大工が構造材を刻む際に、サッシのアングルの切り欠きなどの加工するために、サッシ寸法の情報が必要となるからである。記入しておくとより親切である

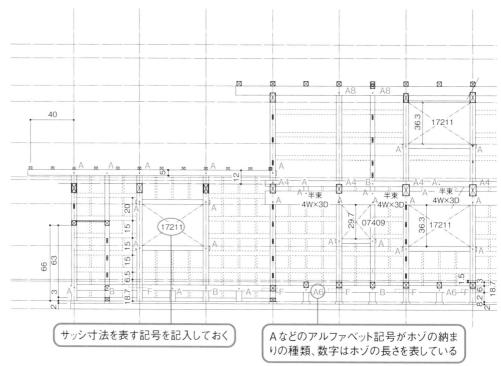

サッシ寸法を表す記号を記入しておく

Aなどのアルファベット記号がホゾの納まりの種類、数字はホゾの長さを表している

注　図面は尺寸法で表現している　ゑ　う　む　ら　な　ね　つ　そ　れ　た　よ　か　わ

渡り腮の納まり図例(S=1:20)

下木と上木の重ね代は矩計を考えるうえでも重要なことであるため、高
さ寸法に影響の出る接合部の納まりもあらかじめ検討しておきたい

平面

上部に柱がない場合

ダボ:カシ

必要に応じ、鉄丸釘L=200

上部に柱がある場合

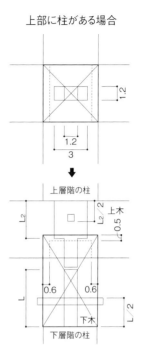

断面

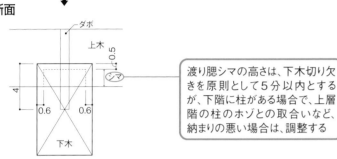

上木

0.5

シマ

4

0.6　0.6

下木

渡り腮シマの高さは、下木切り欠
きを原則として5分以内とする
が、下階に柱がある場合で、上層
階の柱のホゾとの取合いなど、
納まりの悪い場合は、調整する

注　1寸=30.3㎜

上層階の柱

L 2

上木

L 2

0.5

0.6　0.6

L

下木

L 2

下層階の柱

※込み栓の材種は構造材との組み合わせにより決定する

FLからの貫高さ寸法を記入

主要な材の継手位置を表現

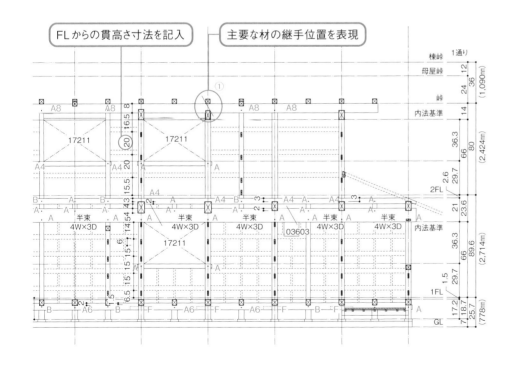

柱ホゾの標準詳細納まり図例(S=1:10)

A:一般的な平ホゾ(柱に梁、梁に柱)

・必要に応じコキホゾとする
・引き勝手は、5厘程度
・平ホゾは穴に対して厚さで2厘薄く、幅で2厘大きくする

B:擦り柄上下から柱の取り合う梁

・上下ホゾ共、3厘程度ずつ引き勝手とする

C:柱脚部と床束

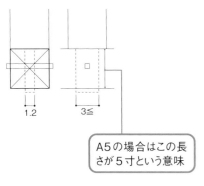

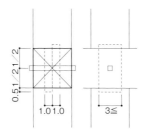

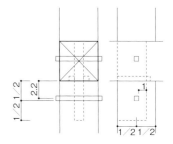

A5の場合はこの長さが5寸という意味

込み栓位置の目安
※込み栓はケヤキ6分角や樫5分角
※丸込み栓は既成の6分丸や樫5分丸

※軸組図中の表記例
A=1.2寸厚さ×5寸長さ
A8=1.2寸厚さ×8寸長さ

この図はホゾの標準納まりを表しているものであり、142頁の軸組図ではAとBの納まりを採用している。木造住宅の図面では構造的な表現が少なめになりがちだが、現場まかせにするのではなく、設計者・施工者の相互の理解を深めるために、こうした詳細図をつけて、たたき台にするとよい

梁継手の納まり図例(142・143頁軸組図の①部分)(S=1:20)

材料の拾出しを行ううえで、継手の位置や長さの情報は必要となる。特に重視したい部位については、継手の納まり図を付けたい。金輪継ぎおよび台持ち継ぎともに真継ぎの納まりとして

あるが、材長は図のとおり異なる。台持ち継ぎには外部からの雨水侵入防止のため、雇いも表記している

横金輪継ぎの場合

平面図

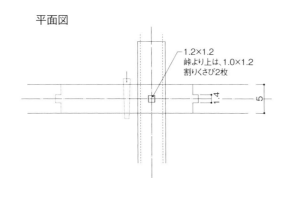

断面図

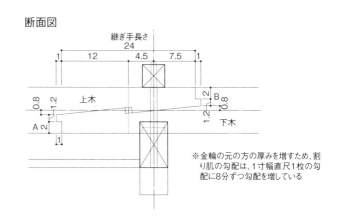

D：柱頭部と柱脚部または小屋束

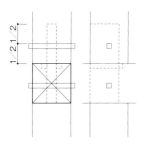

E：上下柱の取合い（見え隠れ）

・丸込み栓は、6分または5分

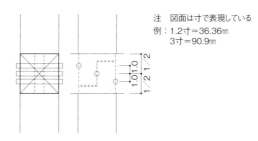

注　図面は寸で表現している
例：1.2寸＝36.36㎜
　　3寸＝90.9㎜

F：石場建ての足固め納まり

欅の雇いを用いた足固めとの差し付け仕口
それぞれの足固めが柱と込み栓により引き合う

柱の欠損を集中させないため、
直交する柄穴はできるだけ離す

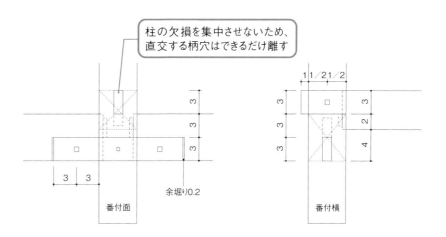

余堀り0.2

番付面

番付横

台持ちの場合

平面図

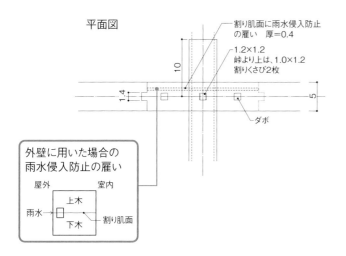

割り肌面に雨水侵入防止
の雇い　厚＝0.4

1.2×1.2
峠より上は、1.0×1.2
割りくさび2枚

ダボ

外壁に用いた場合の
雨水侵入防止の雇い

屋外　　室内

上木

雨水　　　　　割り肌面

下木

断面図

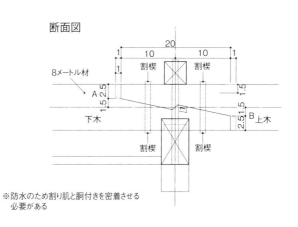

8メートル材

割楔

A

下木

割楔

B 上木

※防水のため割り肌と胴付きを密着させる
必要がある

プレカット図の目的と確認のポイント

縮尺1/50の構造図に柱の位置や見え方まで表現することで、プレカット工場に設計意図を正確に伝える

図面提出の際の注意点

プレカット工場に渡す基本図面は、配置図、各階平面図、立面図、矩計図、また構造図として、各階床伏図、小屋伏図、母屋伏図、屋根伏図である。そのほかに展開図、断面図、軸組図、詳細図などを適宜作成・提出する。基本的には床伏図や軸組図などの構造図にもとづきプレカット図を作成するので、構造図上に、プレカット加工に必要な情報を分かりやすく表現するようにする。しかし実状は、構造図といっても、1/100で描かれていたり、継手や梁の材寸などの表示がないものであったり、さらには、提出すらされないこともあったりするようだ。これでは、工場の担当者が構造を「設計」することになり、設計意図を正確に反映するのは不可能といえる。

各図面の表記上のポイント

提出図面にどのような情報が必要なのか、図面ごとに作成ポイントを解説する。図面の縮尺は、立面図以外は1/50以上が好ましい。また構造図は記号的な表現が中心となるので、凡例表記も必要となる。

(1)平面図

建物を表す基本となる図面なので詳細に表現する。柱の位置と種類、管柱、通し柱、大壁柱、真壁柱、化粧柱などは、意匠上の違いを表記する。これらは構造図でも表記するが、意匠上の柱の扱い(柱の化粧面がどの面なのか、開口部とどのように取り合っているのかなど)は、平面図に記載したほうが読み取りやすい。また、間崩れがある場合は、必ず寸法を記入する。構造図に加工情報のすべてを

盛り込むことも可能だが、視覚的に建物全体のイメージを考慮し、必ず平面図に書き込むようにしたい。

(2)立面図

外壁の形状や屋根勾配、形状、軒の出寸法、開口部の大きさ・位置など、全体の形状を理解するためには不可欠である。立面図の場合は1/100でも十分情報を伝えることができる。

(3)床伏図

構造図に分類される床伏図は、壁と床の軸組を表す図面である。

①柱：位置と種類や、管柱、通し柱、大壁柱、真壁柱などの意匠上の違い、背割り方向などを表記する

②梁：梁寸法、継手、仕口の位置と種類やレベルなどを表記する

③筋かい：耐力壁の位置や方向、種類などを表記する

④火打ち梁：位置や方向などを表記する

⑤根太：レベル、寸法、位置(間隔)を表記する

⑥構造金物：種類と個所を表記する

そのほか、材料の仕上げ(化粧部分など)を表記する。

(4)小屋・母屋・屋根伏図

注意点は基本的に床伏図に同じだが、小屋伏図と母屋伏図、屋根伏図をそれぞれに用意する。このうち母屋伏図は小屋梁の上部の軸組を表す図面とし、併せて屋根形状、軒の出寸法などを表記する。

①束：位置と種類を表記する

②母屋・棟木：寸法、継手、仕口の位置と種類やレベルなどを表記する

③桁：出寸法、端部形状などを表記する

● プレカット図
プレカット工場で作成される加工図で、柱、梁、桁材の仕口、継手はこの図のとおりに加工され、現場で組み立てられる

● 間崩れ
基本モジュールの寸法を部分的にくずした状態のこと。基本モジュールでは間取りが取れない場合などがこれに該当する

プレカット図のチェックポイント

図面	チェックポイント	図面	チェックポイント
床伏図	・柱の位置 ・柱および梁の種類 　（樹種、材寸、大壁・真壁、化粧材など） ・間崩れ寸法　・継手位置 ・仕口位置　・座彫加工の位置 ・筋かいとの取合い（継手位置との干渉など） ・火打ち梁との取合い（継手位置との干渉など） ・レベル（高低差があるなど） ・材寸の確認　・構造金物との取合い	母屋・屋根伏図	・束の位置 ・束および母屋、棟木の種類 　（樹種、材寸、化粧材など） ・間崩れ寸法　・継手位置 ・仕口位置　・レベル（高低差があるなど） ・材寸の確認　・軒の出寸法 ・屋根勾配　・垂木の間隔 ・垂木彫の確認
小屋伏図	・束の位置 ・束および梁の種類（樹種、材寸、化粧材など） ・間崩れ寸法　・継手位置 ・仕口位置　・座彫加工の位置 ・筋かいとの取合い（継手位置との干渉など） ・火打ち梁との取合い（継手位置との干渉など） ・レベル（高低差があるなど） ・材寸の確認　・構造金物との取合い	土台伏図	・柱の位置・種類 　（樹種、材寸、大壁・真壁、化粧材など） ・土台の種類（樹種、材寸など） ・間崩れ寸法　・継手 ・仕口位置 ・筋かいとの取合い（継手位置との干渉など） ・ホールダウンアンカーとの取合い ・基礎伏図との整合性

構造材はすべて露しのため、特に以下の項目を図面上で指示し、さらに加工前に打ち合わせを行う。
・羽子板ボルトやホールダウンボルトなど構造金物の位置や種類
・ボルト端部の座掘り等の有無
・柱、梁の仕上げ方法について（カンナ仕上部分や面取りなど）
・電気配線の埋め込みなどの加工について

・特殊材の納まり（丸太柱や大黒柱、丸太梁など）
・梁の仕口、継ぎ手等の加工及び納まりの確認

一般的な全自動プレカット機械による加工だと構造材の露し仕上げを想定していないため仕上がり上問題となる。実施設計前に工場側と納まり等の確認を行う必要がある

写真①1階LDK。2階の床梁および床板（裏面）を露しとしている。古材柱の加工・電気配線の埋め込みに注意　写真②③2階個室。小屋組み、垂木および野地板（裏面）を露しとしている。ロフト部の梁レベルおよび納まり・化粧垂木との納まりに注意

写真物件の仕様
構造材：土台＝ヒノキ120mm角　柱＝スギ120mm角　梁＝スギ120×120〜300mm
　　　　母屋・束＝スギ120mm角
梁加工：仕上＝カンナ仕上、3ミリ面　仕口＝蟻継ぎ　継ぎ手＝腰掛け鎌継ぎ、追っ掛け大栓継ぎ
柱加工：仕上＝カンナ仕上げ、3ミリ面　端部＝長ほぞ込栓

母屋伏図（設計図書）（原図S＝1：50をS＝1：100に縮小）

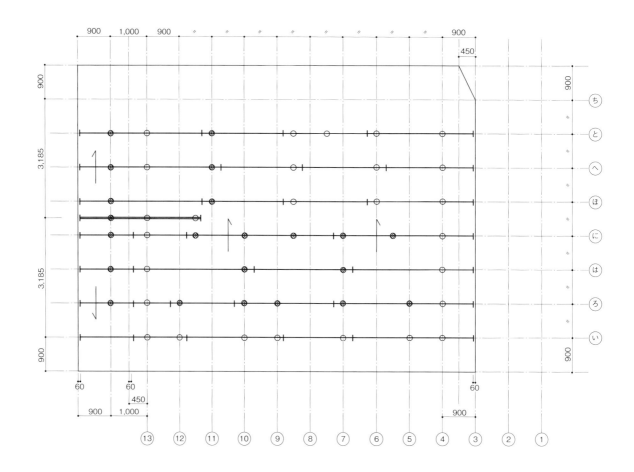

母屋伏図（プレカット図）（原図S＝1：50をS＝1：100に縮小）

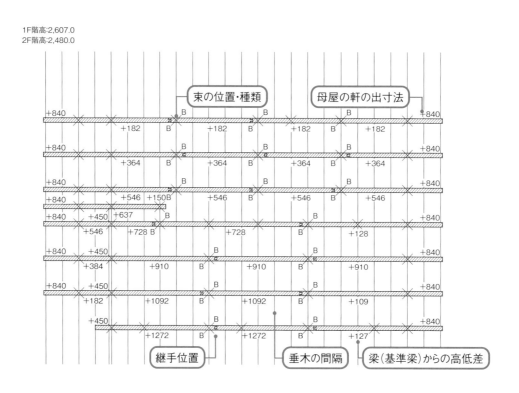

小屋伏図（設計図書）（原図S＝1：50をS＝1：100に縮小）

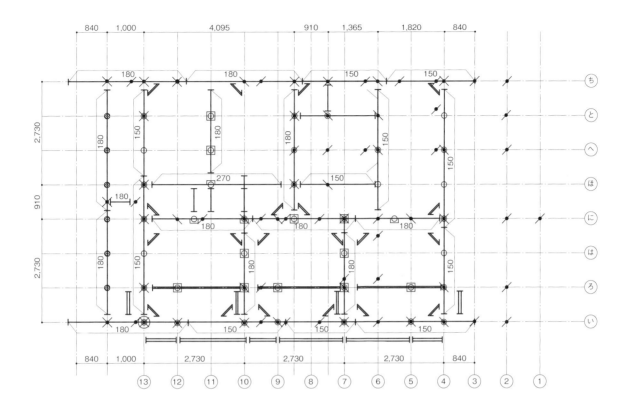

小屋伏図（プレカット図）（原図S＝1：50をS＝1：100に縮小）

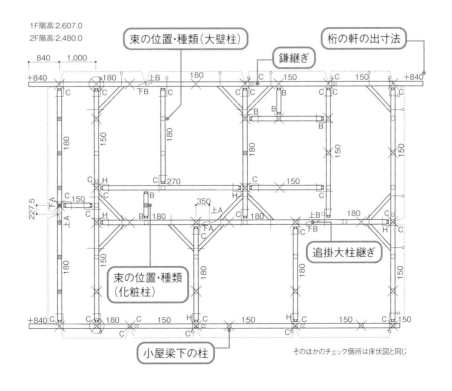

1F階高:2,607.0
2F階高:2,480.0

束の位置・種類（大壁柱）

鎌継ぎ

桁の軒の出寸法

追掛大柱継ぎ

束の位置・種類
（化粧柱）

小屋梁下の柱

そのほかのチェック個所は床伏図と同じ

意匠図

設備図・作図資料

④束の背割り方向を表記する

そのほか、材料の仕上げ（化粧部分など）を表記する。屋根伏図は、屋根形状、垂木、軒の出寸法を表記する。複雑な形状でない場合は母屋伏図と併せて作成する。

（5）土台伏図

土台伏図は床伏図同様、壁と床の軸組を表す。基本的には床伏図に同じだが、以下の点に注意したい。

①柱：位置と種類や、管柱、通し柱、大壁柱、真壁柱などの意匠上の違い、背割り方向などを表記する

②土台・大引：寸法、継手、仕口の位置と種類やレベルなどを表記する

③筋かい：位置や方向、種類を表記する

④火打ち土台：位置や方向などをはっきりと表記する

⑤根太：レベル、寸法、位置（間隔）を表記する

⑥床束：位置や種類などを表記する

⑦構造金物：種類と個所を表記する

そのほか、材料の仕上げ（化粧部分など）を表記する。

（6）基礎伏図

直接的には関係ないが、基礎と大引、土台との取合い、継手、仕口、アンカーボルトの位置、ホールダウンなどの引抜き金物、筋かいなどの耐力壁と基礎、引抜き金物との整合性などの理由から必要となる。忘れないようにしたい。

図面以外に必要な情報

実際には図面だけでは意思の疎通が十分にとれないので、加工図作成前に打ち合わせをしておくとよい。特に強度や納まり、意匠、予算上のことなど、この時点で解決しておくと後で手戻りが少なくてすむ。

また、プレカット工場に図面を渡すときにチェックシートのような書式を備えている工場も多い。図面からすべての加工情報を読み取るのではなく、加工に最低限必要な情報のみを記入できるようになっている。たとえば、モジュール寸法や矩計寸法、屋根勾配、柱の

小径や梁幅、床の仕上がり高さなどである。図面に加えて、概略打ち合わせとチェックシートがあれば手戻り作業も少なくなる。

プレカット図面のポイント

提出図書や設計に問題がなければ、工場からプレカット図が提出される。プレカット図を設計図と突き合わせて、整合性を確認する。基本的には、①高さ・レベル、②配置・寸法・グリッド、③接合部、④筋かい・金物との取合いなどの点を確認する。

特に注意したいのが高さ関係の寸法である。設計図書の図面とプレカット図では階高や横架材（土台、床梁、小屋梁、母屋など）の表記の仕方が異なる。たとえば設計図書では、1・2階の階高は1階床仕上げ天端から2階床仕上げ天端の高さを表記するが、プレカットでいう階高は、土台の天端から2階床梁の天端までの高さとなる。また、同一階での構造材のレベル差など設計図書では、床の仕上げ天端やGLを基点としての±の寸法を表記するが、プレカットでは土台や梁の天端を基点とする。床伏図など構造図には意匠図のレベル表記ではなく軸組材のレベル表記にするとよいだろう。

そのほかに、構造材を露しにしたときなどは、構造金物や継手位置など造作との取合いが生じる場合もあるので慎重にチェックする。また、梁の側面だけ化粧にするなど、プレカット伏図で表現できない場合があるので再度指示を行うことも大切だ。構造用金物はさまざまな種類があるので、正しい金物が適切な場所に使われているかどうかも確認したい。

プレカット図とともに、「質疑事項および確認事項」という書類が提出される。たとえば、「梁の継手が火打ち梁や筋かいと干渉する」「大梁を受けている梁の材寸が小さい」といったことが書かれている。この書類は、プレカット図上で重点的にチェックする必要がある。特に柱や梁が露しの軸組や、屋根形状が複雑な場合などは、多少の変更が必要となる場合が多い。

● チェックシート
プレカット加工を依頼する際に、工場から提出を求められるシートで、モジュール寸法や矩計寸法、屋根勾配、柱の小径や梁幅、床の仕上がり高さなどを記入する。書式は工場によって違いはある

1階床伏図（設計図書）（原図S＝1：50をS＝1：100に縮小）

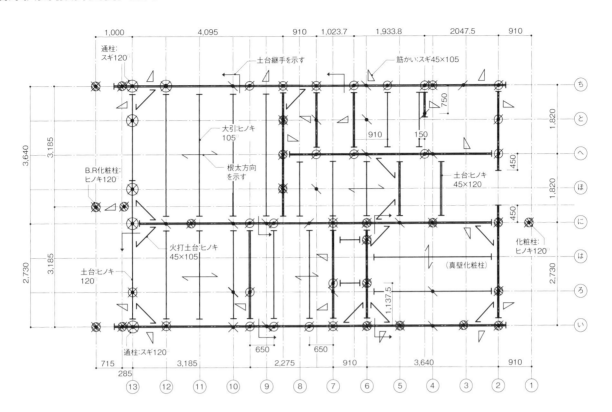

2階床伏図（プレカット図）（原図S＝1：50をS＝1：100に縮小）

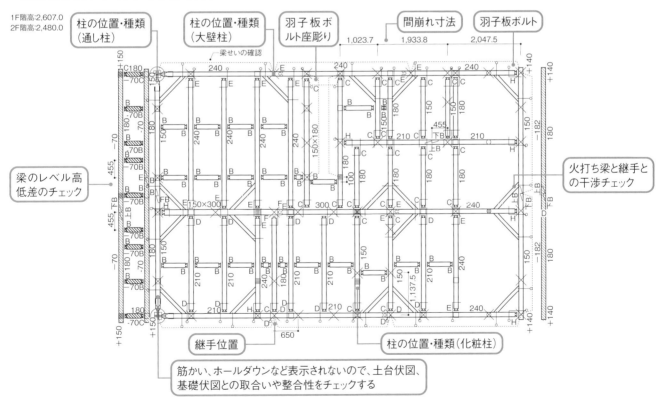

151

プレカット図作成補助ツール 仕様打ち合わせシート

仕様打ち合わせシートを活用して、プレカット工場に設計意図を正確に把握してもらう

プレカットをより有効活用するために

木造住宅に使用する構造材は、これまで大工の手仕事によって、継手・仕口の加工がなされてきた。しかし現在では、あらかじめ工場で機械によって加工されることが多い。これをプレカットという。

現在、プレカット普及率は都市部では約9割にのぼる。それに伴い、架構を決めるプロセスも変化している。大工や設計者に代わってプレカット工場が、軸組を表現した独特の

施工図であるプレカット図作成などによって、架構を決定する業務を担うようになっている。

ここでは、プレカット図作成の補助ツールの「仕様打ち合わせシート」を紹介したい。このシートは、最低限の提出図面からプレカット図を起こすためのもので、刻み間違いなどが起こらないように考えられている。逆にいえば、このシートに記入すべき内容が図面にきちんと盛り込まれていれば、「伝わる図面」になっているということだ。

プレカットの流れ

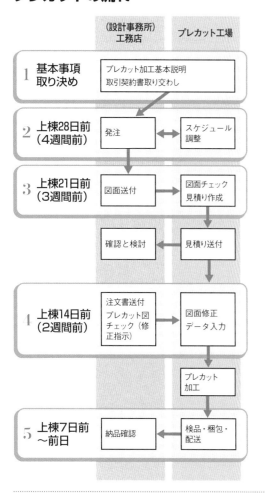

仕様打ち合わせシートの記入例

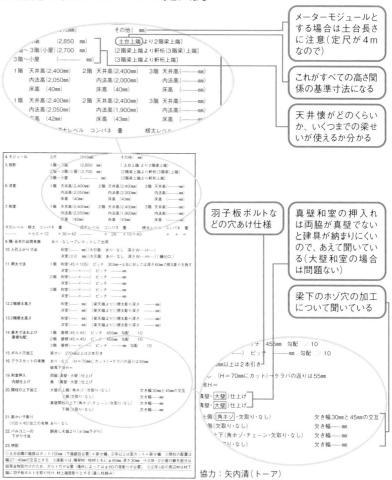

協力：矢内清（トーア）

CHAPTER 3

設備図と作図資料

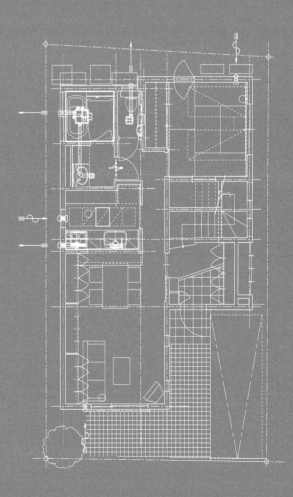

給排水設備図の目的と作成のポイント

給排水設備図では、適正な配管勾配、配管の合流・曲点での掃除口などの設置を確認する

人体の消化器官にあたる給排水設備

「給排水衛生設備は人間ならば飲食と排泄を司る消化器官であり、建物の基本機能である」とは『よくわかる設備設計マニュアル』（㈳東京都建築設備設計協会刊）からの引用だが、このことからもわかるように、これが故障するとほかの機能も連鎖故障しかねない。つまり設備図の役割は、非常に大きいといえる。給排水設備図は、各衛生器具や設備機器と、給水管、排水管、給湯管、ガス管などの接続位置、および関係を示すものである。また、下水道本管や都市ガス本管との接続関係を正確に表現する必要がある。住宅の場合は施工

● 給排水設備図
給水、給湯、排水、ガス設備などの機器の位置や配管経路を示した平面図と、各設備機器のメーカー名や品番などを記入した器具リストから構成されるのが給排水設備図

給排水設備図・1階(原図S=1：50をS=1：80に縮小)

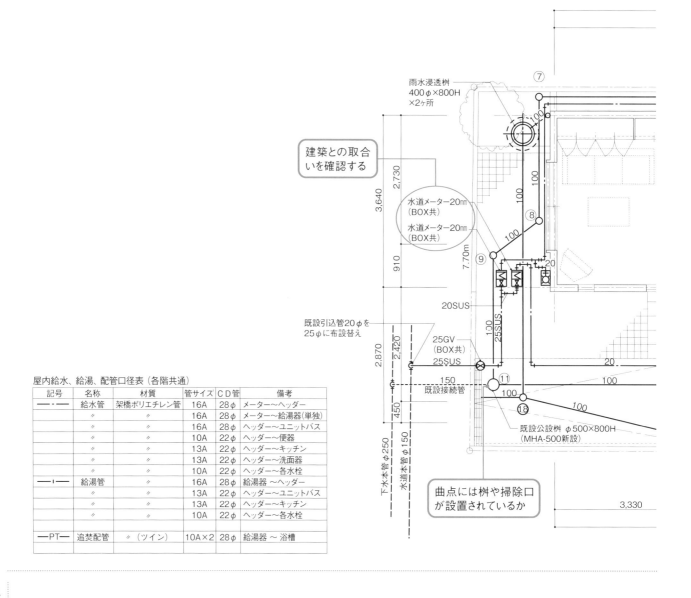

雨水浸透桝
400φ×800H
×2ヶ所

建築との取合いを確認する

水道メーター20mm
（BOX共）

水道メーター20mm
（BOX共）

既設引込管20φを
25φに布設替え

20SUS

25GV
（BOX共）
25SUS

既設接続管

既設公設桝 φ500×800H
（MHA-500新設）

曲点には桝や掃除口が設置されているか

屋内給水、給湯、配管口径表（各階共通）

記号	名称	材質	管サイズ	CD管	備考
─‥─	給水管	架橋ポリエチレン管	16A	28φ	メーター～ヘッダー
	〃	〃	16A	28φ	メーター～給湯器(単独)
	〃	〃	16A	28φ	ヘッダー～ユニットバス
	〃	〃	10A	22φ	ヘッダー～便器
	〃	〃	13A	22φ	ヘッダー～キッチン
	〃	〃	13A	22φ	ヘッダー～洗面器
	〃	〃	10A	22φ	ヘッダー～各水栓
─┼─	給湯管	〃	16A	28φ	給湯器 ～ヘッダー
	〃	〃	13A	22φ	ヘッダー～ユニットバス
	〃	〃	13A	22φ	ヘッダー～キッチン
	〃	〃	10A	22φ	ヘッダー～各水栓
─PT─	追焚配管	〃（ツイン）	10A×2	28φ	給湯器 ～ 浴槽

図を兼ねる場合もあるため、縮尺は1/50程度が望ましいが、配管が集中する水廻り部分のみ1/50とし、ほかは1/100でもよいだろう。

作図前の確認事項

設備図作成の前に、まず建築主の要望内容を確認する。特に予算については、大幅な設計変更が生じないように、枠内に納まるかどうかを先に確認しておく。製品写真などを貼り付けたプレゼン用の設備プロット図などを作成し、方式別の比較検討を示したうえで概算金額を説明し、予算枠を決定する必要がある。便器や洗面器などの衛生器具、給湯器な

どの設備機器の製品仕様を決定したら、機器の配置、給水・給湯、排水・ガスの各配管ルート、管径などを決定し、図面に落としていく(※1)。設備の耐用年数は建物よりも短いため、将来の取替えを前提に計画し、メンテナンススペースが取れるかどうかも図面上で確認する。また、上下水道本管、ガス本管などと敷地との位置関係を関係官庁などで調べ、図面に反映させること。

給排水設備図の注意点

排水配管は汚水・雑排水管内に付着するスケール(※2)を定期的に掃除する必要があるため、極力最短距離で放流下水本管へ導くルー

※1 設計基準は『建築設備設計基準』(国土交通省大臣官房官庁営繕部設備課監修)、『空気調和衛生工学便覧』((社)空気調和・衛生工学会編)などを参照。記号や凡例は『公共建築(機械設備工事)標準図』(国土交通省大臣官房官庁営繕部設備課監修)などを参照
※2 水中のカルシウムやマグネシウムが付着してできる堆積物及び油汚れ・ヌメリなど

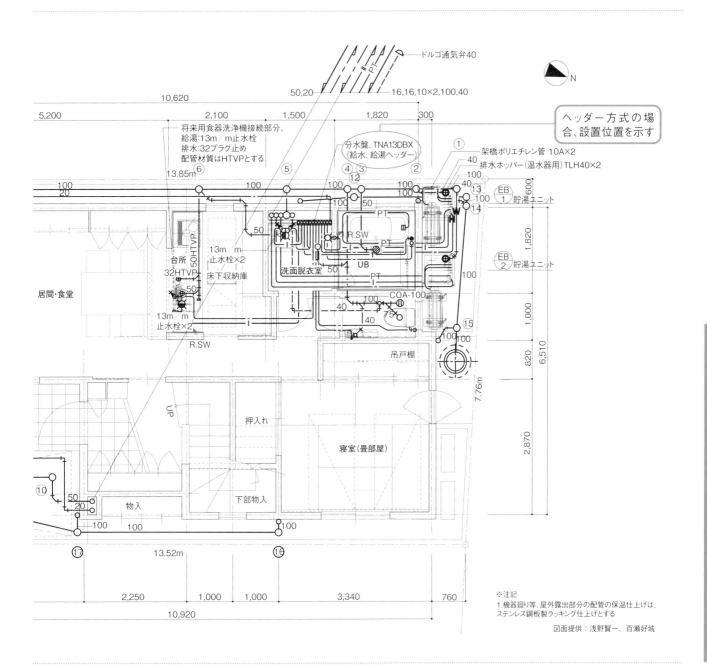

※注記
1.機器廻り等、屋外露出部分の配管の保温仕上げは、ステンレス鋼板製ラッキング仕上げとする

図面提供：浅野賢一、百瀬好城

トとする。図面上で、適正な配管勾配はとれているか、配管の合流点・曲点には掃除口、桝などが設置されているか、浄化槽は正しく設置されているか（下水道処理地域では不要）、適切な位置に通気管を設置できているかを確認する。

雨水については、屋根雨水、敷地の雨水は単独系統で集水し、敷地最終桝で汚水系統に合流させて下水本管へ導く（雨水分流地区は単独で雨水下水本管へ放流または敷地内浸透処理）。管材質は金属系（屋内雑排水のみ）、樹脂系のどちらにするか検討するが、埋設部分は樹脂系とする必要があるので、仕様についても図面上で確認する。ガス配管は都市ガス供給事業者の基準で設計するが、LPGの場合はボンベやバルクが交換しやすい場所に設置されているか確認する。配管は露出を基本とし、埋設は避ける。また、使用室にはガス漏れ感知器を設置する。これらも図面上で表現されているかチェックする。

● 桝
建物に設置された竪樋が接続している雨水排水管の接続個所や排水管の合流地点、排水管の曲がりや排水勾配が変わるところ、道路と敷地との境目付近（最終桝）に、排水設備の維持管理のために設けるもの。コンクリート二次製品が一般的

給水方式の種類

水道直結方式　　水道直結増圧方式　　水道加圧給水方式

 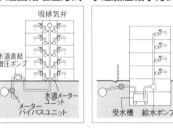

さや管ヘッダー方式

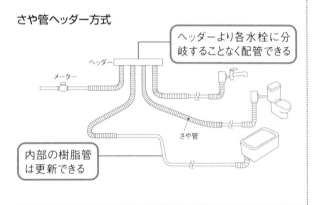

ヘッダーより各水栓に分岐することなく配管できる

内部の樹脂管は更新できる

給排水設備図・2階（原図S＝1：50をS＝1：80に縮小）

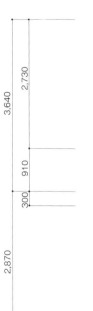

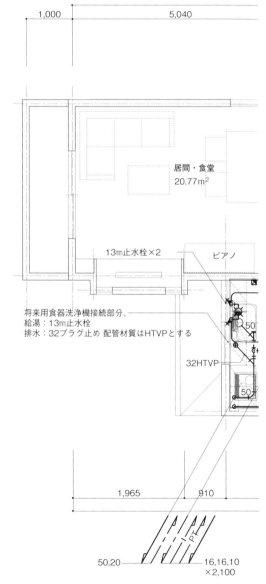

居間・食堂
20.77m²

13mm止水栓×2　　ピアノ

将来用食器洗浄機接続部分、
給湯：13mm止水栓
排水：32プラグ止め　配管材質はHTVPとする

32HTVP

屋内給水、給湯、配管口径表（各階共通）

記号	名称	材質	管サイズ	CD管	備考
—・—	給水管	架橋ポリエチレン管	16A	28φ	メーター〜ヘッダー
〃	〃	〃	16A	28φ	メーター〜給湯器（単独）
〃	〃	〃	16A	28φ	ヘッダー〜ユニットバス
〃	〃	〃	10A	22φ	ヘッダー〜便器
〃	〃	〃	13A	22φ	ヘッダー〜キッチン
〃	〃	〃	13A	22φ	ヘッダー〜洗面器
〃	〃	〃	10A	22φ	ヘッダー〜各水栓
—ı—	給湯管	〃	16A	28φ	給湯器〜ヘッダー
〃	〃	〃	13A	22φ	ヘッダー〜ユニットバス
〃	〃	〃	13A	22φ	ヘッダー〜キッチン
〃	〃	〃	10A	22φ	ヘッダー〜各水栓
—PT—	追焚配管	〃（ツイン）	10A×2	28φ	給湯器 〜 浴槽

50,20　　16,16,10
×2,100

機器仕様などのチェックポイント

1.給水
● 直圧給水が可能か(水道局に確認)→おおむね3階建てまで、地域によっては4、5階まで可。不可の場合は増圧給水ポンプか水道加圧給水装置で給水
● 給水配管方式はライン分岐方式かさや管ヘッダー方式(さや管式)か→さや管式は初期コストは若干高いが改修には有利
● 給水管材質は金属系か樹脂系(ヘッダー方式は樹脂管のみ)か→埋設部分は金属管使用禁止とされる地区があるので要注意

2.給湯
● 給湯方式は、ガス式[瞬間式、貯湯式]、灯油式[瞬間式、貯湯式]、電気式[瞬間式、貯湯式(単体または太陽光発電と組合せ]

のいずれか→方式によっては、深夜熱源機が稼働するため騒音対策が必要
● 給湯配管方式はライン分岐方式かヘッダー方式か
● 給湯管材質は金属系か樹脂系か

3.その他
● キッチンの調理熱源方式はガス式か電気式か
● 食器洗浄機は卓上型かビルトイン型か→将来設置も含めて検討する
● 浴槽への給湯はフルオートかセミオートか→追焚きの有無を含めて確認する

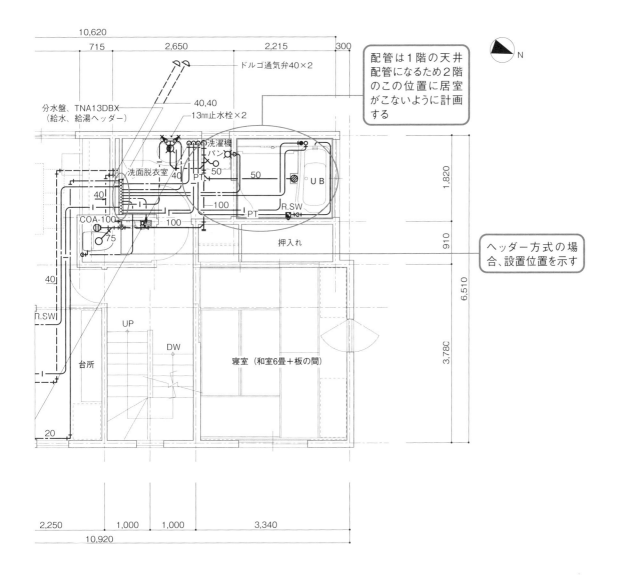

図面提供：浅野賢一、百瀬好城

電気設備図の目的と作成のポイント

電気や電話線の引込み位置、ルート、配線方式とその経路を正しく記入する

電気設備図は人体の血管的な役割

　住宅であれば、電気設備図の縮尺は1/100でよい。ただし、①幹線・コンセント、②照明、③弱電・通信、④警備、など目的に応じて3〜4種類の図面を描き分けるようにする。配線ルートは正確に描かないと、1回路で複数の部屋の電源を兼ねる場合などに施工者が最短距離を探りにくい。

電気設備図の注意点

(1)引込み位置

　まず電気や電話線の引込み位置を確認する。もし、東電柱（関東の場合）とNTT柱が敷地の幅に入らない場合（隣の敷地の上空を通らなければ引き込めない場合）は、電線に沿って走るメッセンジャーワイヤーから分岐する。引込みルートは電力会社などと協議して決める。決定したら引込み位置を図面に落とす[※1]。

(2)引込み柱の配置

　建物に電線を這わせたくない場合には引込み柱を建てて、地下から屋内に配線する。保安器とメーターが一体となった鋼製柱の既製品が普及しているが、カーポートの柱や門扉などへの干渉のチェックが必要である。

(3)配線方式と経路

　住宅の場合、単相3線方式が主流である。引込み配線は負荷容量と引込み長さにより決定するが、主開閉器容量50〜60A時で概ね14㎟程度である。ただし、私道を経由して100m以上引き込む場合などは、ケーブル径と距離の関係を確認したほうがよい。

　配線ルートは最短となるように考えるが、現場では施工しやすさなどから、長さに余裕をみて配線される。しかし、建売住宅などの予算が厳しい現場では、設計段階でケーブル長さや種類の使い分けをシビアに詰めて、数万円／棟程度減額しているという。コスト管理を厳しく行うなら、ケーブルの仕様と経路を図面上で詰めておく[※2,3]。

(4)配線と躯体との取合い

　水平方向に通そうとすると、柱や間柱が邪魔をする。構造や壁の構成をチェックしたうえで、経路を押さえておく。

● 電気設備図
　幹線、電灯、コンセント、弱電（テレビ・電話・光ケーブル）の引込み位置や配線ルートを記した平面図と、照明器具などのメーカー名や型番などを記入した器具リストからなる。電気とは人体の血液にあたり、その配線は血管といえるだろう

※1 最近はCATVの利用も一般的になっているので、こちらについても利用可能なエリアかどうかを調べて、引込み位置を示しておきたい

※2 PHEV、EVなど電動自動車がある場合は専用の充電コンセント、または充電設備の設置（200V、15A〜60A）が必要である

※3 災害及び長期停電に有効な太陽光発電設備、蓄電池の設置を検討する

電気の引込みと配電方式

電気の引込み（低圧引込み）

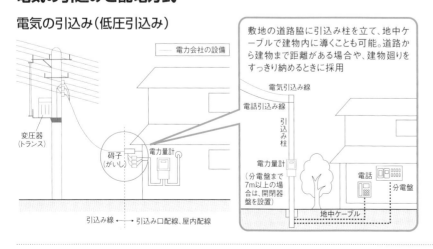

配電方式（単相3線式）

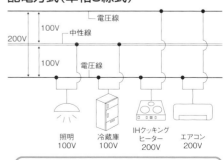

200Vは100Vに比べ、消費電力量は同じでも時間が短縮でき、配線や機器に流れる電流が1/2、損失が1/4と効率的である

電気設備図(S=1：100)

1階配置平面図

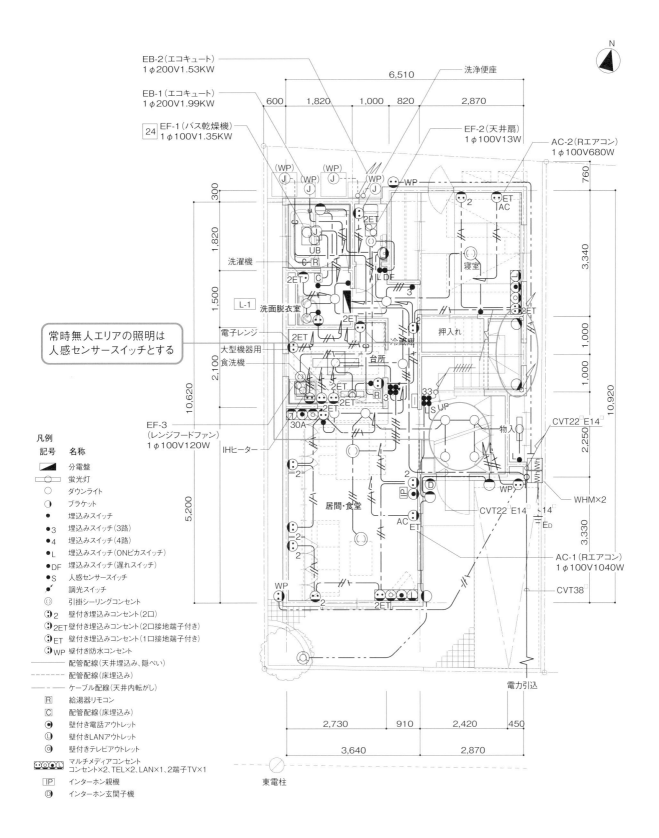

凡例として記載されている主な機器・記号：

- EB-2(エコキュート) 1φ200V1.53KW
- EB-1(エコキュート) 1φ200V1.99KW
- EF-1(バス乾燥機) 1φ100V1.35KW
- EF-2(天井扇) 1φ100V13W
- AC-2(Rエアコン) 1φ100V680W
- 洗浄便座
- EF-3(レンジフードファン) 1φ100V120W
- IHヒーター
- AC-1(Rエアコン) 1φ100V1040W
- 常時無人エリアの照明は人感センサースイッチとする

室名：洗濯機、洗面脱衣室、電子レンジ、大型機器用、食洗機、居間・食堂、台所、冷蔵庫、寝室、押入れ、物入、東電柱、電力引込

凡例

記号	名称
分電盤	
蛍光灯	
○	ダウンライト
ブラケット	
●	埋込みスイッチ
●3	埋込みスイッチ(3路)
●4	埋込みスイッチ(4路)
●L	埋込みスイッチ(ONピカスイッチ)
●DF	埋込みスイッチ(遅れスイッチ)
●S	人感センサースイッチ
調光スイッチ	
引掛シーリングコンセント	
2	壁付き埋込みコンセント(2口)
2ET	壁付き埋込みコンセント(2口接地端子付き)
ET	壁付き埋込みコンセント(1口接地端子付き)
WP	壁付き防水コンセント
——	配管配線(天井埋込み、隠ぺい)
----	配管配線(床埋込み)
— —	ケーブル配線(天井内転がし)
R	給湯器リモコン
C	配管配線(床埋込み)
壁付き電話アウトレット	
L	壁付きLANアウトレット
壁付きテレビアウトレット	
マルチメディアコンセント コンセント×2、TEL×2、LAN×1、2端子TV×1	
IP	インターホン親機
D	インターホン玄関子機

寸法：6,510 / 600 / 1,820 / 1,000 / 820 / 2,870 / 300 / 1,820 / 1,500 / 2,100 / 10,620 / 5,200 / 760 / 3,340 / 1,000 / 1,000 / 10,920 / 2,250 / 3,330 / 2,730 / 910 / 2,420 / 450 / 3,640 / 2,870

CVT22 E14、CVT38、WHM×2、30A、24

換気空調設備図の目的と作成のポイント

換気空調設備図では、適切な換気経路や給排気口の位置、高さを確認することが大切

換気空調設備図のスケールは、住宅規模程度だと1/100でよい。ただし、込み入らないように、床暖房設備と換気空調設備を分けて描くなどの配慮をする。ここでは、床暖房設備図、換気設備図、空調設備図を順に示す。

換気設備図の注意点

（1）防火ダンパーとベントキャップ

建築基準法の防火規定により、「延焼のおそれのある部分」においては、125㎜以上の給気口には防火ダンパーを付けなければならない（断面積100c㎡以上）。そのため、ダンパーの仕様を図面に記載する必要がある。また、給気口にはベントキャップも必要となる。ベントキャップと窓の位置関係をきれいに整えたいなら、芯に割り付けて図示する。

（2）24時間換気への対策

建築基準法は、住宅に24時間換気を義務付けている。24時間換気はダクトレス方式で計画することが多い。同方式の場合、まず換気経路の確認が重要である。適切な空気の流れが得られるプランニング、給気口の配置となっているかを図面上でチェックする。プランによっては欄間やガラリが必要になるので、図面上に明記する。

給気口は建築との取合いが生じるので、設置位置を明確に示したい。特に問題となるのが設置高さだ。給気口の近くは気流が生じるため、肌寒く感じる。そのため高い位置に設置しがちだ。しかしあまり高い位置に設置すると、ショートサーキットを起こしやすくなってしまう。これらのことから床から900㎜程度の高さに設置するのが望ましい。また、できるだけエアフィルター付とする。

（3）躯体との取合い

レンジフードの換気ダクトの処理も問題になる。消防法により、天井内のダクトは50㎜厚以上の断熱（認定品の場合20㎜厚以上）を施すことが義務付けられている。したがって、150㎜径のダクトを使用していれば、断熱材と合わせて250㎜径となってしまう。そのため、天井懐は300㎜以上必要になる。

木造住宅の場合、一般的には天井懐で処理できるが、できない場合、下がり天井や100㎜径のパイプを2本にする、壁付きファンにする、などの対策が必要となる。

● 床暖房設備図
床暖房を設置する場合に、床暖房シートの位置などを記した平面図のことを指す

● 換気設備図
換気経路と給気口、排気口などの位置、換気設備の仕様などを記した平面図のことを換気設備図という

● 空調設備図
住宅で用いる冷暖房方式と冷暖房設備の設置位置、配管・配線ルートを示した平面図のことを空調設備図という

適切な換気経路（局所換気と全般換気を兼ねる場合）

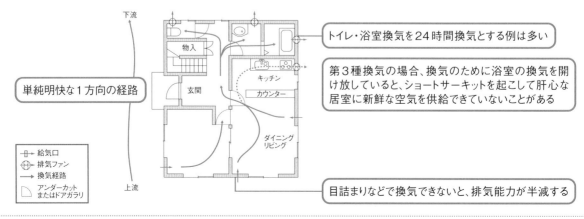

トイレ・浴室換気を24時間換気とする例は多い

第3種換気の場合、換気のために浴室の換気を開け放していると、ショートサーキットを起こして肝心な居室に新鮮な空気を供給できていないことがある

単純明快な1方向の経路

目詰まりなどで換気できないと、排気能力が半減する

給気口
排気ファン
換気経路
アンダーカットまたはドアガラリ

下流
上流

物入
玄関
キッチン
カウンター
ダイニングリビング

床暖房設備図の例（S＝1：80）

1階配置平面図

凡例

記号	名称	型式・仕様	備考
——7-PT——	床暖房用配管	暖房温水管、CD付φ7ペア樹脂管	
⊠	床暖房器用コントローラー		リモコン用信号線共

※注記
機器廻り等、屋外露出部分の配管の保温仕上げは、
ステンレス鋼板製ラッキング仕上げとする

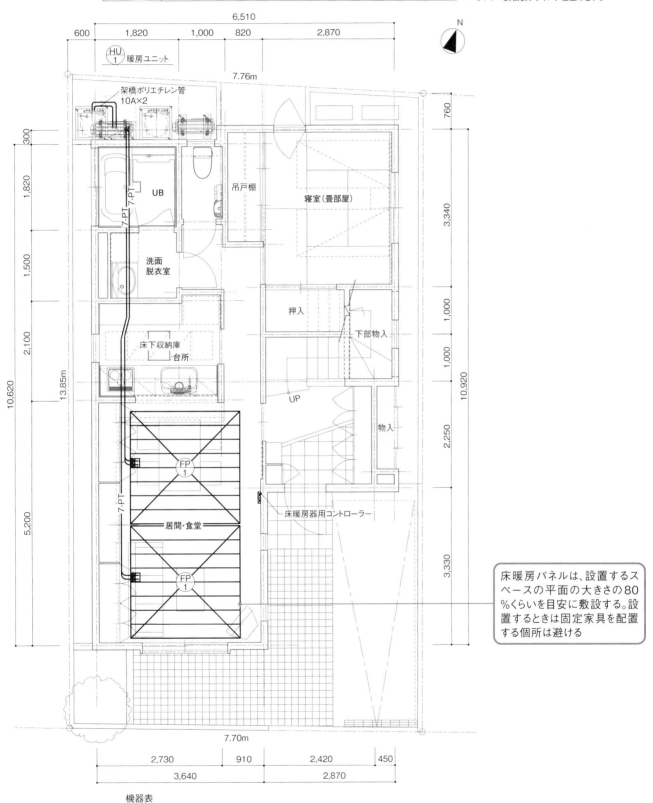

床暖房パネルは、設置するスペースの平面の大きさの80％くらいを目安に敷設する。設置するときは固定家具を配置する個所は避ける

機器表

記号	名称	仕様		電源	数量	備考
HU 1	暖房ユニット	暖房ユニット		φ1 100V-95W×2	1	詳細仕様は別紙、衛生機器表　参照
		循環ポンプ、暖房配管ヘッダー、配管カバー共				
FP 1	床暖房温水パネル	投入熱量	926 W		2	小根太入り専用温水暖房パネル
		外形寸法	2,379W×2,380D×12t(5.66m²)			

図面提供：浅野賢一、百瀬好城

換気設備図の例(S=1:100)

1階平面図

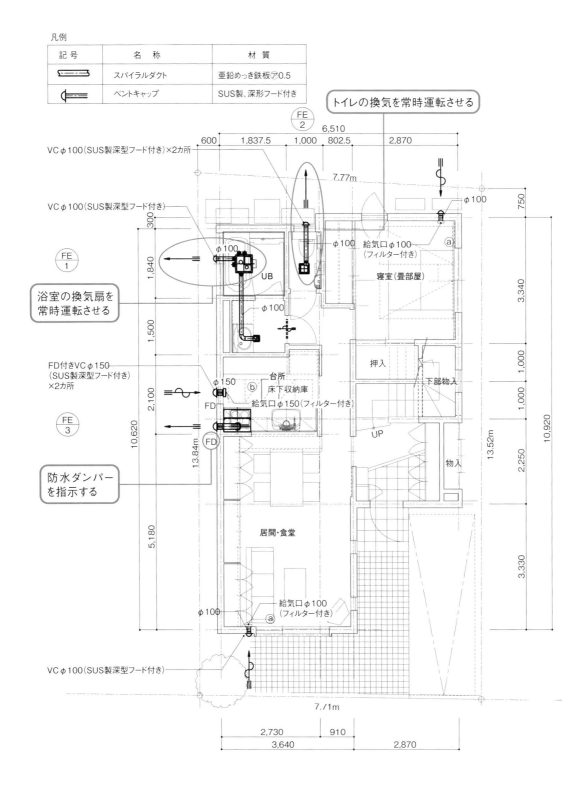

凡例

記 号	名 称	材 質
	スパイラルダクト	亜鉛めっき鉄板ア0.5
	ベントキャップ	SUS製、深形フード付き

トイレの換気を常時運転させる

VCφ100(SUS製深型フード付き)×2カ所

VCφ100(SUS製深型フード付き)

浴室の換気扇を常時運転させる

FD付きVCφ150（SUS製深型フード付き)×2カ所

防水ダンパーを指示する

給気口φ100（フィルター付き)

寝室(畳部屋)

押入

下部物入

台所
床下収納庫

給気口φ150(フィルター付き)

UP

物入

居間・食堂

給気口φ100（フィルター付き)

VCφ100(SUS製深型フード付き)

2階平面図

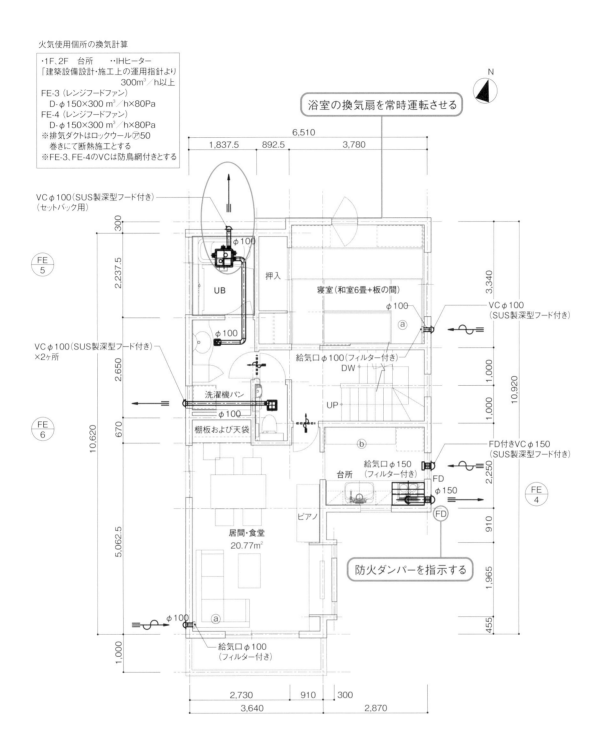

火気使用個所の換気計算

・1F、2F　台所　・・IHヒーター
「建築設備設計・施工上の運用指針より
　　　　　300m³/h以上
FE-3（レンジフードファン）
　D-φ150×300 m³/h×80Pa
FE-4（レンジフードファン）
　D-φ150×300 m³/h×80Pa
※排気ダクトはロックウール⑦50
　巻きにて断熱施工とする
※FE-3、FE-4のVCは防鳥網付きとする

浴室の換気扇を常時運転させる

N

VCφ100（SUS製深型フード付き）
（セットバック用）

φ100

UB

押入

寝室（和室6畳+板の間）

φ100

ⓐ

VCφ100
（SUS製深型フード付き）

VCφ100（SUS製深型フード付き）
×2ヶ所

φ100

給気口φ100（フィルター付き）

DW

洗濯機パン

φ100

UP

棚板および天袋

ⓑ

FD付きVCφ150
（SUS製深型フード付き）

給気口φ150
（フィルター付き）

台所

FD

φ150

FE 4

ピアノ

防火ダンパーを指示する

居間・食堂
20.77m²

ⓐ

給気口φ100
（フィルター付き）

FE 5

FE 6

10,620

300

2,237.5

2,650

670

5,062.5

1,000

6,510

1,837.5　892.5　3,780

3,340

1,000

1,000

10,920

2,250

910

1,965

455

2,730　910　300
3,640　2,870

FD

制気口リスト

ⓐ 給排気グリル	4	ⓑ 給排気グリル	2
風量調節機能付き		風量調節機能付き	
P-13GLF4（φ100用）		P-18GLF4（φ150用）	
Q =　　m³/h		Q =　250 m³/h	
フィルター付き		フィルター付き	

図面提供：浅野賢一、百瀬好城

設備図と作図資料

空調設備図の例(S=1：100)

1階平面図

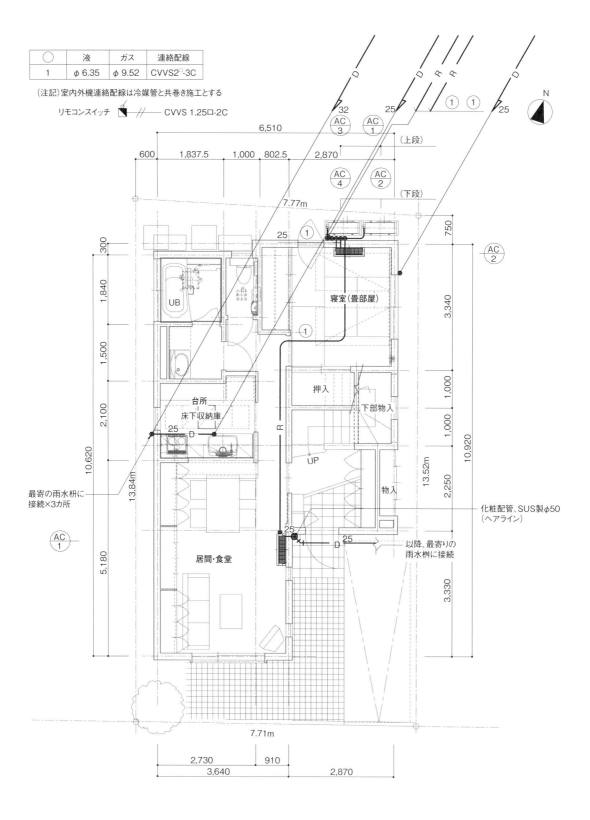

○	液	ガス	連絡配線
1	φ6.35	φ9.52	CVVS2□-3C

(注記)室内外機連絡配線は冷媒管と共巻き施工とする

リモコンスイッチ ▇ // CVVS 1.25□-2C

2階平面図

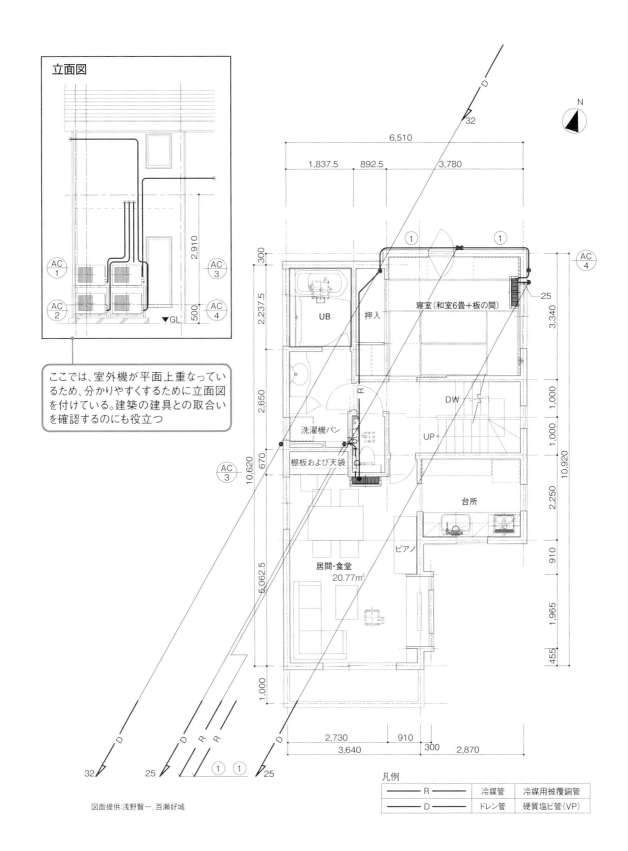

立面図

ここでは、室外機が平面上重なっているため、分かりやすくするために立面図を付けている。建築の建具との取合いを確認するのにも役立つ

図面提供:浅野賢一、百瀬好城

UB
押入
寝室(和室6畳＋板の間)
DW
UP
洗濯機パン
棚板および天袋
台所
ピアノ
居間・食堂
20.77m²

凡例

—— R ——	冷媒管	冷媒用被覆銅管
—— D ——	ドレン管	硬質塩ビ管(VP)

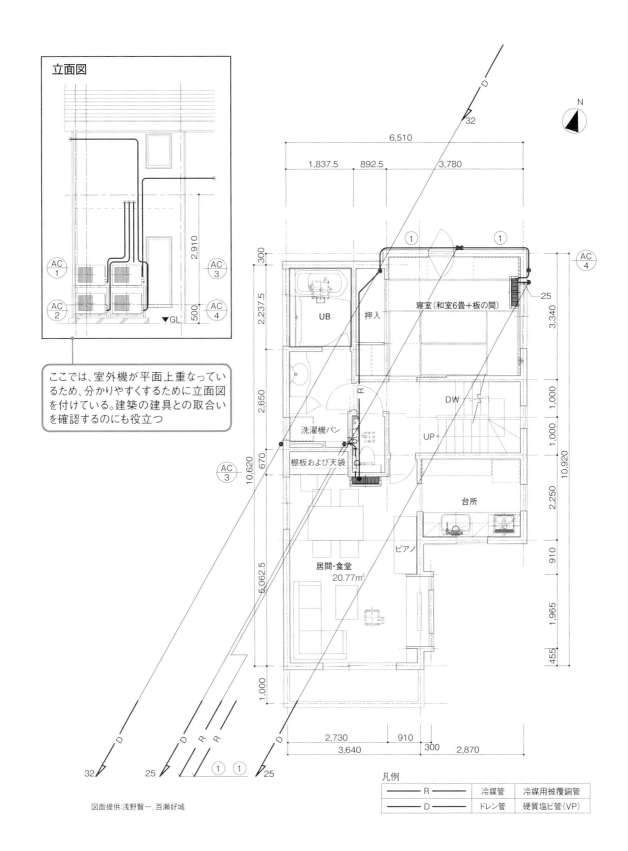

設備図と作図資料

意匠設計者が描くコンセント・幹線・弱電図

コンセント・弱電設備などの位置や型番など必要最低限の情報を記し、工務店が見積りしやすいものを描く

簡易版でも見積りできる情報量に

電気設備図は、照明器具やスイッチ、コンセントなどの位置から、配線の種類や系統・ルート、引込み方法などを描き入れた平面図のことである。この図面は、主に設備設計者が作成することになる。電気設備図は、コンセント図、幹線図、弱電図に分けて作成されるのが一般的である。

しかし、戸建住宅の場合は、予算上の制約から、設備設計者に依頼することが難しい。意匠設計者も設計意図を示すために、簡略化した電気設備図を作成できればよいだろう。設備設計者が作成する図面ほど系統・配線の種類や経路情報を細かく描き込みはしないが、意匠設計者でも位置や個数・品番などの必要最低限の情報は記しており、工務店はそれをもとに見積りをとることができる。なお、設計意図をより正確に伝えるため、電気工事の特記仕様書も作成するべきだ。ここでは、意匠設計者が描く電気設備図のコンセント・幹線・弱電図、配灯図について、それぞれ説明していく。

コンセント・幹線・弱電図の作成内容

コンセント・幹線・弱電図とは、コンセント・分電盤・弱電設備（インターホンやテレビ、電話、LAN、セキュリティ、防災機器など）をどこに何個設置するかを表す図面である。コンセントは、設置高さ、アース付きか、防水用かなどを表記する。専用（単独）回線は必ず表示し、系統数については施工者と確認したい。幹線は、電柱からどのような経路で引き込み、建物内の分電盤等までつなげるかを表記する。分電盤・アンテナの位置や幹線の引込み方は見た目や使い勝手、そして見積り金額に大きくかかわってくるので、意匠設計者はあらかじめ現場を調査したうえで、そのルートを考えておきたい。また、オール電化を希望する建築主も増加している。ある程度、消費電力の増加を想定して太い幹線を引き込んでおくべきである。弱電では、電話などの差込み口の位置を表記する。インターネットやセキュリティシステムなどの技術は日々進歩しているので、設計者は一般的な事項を幅広く理解しておきたい。

● コンセント・幹線・弱電図
コンセントをどこに何個設置するか、幹線の引込みはどのような方式でどこに行うか、弱電設備はどこに何を配置するかなどを平面図に盛り込んだものを指す。本来は電気設備図として、設備設計者が作成するが、戸建住宅など小さめの規模の場合は、意匠設計者が作成することも多い

電気設備特記仕様書

施工基準	本工事は特記仕様書、設計図、ならびに工事請負契約書にもとづき電気設備技術基準、所轄電気会社内線規定、消防関係法諸規定（所轄署指導要項を含む）、および国土交通省大臣官房官庁営繕部「電気設備工事共通仕様書」その他関連法規による。
一般事項	工事詳細については本設計図、仕様書によるほか上記施工基準に準拠し、監督員指示のもと入念かつ誠実に施工するものとする。設計図書の誤記、記入漏れまたは図面上納まり不明なことに起因する問題点、疑義についてはその都度監督員と協議することとし、材料の不足などがある場合で、施工上または技術上当然と認められるものについては、これを請負工事範囲で補足するものとする。他工事との取合いについては、監督員の指示に従いあらかじめ各関係請負者間において慎重に協議し、工事の円滑な進捗に支障のないように配慮すること。
施工図	請負者は施工に先立ち詳細施工図を作成し、監督員の承諾を受けるものとする。

竣工図	工事完成のうえは、全設備の試験検査を受け官庁その他の許可証、検査済証、取扱い説明書、成績表、竣工図などをまとめて提出する。
諸手続き	工事に伴う関係官公庁への諸手続きは、請負者がこれを代行し必要経費も本工事費用の一部とする。
工事種目	1）幹線設備工事　　　4）インターホン設備工事 2）電灯コンセント設備工事　　5）テレビアンテナ設備工事 3）電話設備工事　　　6）空調機器電源設備工事
指定材料	本工事に使用する機器材料は、下記または同等品とし、使用前にメーカーリストを作成提出したのち、使用すること。 電線ケーブル　JIS規格品　　照明器具　　JIS規格品 電線管　　　　JIS規格品　　テレビ　　　JIS規格品 分電盤　　　　JIS規格品　　配線器具　　JIS規格品

コンセント・幹線・弱電図の例（原図S=1:75をS=1:100に縮小）

S=1:75という縮尺で作成しているのは見やすさを重視したため（S=1:50では図面が2枚に分かれて一覧性に欠け、S=1:100では小さすぎて見にくくなるため）

● 建築主から使用する家電とその場所をヒアリングし、ブレーカーが落ちないように考えるためにはさまざまな最新家電の消費電力を把握しておくこと
● デスクトップパソコンを置く位置が決まっている場合はブレーカーが落ちないよう配慮が必要

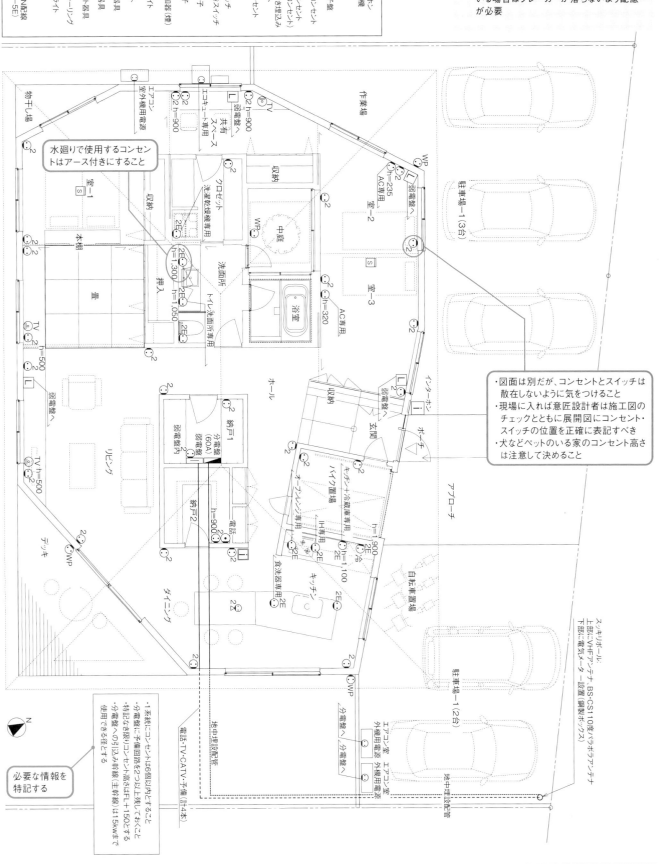

意匠設計者が描く配灯図の作成ポイント

配灯図は照明器具リストとともに作成し、建築主との打ち合せにも使用できる明確なものを描く

配灯図とは何か

配灯図とは、照明器具をどこに設置し、どの位置のスイッチによって点灯するかを表す図面のことをいう。一般的には意匠設計者もしくは照明設計者が作成する。設備設計者が作成する図面であれば、内容はより詳細になり、図面の名称は「電灯設備図」となる。

住宅規模では、予算上の制約から設備設計者に依頼することは難しいため、意匠設計者が設計意図を示すための簡略化した図面(配灯図)を作成するのが一般的である。

配灯図の作成ポイント

図面上には、照明器具を簡略化した記号と番号が示される。また別紙の「照明器具リスト」に、その番号に対応した具体的な照明器具のメーカーや型番が表記されている。

また、設計事務所によっては器具リストに照明器具の写真、もしくはアイソメ図が型番とともに表記され、建築主にも器具のデザインが分かるようにしている。

配灯図は基本的に簡略化されている図面なので、建築主にも理解しやすい。この図面を見せながら建築主と照明に関する打ち合わせを行えるよう、なるべく余計な情報を盛り込まず、照明器具に関することだけを分かりやすく表記することが大切である。

建築化照明の表記ポイント

一般的に、建築主がその住宅で一番長く過ごす時間帯は夜。そのため、光環境はできる限り豊かなものにしたい。可能であれば照明設計者と共同で照明設計を行うことをおすすめしたい。まぶしさを抑えてやわらかい光環境をつくるため、建築化照明(間接照明)を多用することもひとつの手法といえる。

建築化照明に使用する器具だけは配灯図に正確なスケールで描き込み、灯数と重ねなどの納まりも同時に検討できるようにするとよい。

LED照明のポイント

現在の照明器具の発光部はほぼ全てLED(Light Emitting Diode)であり、その特徴を設計者は把握しておかなければならない。まず以前のシリカ電球などと比べると大幅な省エネが図られている。発光部の寿命も伸び、一般的は4万時間と言われている[※]。照明器具の中にはLEDの発光部が電球形状で交換できるものと、基盤にLEDが埋め込まれた一体型がある。後者の方がランプ交換方法を検討する必要がないので器具サイズが小さく、隙間に照明器具を仕込むことが可能となり照明表現の幅は大きく広がった。ただし、排熱については以前同様に考慮する必要がある。なお、一体型は寿命を迎えたら器具ごと交換だが、LED照明は数年でほぼ全品が新商品へと入れ替わる。同じ商品は生産中止となっている可能性が高い。そのため、連続するダウンライトの一つが早く寿命となった場合、意匠的に揃えるのであれば全数交換になることは覚悟しておくべきだ。

最近では「調色調光」と呼ばれる「明るさ、色温度」の二つをスマホからの操作できる仕組みが普及しつつある。日進月歩のLED照明の最新情報を設計者もきちんと把握しておきたい。

● 配灯図
設置する照明器具の位置、数などを平面図上に表したもの。意匠設計者が描く場合は、それらの情報に限られることが一般的だが、設備設計者が描くと配線や系統などの情報も盛り込まれた、より詳細なものとなる

● 照明器具リスト
使用する照明器具の器具名、メーカー、型番、電気容量、台数、価格などを一覧にしたもの。設計事務所によっては、器具の写真やアイソメ図などを表に盛り込んでいるところも多い

※なお、LEDモジュールの寿命とは、点灯しなくなるまでの総点灯時間または全光束が、点灯初期に測定した値の70％に下がるまでの総点灯時間のいずれか短い時間と定義されている

配灯図 （原図S＝1：75をS＝1：100に縮小）

S＝1：75で作成するのは見やすさを重視しているため（S＝1：50では図面を2枚に分ける必要があり、一覧性に欠けるし、S＝1：100では小さすぎて見にくいため）

天上伏図、展開図に正確な照明位置を表記する

照明やスイッチをつなぐ経路の線が交差するときは見やすいように飛び越えて描く

背景となる平面図はなるべく簡略化し、線を細くすることでより配灯図を目立つようにする

スイッチはなるべく1カ所にまとめることで意匠性が高まる

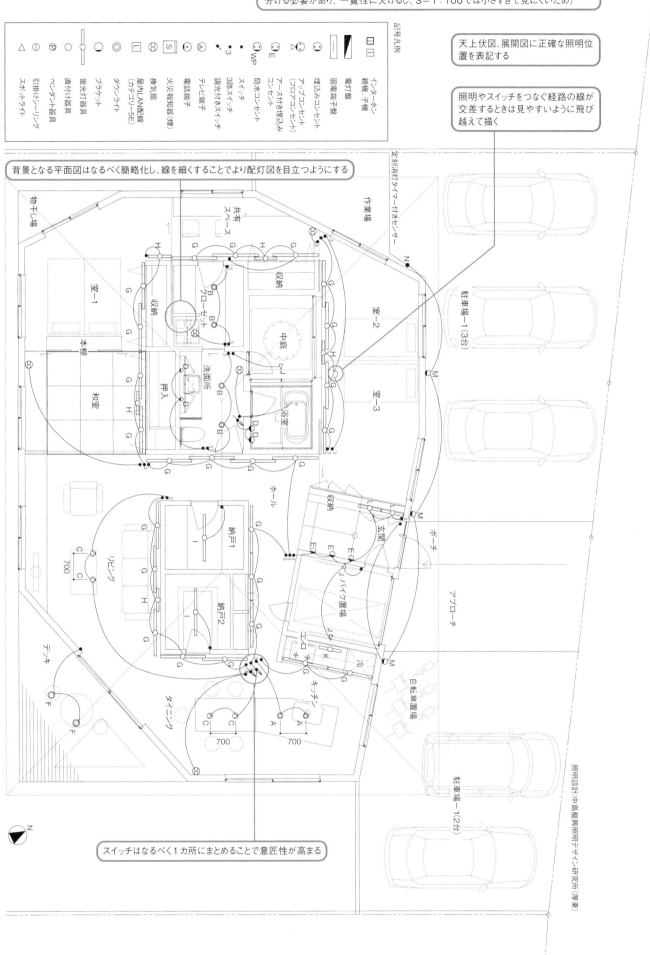

照明設計／中島龍興照明デザイン研究所（巻東）

設備図と作図資料

作図の予備知識
〜木材・面材の寸法

構造材・面材などの流通寸法を押さえ、できるだけ一般流通寸法で納めるように設計すればコストも下げられる

構造材の基本寸法

　木造の構造材（角材）の場合、市場に多く流通している寸法（一般流通寸法）は、柱が105・120㎜角で長さが3m、4m、6m（6mは通し柱用）、梁が幅105・120㎜、せい（高さ）が150〜360㎜、長さが3m、4m、5mなどである。筋かい、間柱など2次部材に当たる羽柄材については断面は部材により異なるが、長さは4m、3.65m、3mの3種類のものを切って使うことが一般的だ。

　このほかにも材の寸法はあるが、一般流通寸法以外のものだと特注扱いになり割高になってしまう。設計上、どうしても必要な長さや断面の大きさが求められる場合は仕方がないが、設計上それほど重要でなければ、できるだけ一般流通寸法のもので納めるようにしたい。

仕上材などの基本寸法

　板材などの仕上材の多くは、板類の規格が尺貫寸法（1尺＝303㎜）でつくられている。そのため、設計のうえでもメーターモジュールを使わずに、尺貫モジュールを使ったほうがコストは抑えられる。

　たとえば、1尺の幅の床板を3尺幅の廊下に張るとすればちょうど3枚ですむが、1m幅の廊下に設計してしまうと4枚必要になり、材料の無駄が出てしまう。また、床材の場合は1枚でなく1ケース単位での取引が主流なので、1枚だけ床板が足りないために、1ケース分多く仕入れることもあり、コストがさらにかかってしまうことになるので注意したい。

（1）造作材

　造作材（窓枠、ドア枠、額縁、幅木、廻り縁など）の寸法は、造作材のもととなる原板の流通寸法から決まってくる。原板の厚さは8分（24㎜）、1寸（30㎜）、1.5寸（45㎜）の3種類が中心で、長さは4m程度のものが多く普及している。

　そのため、図面で窓枠の厚さを35㎜に設計したとすると、1寸原板では厚さが足りず1.5寸板を35㎜まで削ることになり、1寸板より1.5寸板のほうが高いため、コスト増となる。

　また、シナランバー（心材 ［コア］ に集成材を使い、表面にシナベニヤを張った合板）で棚をつくる場合、シナランバーの大きさは910×1,820㎜（3×6版）と1,212×2,424㎜（4×8版）、厚さは12〜30㎜程度と決まっている。たとえば、棚板の幅を300㎜にすれば、910×1,820㎜のものを三切りで無駄なく使うことができる。しかし、幅を320㎜で設計した場合では2枚分と余りが出てしまい、3枚の棚をつくるのに、910×1,820㎜の板を2枚用意することになってしまう。

（2）下地材

　木材の下地といえば合板類が挙げられるが、910×1,820㎜のいわゆる「3×6版」が一般的な寸法といえる。ただし、施工性や構造上の点などから910×2,430㎜のいわゆる「3×8版」も使われている。現場でのロスを考えて、どちらを選ぶのかを決めることになってくる。なお、厚さは合板の種類などによって異なるので、表を参照していただきたい。

● 構造材
建物の骨組みを成す部材のこと。土台・柱・梁・桁・母屋などがこれに該当する

● 一般流通寸法
木材などの製材工場出荷時の寸法のこと

● 羽柄材
構造材を補う材料や下地材のこと。垂木・筋かい・間柱・根太がこれに該当する

● 尺貫寸法
長さの単位として尺、質量の単位として貫を基本の単位とする。1尺は303㎜

● メーターモジュール
建築をするときの1mを基本とした寸法のこと

● 造作材
建物の内部に使われる仕上材（天井・床・棚・階段、和室における鴨居・敷居・長押・框や、洋室におけるドア枠・沓擦り・ケーシング、笠木など）の総称

床板の寸法の考え方

①幅1尺の床板を3尺幅の廊下に張った場合

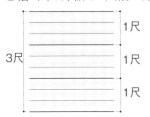

②幅1尺の床板を1m幅の廊下に張った場合

> 4枚必要なうえに無駄材が出てしまう

3×6版のシナランバーの棚板の寸法の考え方

①棚板の幅を300㎜とした場合

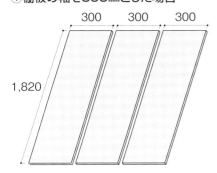

②棚板の幅を320㎜とした場合

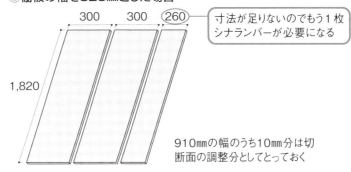

> 寸法が足りないのでもう1枚シナランバーが必要になる

910㎜の幅のうち10㎜分は切断面の調整分としてとっておく

構造材の一般流通寸法

名称	樹種	長さ(m)	幅(cm)	厚さ(cm)
土台	ヒノキ	4	10.5	10.5
			12	12
	ベイヒバ		10.5	10.5
				12
	ツガ防腐		12	10.5
梁	ベイマツ	3	21	10.5
		4	24	
			30	
		5	24	
			36	
大断面	ベイマツ	5	30	12
桁	スギ	4	12	12
			10.5	10.5
	ツガ			
	ベイツガKD	4	10.5	10.5
母屋・大引	ベイツガKD	4	9	9
梁丸太	マツ	4	18	タイコ
母屋	スギ	4	10.5	10.5
大引	ツガ	4	9	9
	ヒノキ			
小角	ヒノキ	3	9	9
			7.5	7.5
		4	6	6
柱	ヒノキ	3	10.5	10.5
	ヒノキKD			
	ヒノキ（吉野）			
	スギ			
	スギKD			
	ホワイトウッド集成			
	ヒノキ集成		10.3	10.3
	ツガ		10.5	10.5
通し柱	ヒノキ	6	10.5	10.5
			12	12
	スギ		10.5	10.5
			12	12

羽柄材の一般流通寸法

名称	樹種	長さ(m)	幅(cm)	厚さ(cm)
筋かい	ツガ	3.65	9	3.0
		3		4.5
根太掛け	スギ	3.65	9	3
	ツガ	3		
	スギ	3.65	10.5	3
垂木	ツガ	4	4.5	3.6
			7.2	3.3
根太	ツガ	4	10.5	4.5
野地板	スギ	1.82	小幅	0.9
野縁	アカマツ	4	4	3
	エゾマツ	3.8		
床板	スギ	1.82	18	1.2
間柱	スギ	3	10.5	3
	ツガ		4.5	3.6
貫	スギ	3.65	8	1.3
胴縁	スギ	3.65	18	1.3
ラス下	スギ	3.65	21	1.1
板割	スギ	3.65	30	1.8
			10.5	2.4
			30	
内法	スギ	4	10.5	4.5
	アカマツ			
	ヒノキ			
廻り縁	スギ	4	4.5	4
	アカマツ			
小割	アカマツ	4	3	2.4
	スギ	3.65		2.1
防虫材	ラワン	4	29以下	2.4～3.4
			30以上	
挽立材	ラワン	4	30以下	
	ツガカスケード		20以下	
足場板	カラマツ	4	24	3.4
桟木	アカマツ	4	4.8	2.4
フリー板	メルクシパイン	4.2	50	2.5
				3
	アカダモ	4.2	50	2.5
				3

（表）JAS規格における合板の寸法

種類		板面・強度	標準寸法(mm)		
			厚さ	幅	長さ
普通合板		ラワン	2.7、3、4、5.5、6、9、12、15、18、21	910	1,820
			2.7、3	1,000	2,000
			3、4、5.5	910	2,130
			4、5.5	1,220	2,430
		国産樹種	3.5	910	910
			4、6、9、12	610	1,820
			4、6	760	1,820
			3、3.5、4、6、9、12、15、18、19、21、24	910	1,820
			4、6、9、12	1,220	1,820
			4	850	2,000
			4、6	1,000	2,000
			4、6、9、12	910	2,130
			4、6、12、15、18、19、21、24	1,220	2,430
特殊合板	天然木化粧合板	板面の品質基準に合格	3.2、4.2、6	910	1,820、2,130
			4.2、6	610、1,220	2,430
	特殊加工化粧合板	Fタイプ、FWタイプ	2.7、3、3.2、4.2、5.6	910	1,820
		Wタイプ、SWタイプ	3、3.2、4	1,220	1,820
			4、4.2、4.8、5.5、6	610、1,220	2,430
コンクリート型枠用合板（コンパネ）		板面の品質基準に合格 12、15、18、21、24		500	2,000
				600	1,800、2,400
				1,000	2,000
				1,200	2,400
構造用合板		1級	5、6、7.5、9、12、15、18、21、24	910	1,820、2,130、2,440、2,730
				955	1,820
				1,000	2,000
				1,220	2,440、2,730
		2級		900	1,800、1,818
				910	1,820、2,130、2,440、2,730
				955	1,820
				1,000	2,000
				1,220	2,440、2,730
難燃合板		板面の品質基準に合格	5.5以上	—	—
防炎合板			5.5未満	—	—

設備図と作図資料

171

作図の予備知識〜設備の寸法

設備機器や配管などは躯体と取り合うケースが多いので、
基本的な設備寸法を押さえておかなければならない

設備の基本寸法

　設備の寸法について正確に把握している設計者は少ないが、意匠や性能、メンテナンスの点を考えても、設備の寸法を把握することは重要である。以下、設計を行ううえで必要となる設備の寸法を紹介する。

(1)給水管

　給水管として使用される主なものとしては、塩ビ管(VU管)、架橋ポリエチレン管、塩ビライニング鋼管などがある。ほかにHT管、HI管なども使われる。一般に20mm径配管が使われている。

　本管から敷地内部の止水栓までの引込み管については、一般的には塩ビライニング鋼管が使われている。引込み管の材質や寸法については自治体によって決められており、最近ではステンレス管に切り替わりつつある。寸法は通常25mm径で、止水栓からメーターを経由した先の給水管は20〜25mm径。

(2)排水管

　排水は、汚水・雑排水・雨水に分けられる。排水の方式は自治体により、合流方式、分流方式、雨水のみU字溝へ排水など、異なっているので確認が必要である。通常、最終枡から本管に接続する場合はVU管150mm径、建物外部廻りから最終枡まではVU管100mm径、建物内部のトイレ関係の汚水はVU管75〜100mm径、キッチン・浴室などの雑排水はVU管50〜75mm径が用いられている。

(3)電気配線

　引込み線には一般に600V架橋ポリエチレン絶縁ビニルシースケーブル(CV)3心が使われ、容量により8、14、22mm²が使い分

けられる。屋内配線には、通常、600Vビニル絶縁ビニルシースケーブル平形(VVF)が使われる。アース線には600Vビニル絶縁電線(IV)単線が使われ、1.6mm径、2.0mm径を使い分ける。電話の屋外配線にはボタン電話用ケーブル0.65mm径が使用されるのが普通である。

(4)ガス配管

　引込み配管はPE管30mm径、メーターから給湯器まではフレキ管25mm径が使用され、そこから先のキッチンまではフレキ管20mm径、その後の分岐は容量により異なるが、フレキ管10mm径が使用されることが多い。

(5)キッチン

　システムキッチンやI型キッチンは平面寸法で1,800〜3,000mm、L型は平面寸法で1,650×1,800〜2,700mm、フラット対面キッチンは平面寸法で2,100〜3,000mmを標準とし、150mm刻みでサイズを取りそろえていることが多い。

(6)ユニットバス

　最も一般的な1坪(1616)タイプで、1辺の有効寸法が160×160cmとなる。そのほか、メーターモジュールのものや、有効寸法をもう少し大きめにとったものもある。

(7)床暖房パネル

　さまざまなタイプが出ているが、パネルの厚さは床の捨張り合板の厚さと同等の12mmというタイプが一般的である。なお、パネルは、釘が打てる範囲が決まっている。

(8)ホームエレベーター

　住宅用は油圧式が一般的である。ピットが必要なので、設置の際には平面方向と鉛直方向の寸法確保に注意が必要である。

● 呼び径
配管の内径寸法を「呼び径」と表現するが、呼び径＝外径寸法ではないので注意が必要。また、JIS配管とANSI配管では、同じ呼び径(呼称口径)でも、若干外径サイズの異なるものもある

● 外径
外径と表現している場合は、配管の直径の実寸法を表す

● ユニットバスサイズ
住宅向けのユニットバスはサイズがほぼ規格化されており、長辺方向と短辺方向の長さを10cm単位の数字で表す。一般的に普及しているのは「1216」、「1317」、「1416」、「1418」、「1616」、「1818」、「1620」などのサイズ

給排水管と躯体との取り合い（S＝1：20）

天井の懐内の設備配管について

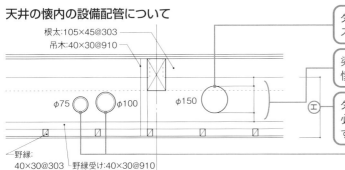

根太：105×45@303
吊木：40×30@910

φ75　φ100　φ150

野縁：
40×30@303　野縁受け：40×30@910

> ダクト径をφ150とした場合、断熱材巻込みと施工のためのスペースを見込むと、250mm前後のスペースが必要

> 梁下を通す場合は、破線部分から寸法を押さえるため、当然、天井懐は大きくなるので注意が必要

> ダクトを配管する場合は、根太の下端から天井面まで350mm程度必要になるが、天井下地の組み方を調整して、野縁受けの間を通すなどしてかわせば、300mm程度までは寸法を抑えることができる

間仕切壁内に配管する場合

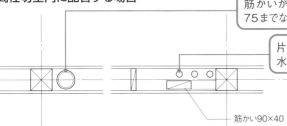

筋かい90×40

> 筋かいがない場合であれば、VUφ75までなら壁のなかの配管が可能

> 片筋かいの場合であれば、給水、給湯、ガス配管が可能

両筋かい壁部分にどうしても竪排水管スペースが必要な場合は、適宜PSを設ける必要がある

> 雑排水φ50～φ75
> 汚水排水φ75～φ100
> 設備配管の管径は内径（VUの実際の内径は呼び径よりも大きい）の寸法であり、外径はそれより大きくなるので注意が必要
>
> 　呼び径　外径
> 　50　→　60
> 　75　→　89
> 　100　→　114
>
> トミジ管（耐火二層管）や防露巻きを使用する場合はさらに＋10mm程度余裕を見る

電気配線に使用するケーブルの種類

電力ケーブル
600Vビニル絶縁電線（IV）

導体　絶縁体（ビニル）

600Vビニル絶縁ビニルシースケーブル
平形2心（VVF2心）

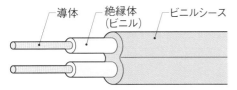

導体　絶縁体（ビニル）　ビニルシース

通信回線引込み
ボタン電話用ケーブル

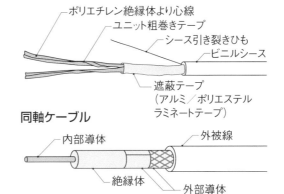

ポリエチレン絶縁体より心線
ユニット粗巻きテープ
シース引き裂きひも
ビニルシース
遮蔽テープ（アルミ／ポリエステルラミネートテープ）

同軸ケーブル

内部導体　外被線
絶縁体　外部導体

CD管

CD管で配線をまとめると、配線を保護できるうえ、配線の交換がしやすくなる

代表的なユニットバスサイズ

ユニットバスサイズ	浴室内短辺 × 長辺
1216（0.75坪）	1,200mm×1,600mm
1217（0.75坪）	1,200mm×1,700mm
1317（0.75坪）	1,300mm×1,700mm
1616（1.0 坪）	1,600mm×1,600mm
1618（メーターモジュール）	1,600mm×1,800mm
1620（1.25坪）	1,600mm×2,000mm
1621（1.25坪）	1,600mm×2,100mm
1624（1.5 坪）	1,600mm×2,400mm
1717（1.0 坪）	1,700mm×1,700mm
1721（1.25坪）	1,700mm×2,100mm
1818（メーターモジュール）	1,800mm×1,800mm

フラット床階上用

床支持ボルトの位置は各メーカーによって異なるため、架台を受ける梁は過重に対して十分な強度を有するサイズで検討する

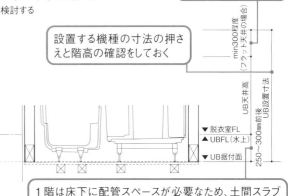

> ドーム型天井ほか、天井形状により異なる

> 設置する機種の寸法の押さえと階高の確認をしておく

min300程度（フラット天井の場合）
UB天井高
UB設置寸法
250～300mm前後

▼脱衣室FL
▲UBFL（水上）
▼UB据付面

> 1階は床下に配管スペースが必要なため、土間スラブから400～450mm前後の寸法が必要になる

作図の予備知識〜サッシの寸法

国産サッシの寸法表示は内法基準。メーカー間での寸法は規格統一されている

新しくなったサッシの寸法体系

2003年より国産の住宅サッシの寸法体系が変わり、寸法表示も「外法基準」から「内法基準」になった。またメーカーにより異なっていた寸法規格も同一規格とされた。先に規格の統一が行われていた、ビル用寸法表示と同様になったことになる。

この新寸法体系によって、額縁の内法で既製品サッシの高さを合わせることが容易になり、既製品サッシでも内部の建具寸法の高さに合わせる方法が容易になった。たとえば、障子や戸襖の高さに合わせて、和室廻り掃出し窓を高さ1,800mmとする場合などである。

● 半外付けサッシ
木造住宅で最も一般的に用いられる。主に大壁の納まりに使用される

● 外付けサッシ
柱の外側に取り付けるため、真壁の納まりや、建具の外側に取り付けられる。外壁面とサッシ枠のチリが大きくなるので意匠的な処理が必要となる

サッシの新寸法体系（半外付け型の引違い窓、関東間の場合）

タイプ	呼称高	内法基準h	サッシH	060 (2尺) 600/640	069 (3尺入隅) 690/730	074 (3尺) 740/780	114 (4.5尺入隅) 1,145/1,185	119 (4.5尺) 1,196/1,235	150 (6尺入隅) 1,500/1,540	160 (6尺入隅) 1,600/1,640	165 (6尺) 1,650/1,690	251 (9尺入隅) 2,510/2,550	256 (9尺) 2,580/2,600	347 (12尺) 3,470/3,610	尺呼称高	呼称高
窓															0.67尺	02
	03	300	370	06003	06903	07403		11903			16503				1.2尺	03
															1.5尺	04
	05	500	570	06005	06905	07405	11405	11905	15005	16005	16505				2.0尺	06
	07	700	770	06007	06907	07407	11407	11907	15007	16007	16507				2.5尺	07
															2.8尺	08
	09	900	970	06009	06909	07409	11409	11909	15009	16009	16509	25109	25609		3.0尺	09
															3.5尺	10
	11	1,100	1,170			07411	11411	11911	15011	16011	16511	25111	25611		4.0尺	12
	13	1,300	1,370				11413	11913	15013	16013	16513	25113	25613		4.5尺	13
	15	1,500	1,570						15015	16015	16515				5.0尺	15
テラス															5.7尺	175
															5.8尺	179
	18	1,800	1,830					11918	15018	16018	16518	25118	25618	34718	5.9尺	18
															6.0尺	185
															6.1尺	189
	20	2,000	2,030					11920	15020	16020	16520	25120	25620	34720	6.6尺	20
	22 欄間通し								15022	16022	16522	25122	25622	34722	7.2尺	22
															7.8尺	24
欄間付きテラス	22D 欄間付										16522D		25622D	34722D	7.2尺	0318
															7.3尺	03185

半外付けサッシと外付けサッシの違い(S=1：20)

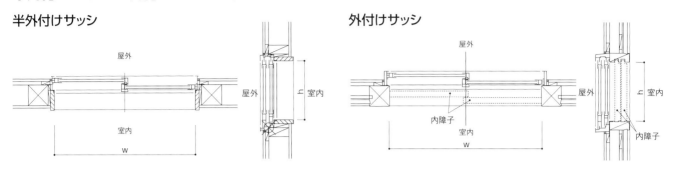

半外付けサッシ

外付けサッシ

サッシの新寸法体系(外付け型の引違い窓、関東間の場合)

タイプ			現寸法						旧寸法	
			呼称幅 (旧呼称幅)	081 (3尺)	126 (4.5尺)	172 (6尺)	263 (9尺)	354 (12尺)	尺呼称高	呼称高
			内法基準w	810	1,265	1,720	2,630	3,540		
	呼称高	内法基準h	サッシW サッシH	810	1,265	1,720	2,630	3,540		
窓	03	300	303	08103	12603	17203			1.2尺	03
	05	500	503	08105	12605	17205			1.5尺	04
	07	700	703	08107	12607	17207			2.0尺	06
									2.5尺	07
	09	900	903	08109	12609	17209	26309		2.8尺	08
									3.0尺	09
	11	1,100	1,103		12611	17211	26311		3.5尺	10
									3.9尺	11
	13	1,350	1,353		12613	17213	26313		4.0尺	12
									4.5尺	13
	15	1,550	1,553			17215			5.0尺	15
テラス									5.8尺	17
	18	1,800	1,803			17218	26318	35418	5.9尺	178
									6.0尺	18
	20	2,000	2,003			17220	26320	35420	6.5尺	20
	22 欄間通し	2,200	2,203			17222	26322	35422	7.28尺	215
欄間付き テラス	22D 標準無目	2,200	2,203			17222D	26322D		7.28尺	02517
									7.38尺	025178
	22S 長押無目	2,250	2,253			17222S	26322S		7.28尺	0217N
									7.38尺	02178N

納まりの定番寸法〜建具編

建具の種類ごとの基本構成・標準寸法や、枠の納まりの基本を押さえてから作図に臨むのがセオリー

建具の基本寸法

標準的な建具の場合、引戸は厚さ30mm程度、開き戸は33〜36mm程度である。大きな建具の場合、薄く設計すると反りなどのクレームを生むおそれがある。建具にクロスや和紙などを張る場合は要注意。

枠廻りの基本寸法

(1)敷居

柱が3.5寸(105mm)角の場合、敷居の断面寸法は45×105mm程度で、敷居溝の幅は7分(21mm)、深さは3〜4mm程度、溝の間隔は障子の場合33mmで襖の場合は30mmが一般的である(障子の厚さは1寸[30mm]、襖の厚さは9分[27mm])。Vレールでは9mm、12mmの溝を敷居につくる。

(2)鴨居

鴨居も敷居と同じ断面寸法であるが、溝の深さが5分(15mm)となる。最低でも厚さは40mm以上ほしいところだ。中ひばたの寸法は建具の厚さによって決まる。厚さ30mmの障子では中ひばた4分(12mm)、厚さ27mmの襖の場合で3分(9mm)である。建具どうしのクリアランスは1分(3mm)程度である。

(3)ドア枠

ドア枠と戸当たり、額縁などで構成される。ドア枠は柱の幅と同じ程度で戸当たりは7分(21mm)程度、額縁はチリが4分(12mm)程度になるのが一般的。

● 中ひばた(中樋端)
敷居・鴨居の溝の脇にある縁を「ひばた」と呼ぶ。室内側のものを内ひばた、真ん中のものを中ひばた、外側のものを外ひばたという

● チリ
真壁における柱外面と壁面との距離。建具廻りにおいては、枠の見え掛かり部分の厚さ

障子の基本寸法(荒間障子 S=1:30、鴨居と敷居 S=1:3)

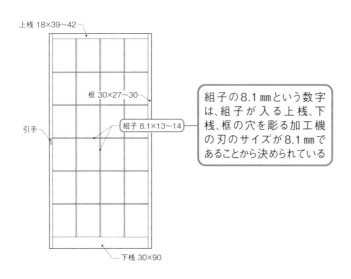

上桟 18×39〜42
框 30×27〜30
引手
組子 8.1×13〜14
下桟 30×90

組子の8.1mmという数字は、組子が入る上桟、下桟、框の穴を彫る加工機の刃のサイズが8.1mmであることから決められている

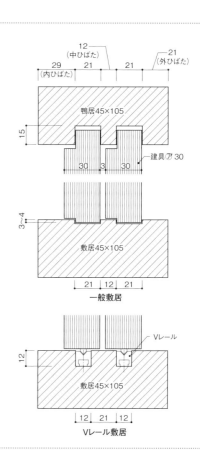

12 (中ひばた)
29 (内ひばた)　21　21　21 (外ひばた)
鴨居45×105
15
30　3　30
建具ア30
敷居45×105
3〜4
21　12　21
一般敷居
Vレール
12
敷居45×105
12　21　12
Vレール敷居

建具の元になる材料の板の厚さが1寸(実際には34mmくらいある)のものが多く使われている。そのため建具の寸法は、1寸厚板の歩留まりから決められることも多い

襖の基本寸法(S=1：30、鴨居との納まりS=1：3)

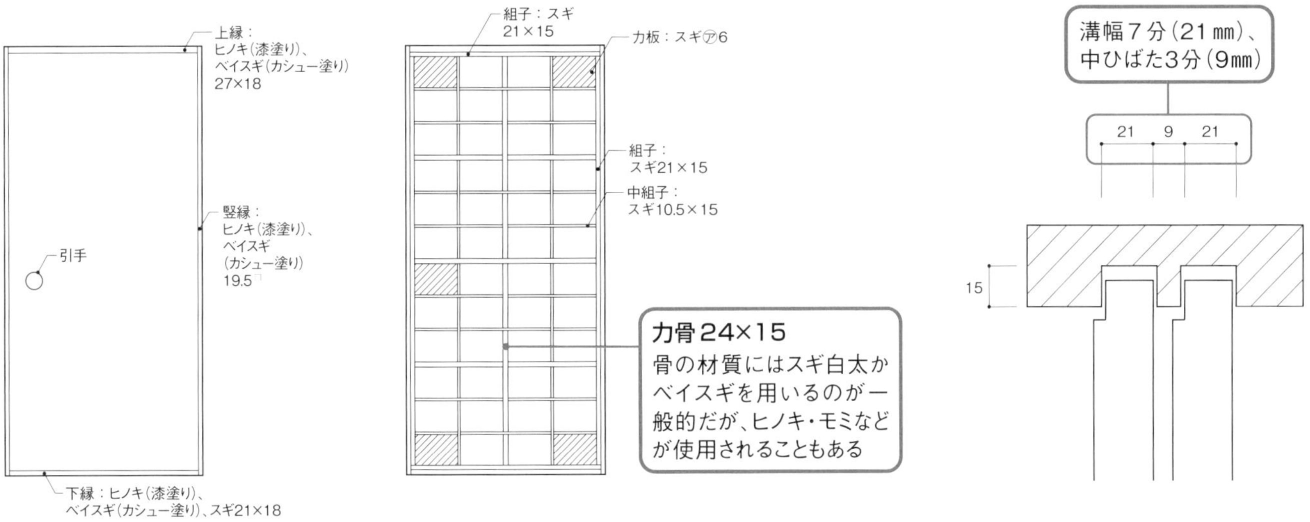
上縁：
ヒノキ(漆塗り)、
ベイスギ(カシュー塗り)
27×18
竪縁：
ヒノキ(漆塗り)、
ベイスギ
(カシュー塗り)
19.5
引手
下縁：ヒノキ(漆塗り)、
ベイスギ(カシュー塗り)、スギ21×18
組子：スギ
21×15
力板：スギ㋐6
組子：
スギ21×15
中組子：
スギ10.5×15
溝幅7分(21㎜)、
中ひばた3分(9㎜)
21
9
21
15

力骨24×15
骨の材質にはスギ白太かベイスギを用いるのが一般的だが、ヒノキ・モミなどが使用されることもある

開き戸の納まり(S=1：10)

①内外大壁の場合

断面図

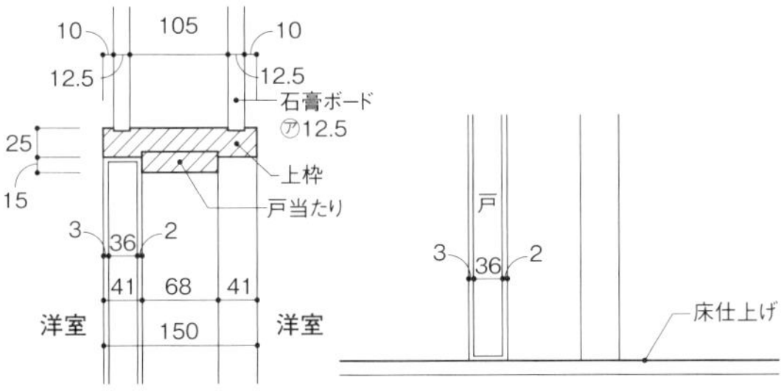
10
105
10
12.5
12.5
石膏ボード
㋐12.5
25
15
上枠
戸当たり
3
36
2
41
68
41
洋室
150
洋室
戸
3
36
2
床仕上げ

平面図

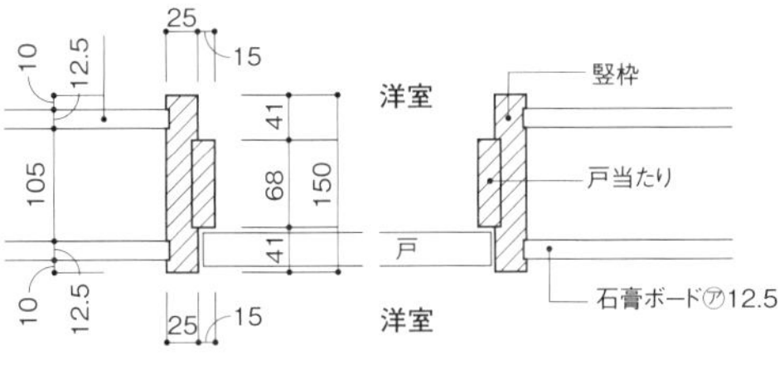
25
15
10
12.5
105
10
12.5
41
68
41
150
25
15
洋室
洋室
戸
竪枠
戸当たり
石膏ボード㋐12.5

②内部真壁の場合

断面図

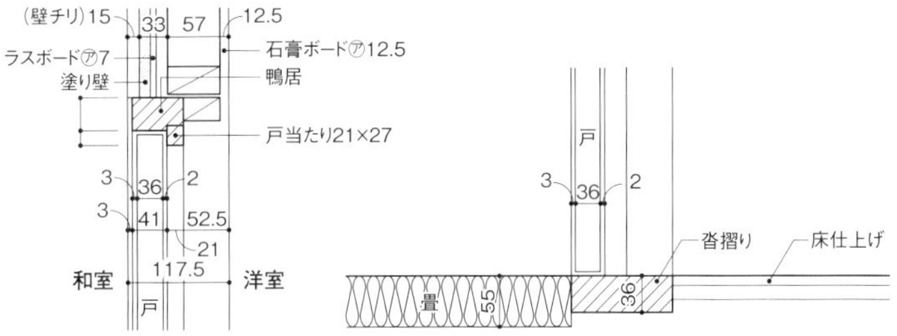
(壁チリ)15
33
57
12.5
ラスボード㋐7
石膏ボード㋐12.5
塗り壁
鴨居
戸当たり21×27
3
36
2
3
41
52.5
21
117.5
和室
洋室
戸
戸
3
36
2
沓摺り
床仕上げ
畳
55
36

平面図

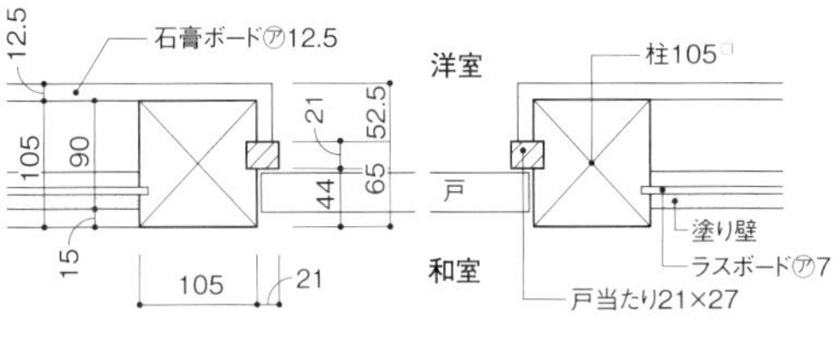
12.5
石膏ボード㋐12.5
105
90
15
105
21
52.5
21
44
65
洋室
柱105
戸
和室
塗り壁
ラスボード㋐7
戸当たり21×27

ドア枠の納まり(S=1：3)

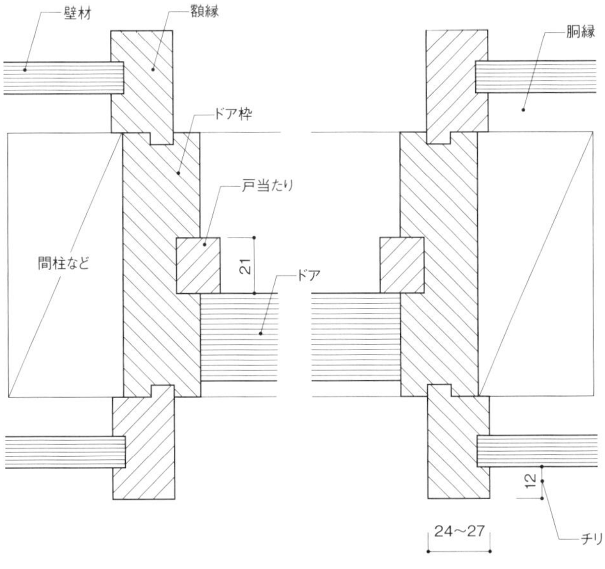
壁材
額縁
胴縁
ドア枠
戸当たり
間柱など
21
ドア
12
24〜27
チリ

ドア枠は柱の幅と同程度、戸当たりは21㎜程度、額縁はチリが4分(12㎜)程度となる(壁の仕上げ厚にもよる)

納まりの定番寸法 〜階段・壁厚編

安全で使いやすい階段をつくるためには基本寸法を把握し、建築基準法で定められている規定に沿って設計する

階段廻りの基本寸法

(1)蹴上げ(蹴込み板)

法規上、蹴上げは230㎜以下と定められているので、それより低く抑えなければならない。そのため、既製品の蹴込みは230㎜までの対応材となる。

(2)踏み板(段板)

踏み板は実用的に考えると最低でも8寸(240㎜)はとりたい。既製品の踏み板も最低240㎜サイズからである。踏み板の幅を大きくすれば階段勾配が緩くなり上がりやすくなるが、階段スペースも多く必要になる。

(3)階高

階高とは1階FLから2階FLまでの高さのことをいう。一般的な木造住宅の場合、階高は2,900㎜前後であることが多い。

(4)階高と段数

これらを踏まえたうえで、段数が決定される。階高が2,900㎜前後の場合、法規を考慮すると一般的には13段目が2階FLになることが多い。これより段数を増やせば蹴上げが低く抑えられ階段は緩やかな勾配になるが、階段のスペースが多く必要となる。一般的な直階段では3尺(909㎜)で4段、6尺(1,818㎜)で8段、回り階段(3尺[909㎜]角スペース)で3段上がる。

壁厚の基本寸法

真壁の場合は、壁面が柱より奥にあるので、部屋自体の有効寸法は柱の内々で決まる。しかし、大壁の場合は、壁の仕上材の厚さやその下地の厚さによっては壁厚が大きくなり、部屋の有効寸法が小さくなる。

大きな家具や設備機器などを設置する際は、それらを納めるために必要な有効寸法がとれるかどうか、特に注意が必要になることを忘れないようにしたい。

● 蹴上げ
階段の1段の高さをいう

● 蹴込み
階段の踏み面と踏み面の間の垂直になった段差の部分をいう。階段の段の立上り部分で引っ込んでいるところ

● 踏み面
階段で足を載せる踏み板のこと

階段の勾配目安

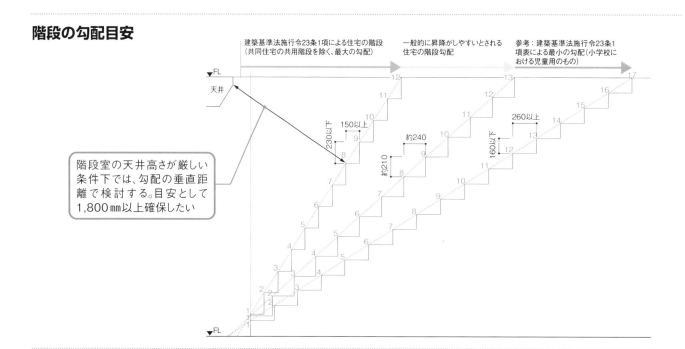

建築基準法施行令23条1項による住宅の階段(共同住宅の共用階段を除く、最大の勾配)

一般的に昇降がしやすいとされる住宅の階段勾配

参考:建築基準法施行令23条1項表による最小の勾配(小学校における児童用のもの)

階段室の天井高さが厳しい条件下では、勾配の垂直距離で検討する。目安として1,800㎜以上確保したい

階段の算定有効幅

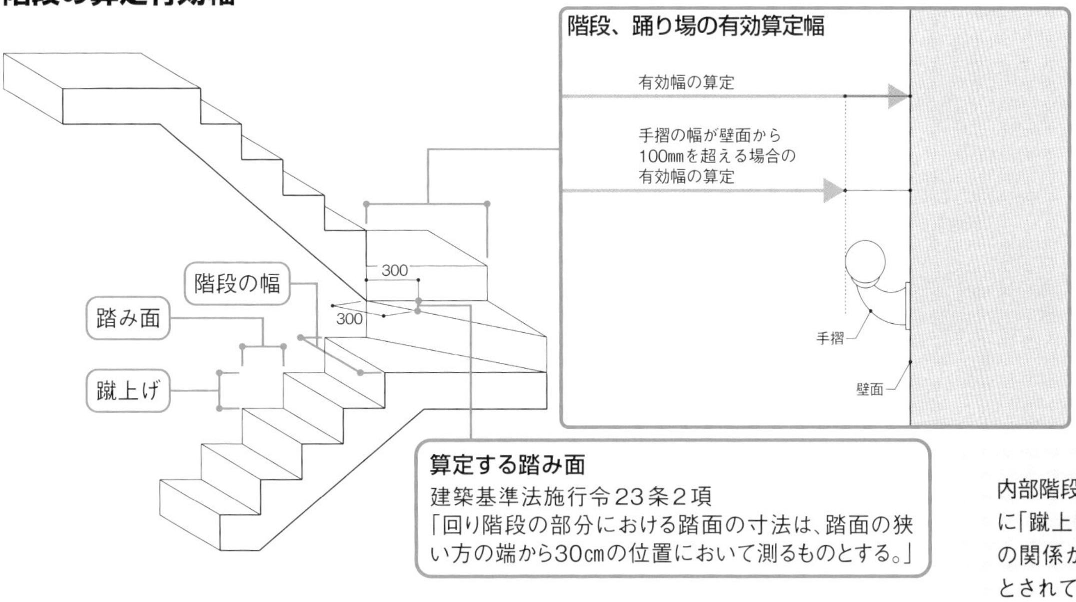
階段、踊り場の有効算定幅
有効幅の算定
手摺の幅が壁面から
100㎜を超える場合の
有効幅の算定
手摺
壁面
階段の幅
踏み面
蹴上げ
300
300
算定する踏み面
建築基準法施行令23条2項
「回り階段の部分における踏面の寸法は、踏面の狭い方の端から30㎝の位置において測るものとする。」

内部階段においては、一般的に「蹴上げ＋踏み面≒45㎝」の関係が昇降しやすいものとされている

階段の段数(S＝1：40)

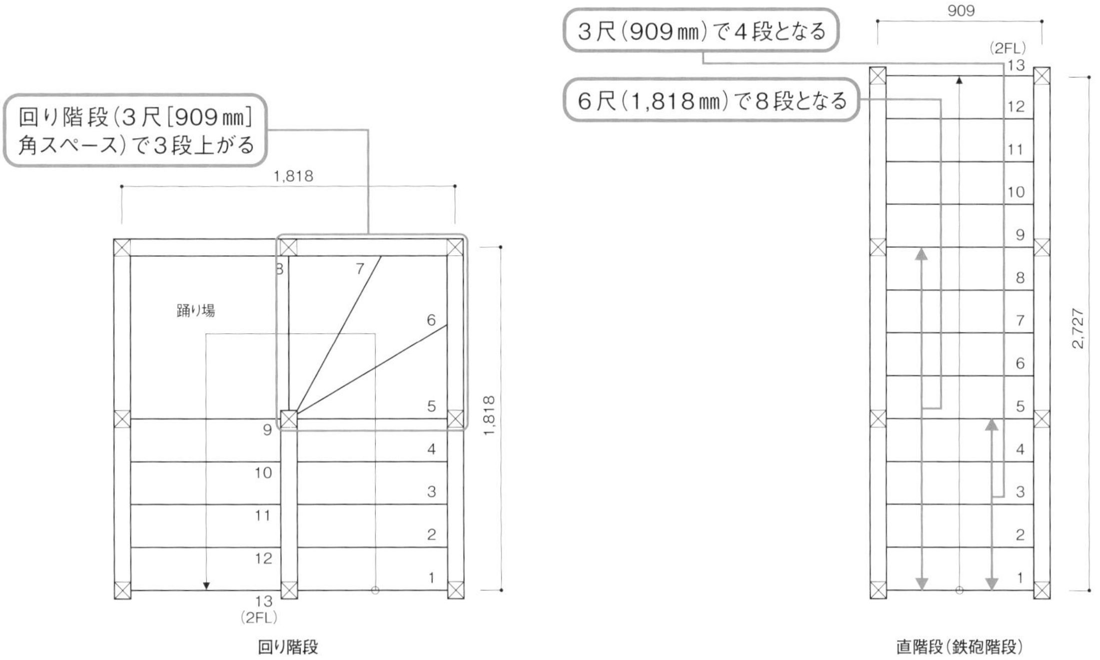
回り階段(3尺[909㎜]角スペース)で3段上がる
1,818
踊り場
1,818
13
(2FL)
回り階段
3尺(909㎜)で4段となる
6尺(1,818㎜)で8段となる
909
(2FL)
2,727
直階段(鉄砲階段)

仕上げ・下地の平面詳細(S＝1：5)

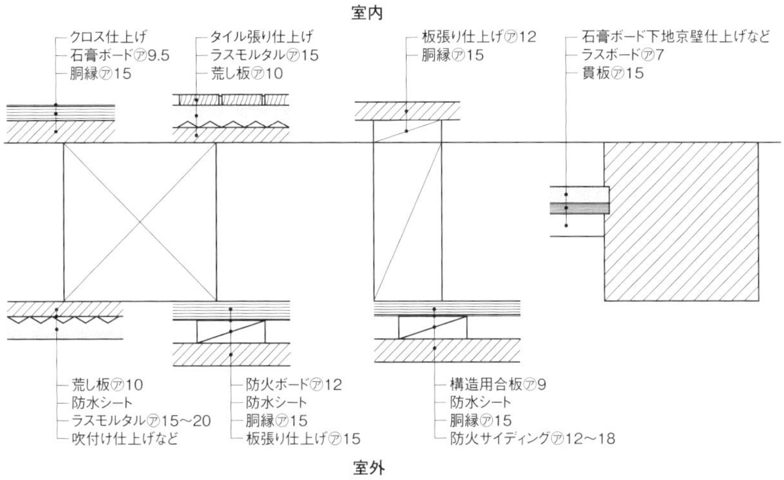
室内
クロス仕上げ
石膏ボード㋐9.5
胴縁㋐15
タイル張り仕上げ
ラスモルタル㋐15
荒し板㋐10
板張り仕上げ㋐12
胴縁㋐15
石膏ボード下地京壁仕上げなど
ラスボード㋐7
貫板㋐15
荒し板㋐10
防水シート
ラスモルタル㋐15〜20
吹付け仕上げなど
防火ボード㋐12
防水シート
胴縁㋐15
板張り仕上げ㋐15
構造用合板㋐9
防水シート
胴縁㋐15
防火サイディング㋐12〜18
室外

クロス張り仕上げの場合、下地となる石膏ボードの厚さや柱面に直接石膏ボードを張るか、胴縁下地をしてから張るかによって、壁厚が変わってくる。

仕上げについても、和室の場合の京壁・大壁の各種仕上げ、外壁の湿式仕上げ・乾式仕上げなど、仕上げやその下地の仕様によって、壁厚は変わる

索　引

〈著者紹介〉(五十音順)

綾部孝司 ［あやべ　たかじ］76〜85頁

1966年埼玉県川越市生まれ。一級建築士、一級建築施工管理技士、宅地建物取引師。'89年東洋大学工学部建築学科卒業後、建築企画設計会社にて商業施設の企画および設計を行う。'94年建築設計事務所にて住宅の設計に携わった後、'96年家業である綾部工務店にて大工となる。以来、伝統的な構法の木造住宅を中心に設計から施工まで一貫して行っている。設計と施工両方の経験を生かし、さまざまな活動に参加することで気候風土に適応した伝統的木造建築の普及に努めている。著書に『家づくりビジュアル大辞典』(エクスナレッジ刊)共著

新井　聡 ［あらい　さとし］44〜47頁、102〜103頁、128〜141頁

1964年生まれ。一級建築士。'99年一級建築士事務所アトリエ・ヌック設立。職人がつくる木の家ネット会員、生活文化同人会員、木の家だいすきの会会員、埼玉県被災建築物応急危険度判定士、埼玉木の家コーディネーターなど。著書に『家造りのコトバ』(エクスナレッジ刊)共著、『環境共生住宅のつくり方』(彰国社刊)共著
http://www015.upp.so-net.ne.jp/nook/

岡村裕次 ［おかむら　ゆうじ］52〜68頁、166〜169頁

1973年生まれ。一級建築士。'00年横浜国立大学大学院計画建設学修了。'00〜'04年多摩美術大学造形表現学部デザイン学科助手。'03年TKO-M.architectsを設立・主宰
http://www.tko-m.com/

小田切博志 ［おだぎり　ひろし］146〜152頁

1963年生まれ。一級建築士。埼玉県出身。'99年小田切建築工房設立。設計・現場監督・木造住宅の技術開発・システム開発を手掛ける。国産材の木の家、左官技術を生かしたNaturalでCraftな建築を手掛ける

勝見紀子 ［かつみ　のりこ］44〜47頁、102〜103頁、128〜141頁

1963年生まれ。一級建築士。'99年一級建築士事務所アトリエ・ヌック設立。女性建築技術者の会会員、埼玉木の家コーディネーター、木の家だいすきの会会員、埼玉住宅生協技術アドバイザーなど。著書に『キッチンと収納のつくり方』(彰国社刊)共著、『家族のキッチン&ダイニング』(亜紀書房刊)共著

齊藤年男 ［さいとう　としお］104〜127頁

1957年新潟県生まれ。一級建築士、構造設計一級建築士。'81年法政大学工学部建築学科卒業。同年細田工務店入社、現在に至る。理事・技術顧問。(一社)住宅生産団体連合会性能向上委員会委員、(一社)日本木造住宅産業協会運営委員。主な著書「入門木造の許容応力度計算ワークブック」((公財)日本住宅・木材技術センター)、「ひとりで学べる木造の壁量設計演習帳」((一社)日本建築センター刊、大橋好光共著)

佐藤義秋 ［さとう　よしあき］172〜175頁

1963年宮城県生まれ。一級建築士。'87年明治大学工学部建築学科卒業。堀池秀人都市・建築研究所を経て、'98年佐藤義秋建築設計事務所設立

瀬野和広 ［せの　かずひろ］10〜35頁

1957年山形県生まれ。一級建築士。'78年東京デザイナー学院卒業。大成建設設計本部等を経て、'88年(有)設計アトリエ一級建築士事務所を開設、現在に至る。日本建築家協会会員。日本サスティナブル建築協会すまい研究開発小委員会」委員。山形県／やまがた森林ノミクス大使。東京都市大学都市生活学部非常勤講師。東京建築士会および同練馬支部会員

高橋直樹 [たかはし　なおき] 36〜57頁

1964年生まれ。一級建築士。'90年早稲田大学専門学校(現早稲田大学芸術学校)卒業。同年、鈴木恂建築研究所(現鈴木恂＋AMS)入所。'96年高橋直樹建築研究所設立。2002年CoZA Creative Agency(株式会社鼓座総合計画事務所)設立。現在、住宅の設計を主体にしながら、自らの物件の施工も手がけている。また、"開かれた設計事務所"をコンセプトに、事務所併設のギャラリーにて地域振興の活動を継続的に行っている

田中友章 [たなか　ともあき] 90〜95頁

1964年神奈川県生まれ。'87年早稲田大学理工学部建築学科卒業、'89年同大学院修了、'91年イェール大学建築学部大学院修了。'92〜'96年スティーヴン・ホール・アーキテクツ勤務。'97年フォルムス設立、主宰。2008年より明治大学理工学部建築学科准教授、'13年より同教授。都市建築の発展と制御に関する設計競技・最優秀賞受賞。著書に『都市建築のかたち』(共著)、『住むための建築計画』(共著)など

谷口麻里子 [たにぐち　まりこ] 86〜89頁

1974年生まれ。一級建築士。'97年日本女子大学家政学部住居学科卒業、'99年同大学大学院修了。'99〜'02年芦原太郎建築事務所勤務。'02年タニグチアトリエ設立、現在に至る。'09年より日本女子大学非常勤講師。「すまい」としてとらえた環境、快適性にこだわり、住宅、病院、ホテル、こども園などの設計・監理を行っている。

藤間秀夫 [ふじま　ひでお] 170〜171頁、176〜179頁

1966年生まれ。二級建築士。'89年、日本工業大学建築学科卒業。同年住宅メーカーに入社し設計を担当。'92年大工見習いに入る。'98年独立開業し、藤間建築工房を設立。現在は主に伝統的構法を用いた自然素材による家造りを活動の中心にしている

百瀬好城 [ももせ　よししろ] 154〜171頁

1950年生まれ。設備設計一級建築士、一級管工事施工管理技士、一級建築士、建築設備検査資格者、建築設備士。'73年工学院大学建築学科卒業、同年株式会社新建設備設計連合入社を経て、'92年テック設備計画を設立、現在に至る

和田浩一 [わだ　こういち] 69〜75頁

1988年九州芸術工科大学卒業後、トーヨーサッシ(現LIXIL)株式会社入社。1994年STUDIO KAZ設立。2014年〜東京デザインプレックス研究所非常勤講師。2014年〜工務店にキッチンの知識を指導する「キッチンアカデミー」主宰。2012年〜キッチンの展示会「キッチンワールド」のプロデューサー、2020年〜大阪「THE KITCHEN DEMO & lab.」のプロデューサー。「キッチンをつくる」(彰国社刊)「世界で一番やさしいインテリア」(エクスナレッジ刊)など著書も多数。二級建築士、インテリアコーディネーター、キッチンスペシャリスト

世界で一番くわしい

建築図面 改訂版

2022年6月3日　　初版第一刷発行

著　者　　　　　綾部孝司　新井　聡　岡村裕次　小田切博志　勝見紀子　齊藤年男　佐藤義秋　瀬野和広
　　　　　　　　高橋直樹　田中友章　谷口麻里子　藤間秀夫　百瀬好城　和田浩一

発行者　　　　　澤井聖一

発行所　　　　　株式会社エクスナレッジ
　　　　　　　　〒106-0032　東京都港区六本木 7-2-26
　　　　　　　　https://www.xknowledge.co.jp/

問合せ先　　　　編集　Fax：03-3403-1381／info@xknowledge.co.jp
　　　　　　　　販売　Tel：03-3403-1321　Fax：03-3403-1829